河南博物院院刊

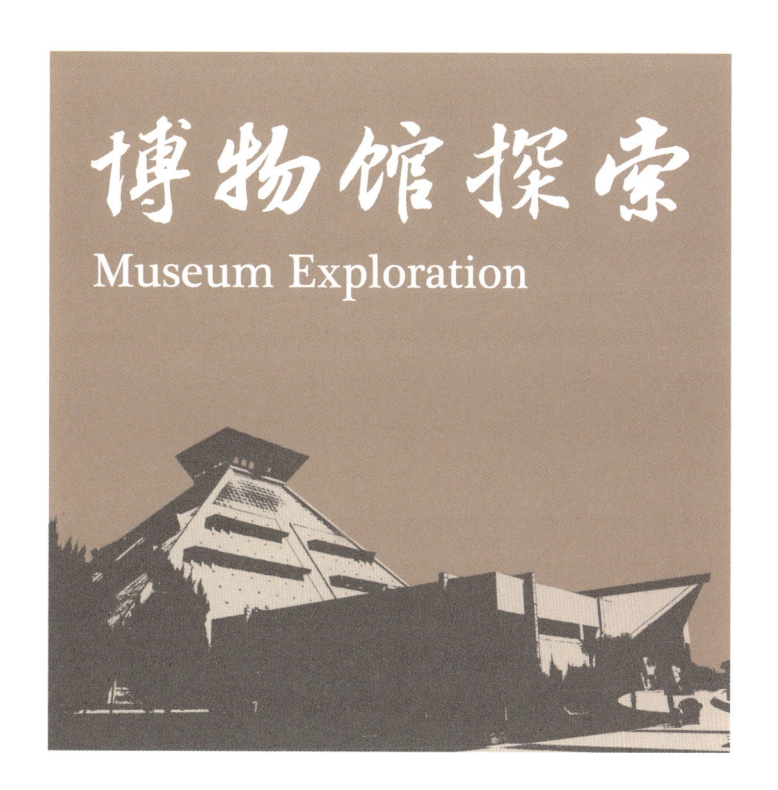

博物馆探索
Museum Exploration

第一辑

河南博物院 编

中原出版传媒集团
中原传媒股份公司

大象出版社
·郑州·

图书在版编目(CIP)数据

博物馆探索. 第1辑 / 河南博物院编. — 郑州：大象出版社，2023.9
ISBN 978-7-5711-1853-2

Ⅰ.①博… Ⅱ.①河… Ⅲ.①博物馆学-文集
Ⅳ.①G260-53

中国国家版本馆CIP数据核字(2023)第167622号

博物馆探索　第1辑
BOWUGUAN TANSUO　DIYIJI

河南博物院　编

出 版 人	王刘纯
责任编辑	郑强胜
责任校对	牛志远　安德华
书籍设计	王　敏

出版发行	大象出版社(郑州市郑东新区祥盛街27号　邮政编码450016)
	发行科 0371-63863551　总编室 0371-65597936
网　　址	www.daxiang.cn
印　　刷	河南瑞之光印刷股份有限公司
经　　销	各地新华书店经销
开　　本	890 mm×1040 mm　1/16
印　　张	10
字　　数	199千字
版　　次	2023年9月第1版　2023年9月第1次印刷
定　　价	128.00元

若发现印、装质量问题，影响阅读，请与承印厂联系调换。
印厂地址　武陟县产业集聚区东区(詹店镇)泰安路与昌平路交叉口
邮政编码　454950　　　　　电话　0371-63956290

《博物馆探索》编委会

主　任：万　捷　马萧林

委　员：（按姓氏笔画排序）

　　　　王海锋　史自强　左俊涛　冯　威　司秀琳
　　　　石晓霆　刘　康　刘振江　李　琴　李政育
　　　　李　伟　张得水　武　玮　林晓平　单晓明
　　　　荆书剑　信木祥　徐　雷　龚大为　葛聚朋
　　　　翟红志

主　编：马萧林

副主编：张得水　武　玮

编　辑：向　祎　王莉娜　贺传凯

青玉龙凤纹饰

西周

高 13.2 厘米，上宽 5.4 厘米，下宽 2.5 厘米

1990 年三门峡虢国墓地 M2001 出土

河南博物院藏

目录 | CONTENTS

特 约

001　华夏源　黄河魂
　　　——古都郑州凝聚的黄河文化精神　　　张得水

007　历史文化名城呼和浩特的"古都"地位　　赵 菲　张文平

考古探索

015　中原考古学的起源与发展研究综述　　刘丁辉　孟 冲

031　河南温县陈家沟古碑刻调查研究　　张保民　周瑞花　宋艳阳

文物研究

045　东周出土青铜鉴试析　　赵 涛

049　源流与信仰：考古出土两汉时期"顶灯图像"研究　　焦树峰

059　河南辉县市博物馆藏汉代青铜染器赏析　　赵艳利

063　从《崔楷墓志盖》看北朝士族的门第婚　　刘 军

069　大唐前左金吾卫录事参军牛丹故妻陇西李夫人墓志铭

　　　　　　　　　　　　　　　杨华胜　王丽媛　张 寄

073　论娘惹瓷器的兴衰　　白曲紫坤

079　口碑并寿：康百万庄园石刻研究　　康定宾

086　保护革命文物　传承红色基因
　　　——河南博物院革命文物的保护与利用

　　　　　　　　　　　　　　　　　　　　宋 锐

091	藏在六张玻璃底片中的一段历史	
	——20世纪20年代河南博物馆建筑与陈列	牛爱红

博物馆实践

099	从早期博物馆宗旨看博物馆的力量	何晓濛
107	刍议新时代博物馆开放服务应注意的几个问题	
	——从国际博协最新博物馆定义谈起	丁　萌
113	融媒体环境下的博物馆传播	
	——以河南博物院新媒体运营为例	冯冬艳　豆晓宇
118	博物馆文创语境下非物质文化遗产的保护与传承	张潇杨
124	提高图书资料管理人员素质的探讨	
	——以河南博物院为例	张鸣雨

文化遗产与保护

128	对英美两国公众文物保护活动的思考	戴维康　卜卫民
134	博物馆智慧化文物保护体系建设基础研究	杜　安　王　璐
140	陶器吸附有机残留物的研究	褚涵宇　马　颖　陈坤龙
149	浅谈"三普"后优秀建筑的保护与利用	张　静　彭爱杰

华夏源 黄河魂
——古都郑州凝聚的黄河文化精神

张得水
河南博物院

摘要：郑州，位居中国八大古都之列，同时又是黄河沿线重要的国家中心城市；占据"天地之中"的区位优势，历经母亲河的洗礼，赋予了这座城市"华夏文明之源、黄河文化之魂"的精神文化内核，形成自强不息的文化精神与品格，天人合一、和谐共生的生态文化理念，勇于探索、不断创新的伟大精神。

关键词：郑州；八大古都；黄河文化精神

地处黄河中下游之交、大河之滨的郑州，位居中国八大古都之列，同时又是黄河沿线重要的国家中心城市。千百年来，占据"天地之中"的区位优势，历经母亲河的洗礼，赋予了这座城市"华夏文明之源、黄河文化之魂"的精神文化内核。文明的辐辏与辐射，文化的传承与创新，使这座古老而现代的城市，富含文化的给养，成为新时代大河文化之都奋力前行的基石。

郑州横跨我国第二级和第三级地貌台阶，北临黄河，西依嵩山，东南为广阔的黄淮平原。清康熙《郑州志》描述为"西望太室，东临巨薮，梅峰峙其南，汴水环其北，通衢四达，冠盖络绎"，凸显其得天独厚的交通优势。境内主要的河流有伊洛河、汜河、枯河、颍河、贾鲁河、黄水河、双洎河（古溱水、洧水）等，分属于黄河和淮河两大水系；中山、低丘、盆地、谷地、平原等多地貌类型，温暖湿润的气候、星罗棋布的河汊湖泊、肥沃疏松的黄土地，既有益于人类聚落的发展，又有利于农业的产生。因此，从远至几万年乃至十几万年前，人类便在这里繁衍生息，并创造了辉煌的中华早期文明。

文献记载，隋开皇元年（581年），改荥州为郑州，是为郑州得名之始。然追溯郑州的历史，可谓是源远流长。从远古时期黄帝有熊国国都，到夏代的禹都阳城，商代的亳都，西周的管、郐、东虢国封地，春秋战国时期的郑、韩国都，以及秦汉以后的立郡设县、设府置州，构成了连续的文明发展链条，勾勒出一条清晰并令人骄傲的文明发展史。

考古学的研究表明，郑州地区是早期人类理想的栖息地，尤其是环嵩山是全国旧石器时代晚期文化分布最为密集的地区，仅在嵩山东南麓就已发现300多处旧石器地点。如此众多的旧石器时代晚期遗址和地点，使郑州成为研究现代东亚人起源的重要地区，因为这一时期正处于现代人类及其行为出现和发展的关键时段，填补了过去中原地区以及东亚大陆这一阶段旧石器文化发现的空白。其中，有位于嵩山东麓的荥阳织机洞遗址，是中国北方地区目前发现的规模最大、遗存最丰富的距今2万到10万年间古人类居住的洞穴遗址，具有旧石器文化南北交流、哺乳类动物南北迁徙的"驿站"作用；荥阳老奶奶庙遗址，距今约4万年，为认识中国境内及东亚地区现代人类及其文化起源与发展等重要史前考古的关键课题提供了非常重要的新资料；地处嵩山东麓低山丘陵区的新密李家沟遗址，距今约1万年，在这里发现了中国旧、新石器时代过渡的考古学例证，新旧石器文化层相互叠压，磨制石锛、陶片与细石器共出，表现出人类从流动性较强、以狩猎大型食草类动物为主要对象的旧石器时代逐渐过渡到具有相对稳定的栖居形态的新石器时代的演化历史。进入新石器时代以来，裴李岗文化—仰韶文化—河南龙山文化—二里头文化是郑州地区文化发展中的链条，环环相扣，自成序列，并在长期的发展中，充分体现出了史前文化的融合性和核心地位。距今9000年—7000年的裴李岗文化时期，在郑州地区已开启了农耕时代和定居生活。裴李岗文化因首先在郑州地区的新郑裴李岗遗址发现而得名。目前在河南发现的裴李岗文化遗址有150余处，其中60余处在郑州地区，特别是在嵩山周围地区最为密集。在新郑唐户、新郑裴李岗等遗址，向心式环壕聚落、密集而有序分布的房址、各种代表农业生产的陶石等，说明当时已经有了稳定的农业和定居生活，开启了中原农耕文明。到了距今7000年至5000年的仰韶文化时期，

这一地区在物质文化、精神文化等各个方面的发展表现得更为突出。以大河村遗址命名的仰韶文化大河村类型集中分布在郑州地区。郑州大河村遗址，发现有保存完好的仰韶时期的连间房屋建筑，遗址中出土完整或可复原的陶、石、骨、角、蚌等各类遗物约5000件。其中，大量精美的彩陶，表面多饰白、红陶衣，其彩绘内容有几何、动植物、天文等30余种纹饰，形象生动传神。尤其是那些描绘大自然的太阳纹、月亮纹、星座纹等纹饰，为全国新石器时代遗址中所罕见。郑州西山遗址，发现了迄今约5300年至4800年、中原地区最早的史前城址，城墙采用先进的方块版筑法，是当时国内发现年代最早、建筑技术最为先进的早期城址，它开启了后世大规模城垣建筑规制的先河。此外，遗址中还发现了属于东夷文化体系的大汶口文化，以及属于苗蛮文化系统的屈家岭文化遗存，显示了中原古文化与邻境诸原始文化之间的交流与相互关系，也是我国古代文化大融合的考古学见证。位于巩义市的双槐树遗址，面积达117万平方米，发现有仰韶文化中晚阶段三重大型环壕、具有最早瓮城结构的围墙、三处共1700余座经过严格规划的大型公共墓地、三处夯土祭祀台遗迹、围绕中心夯土祭台周边的大型墓葬、北斗九星天文遗迹、与丝绸起源有重要关联的最早家蚕牙雕艺术品等，从而被认为是早期中华文明的胚胎。位于荥阳的青台遗址，是仰韶文化中晚期的一处大型环壕聚落，发现有三重环壕，总面积约31万平方米。遗址内发现有按照北斗九星形状摆放的九个陶罐，斗柄向北，东部发现有黄土圜丘，周边分布有同时期瓮棺以及不同时期的墓葬、臼类遗存及祭祀坑等相关遗迹。而且，在遗址中早年曾发现有炭化的丝织品，经观察

和鉴定，发现其中不仅有麻布、丝帛，而且有浅绿色螺纹丝织品。双槐树遗址的牙雕家蚕、青台遗址的丝织品遗物，足可证明早在5000年前中国已经开始制丝，郑州为目前发现的中国最早的丝绸起源地。这一时期，也正是古史传说中黄帝部族活动的时期。史书记载黄帝都有熊，河南新郑为"有熊氏之墟"和"少典氏之国"，以河南新郑为中心的豫中部地区是黄帝族的发祥地。至今，在河南的新郑、新密以及其他地区，仍有与黄帝有关的传说或史迹。步入距今4600—4000年之间的龙山时代，聚落社会出现了分化，部族之间的纷争也频繁发生，聚落中心城址相继出现。目前已经发现有10座中原龙山文化时期的城址，其中嵩山地区就有3座。嵩山东麓的新密古城寨城址，至今仍较好地保存着三面城墙和南北相对两个城门缺口。城址面积17.6万平方米，城墙现存高度最高处达十五六米，规模宏大，墙高沟深，气势雄伟。南、东、北三面有护城河，西面以溱水为自然屏障。城址内还发现一组规模较大、分布密集的夯土建筑基址群，其中的一座廊庑式夯土高台建筑，面积达383.4平方米，可称为后世大型宫殿和廊庑式建筑之滥觞。新密新砦城址，是一处龙山文化晚期和新砦期的大型城址，发现有城垣和外壕、城壕、内壕三重防御设施，以及大型建筑基址，出土有铜容器残片等高规格的遗物。根据文献记载，该遗址很可能与夏代早期都城夏邑有关，或为夏启之居。位于登封市告成镇五渡河与颖水交汇处的王城岗遗址，是古文献记载的"禹都阳城"的地方。城址面积达30万平方米，城内发现有夯土基址、祭祀坑、青铜器残片、玉石琮、白陶器等遗迹遗物，都说明遗址应为嵩山东南麓颖河上中游重要的中心聚落之一。据文献记载

和传说，嵩山一代是夏族先公建立夏王朝的主要活动区域，王城岗古城可能是夏鲧之城，后为禹都阳城。王城岗高耸的城墙，已经跨进了文明社会的门槛。位于郑州市西北郊的荥阳市的大师姑遗址，发现有二里头文化中晚期的大型城址，总面积约51万平方米，由城垣和城壕两部分组成，城址在商代早期继续沿用。郑州商城，是商汤灭夏后建立的早期都城，历经3600年的沧桑，古城墙仍巍然屹立。内城、外城、宫殿区、铸铜作坊、制陶制骨作坊以及大量的墓葬区、高规格的青铜窖藏坑等，再现了一个庞大都市的辉煌。郑州小双桥商代遗址被认为是商仲丁隞都的所在地，发现有大型高台夯土建筑基址、宫殿建筑基址、大型祭祀场、奠基坑等，并有大量的陶器、铜器、原始瓷器出土；荥阳关帝庙遗址，是商代晚期聚落在郑州地区发展的重要见证。最近在荥阳赵沟，又发现了东周时期、二里头文化时期和新砦期大、中、小三座城址，遗址包含从龙山文化到东周多个时代，延续时间长，年代序列相对完整，为夏商时期年代谱系的研究提供了新的资料。西周初年，周人"因有夏之居"，周武王伐商归来，曾在嵩山举行盛大的祭祀活动，"定天保""依天室"，表现出以嵩山为中心郑州地区深厚的文化根脉，彰显了郑州地区作为华夏文明之源的突出地位。

一般认为，城市、青铜器、文字、大型礼仪性建筑城的出现是进入文明时代的重要标志。从中原地区最早的古城——西山古城，到登封王城岗、新密古城寨、新密新砦古城、巩义双槐树古城、郑州商城等，这些用夯土版筑的高大宽厚的城墙，不仅仅是用来防御、别内外的工事，而且是一座座文明的丰碑。登封王城岗铜鬶残片的发

现，证明郑州地区是冶铸青铜器最早的地区之一；而郑州商城大型铜鼎、卣、尊等的出现，开启了大型青铜容器冶铸的历史，进入青铜文明的新阶段；在郑州商城遗址曾发现有商代早期的刻辞卜骨，在郑州小双桥商代遗址发现有书写于陶器表面的朱书陶文，这些神秘的文字，已成为解读中华上古文明的密码；新密新砦城址，不仅发现有三重城垣，而且发现了宫殿式建筑，开启后世宫殿建筑之先河。由此可见，从旧石器时代人类在郑州地区的繁衍生息，到新石器时代文化的继承与发展，最终在郑州地区形成了华夏文明的核心区域。自进入文明时代以来，中国早期的国家政权始终是以嵩山地区为核心建立起来的，而郑州的地位则举足轻重。郑州商城、郑州小双桥遗址、郑州大师姑城址、新郑望京楼城址、郑州东赵城址等一系列的考古发现，使人们对夏商周三代文化有了更新的认识。三代王朝"择中建都"，其政治中心的选择、都城的建立是紧紧围绕着嵩山而展开的。"天地之中"这种在历史演变过程中涵盖了天文、地理、政治、经济、文化等多种因素综合而形成的人文观念，深深扎根于郑州这方沃土，进而对整个社会历史、人们的行为模式产生了深远的影响。

郑州地区还是中华姓氏文化的重要起源地。这里不仅是人文始祖、万姓归宗的黄帝故里的所在地，而且在历史长河的激荡中，诸如许、熊、夏、郑、郭、冯、巩等二十多个姓氏起源于郑州地区，因此而成为中华民族根文化的集中展示区域。

"天地之中"的区位和人文优势，母亲河的生生不息与滋养，不仅孕育了博大精深的郑州黄河文化，同时也锤炼出郑州黄河文化的精神与品格。

"天行健，君子以自强不息。"黄河以"百折不挠的磅礴气势塑造了中华民族自强不息的民族品格"，"自强不息"是黄河精神的重要方面，是黄河文化之魂。郑州历史既是一部浓缩的黄河文明的发展史，同时也是一部与黄河水患斗争的历史。大禹治水的传说，在郑州地区广为流传；大禹的精神，在郑州人的观念中根深蒂固。如今尚存的登封启母阙，是西汉武帝巡游嵩山被大禹治水的故事所感动修建启母庙的遗存，从残存的碑文中依稀可见汉代对鲧、禹治水的记述和对启母涂山氏的颂扬。大禹不仅是人们心目中的英雄，也是中华民族不屈不挠、顽强奋斗的象征。地处黄河中下游交界的郑州，历经水患，在苦难中抗争，筑堤、堵口、开引河，东汉时期的王景治河，元代的贾鲁治河，明代潘季驯的束水冲沙，清代栗毓美制砖修坝，均与黄河郑州段休戚相关，涌现出可歌可泣的英雄人物和治河故事。尤其是在明清时期的543年间，据文献记载，郑州地区共发生水灾140次，平均不到4年就有一次，无数的"河工""河工老人"前赴后继，义无反顾地投入治河工程中。黄河的儿女，在与水患的斗争中增长智慧，磨炼品格。

郑州的黄河文化精神，还体现在天人合一、人与自然和谐共生的生态文化观念上。位于巩义市河洛镇洛口村的黄河与洛河交汇处，即称为洛汭的地方，也是《史记·夏本纪》所记夏代太康失国，其兄弟五人在此等待，作《五子之歌》的地方，还是传说"河出图、洛出书"之处。河图、洛书是河洛文化的重要代表，也是我国古代文化遗产中最古老的智慧结晶，被誉为"中国先民心灵思维的最高成就"，它包括天文、历法、气象、数理等各个方面，因此往往称河图洛书为中原地区文化之源和原始文化发展的基础。对中国文化影响深远的《周易》，起源于八卦，八卦则起源于河图、洛书。《易·系辞》："河出图，洛出书，圣人则之。"而河图洛书、周易的文化精髓则是东方天人合一的哲学思想。

郑州地区还是和合思想的重要发源地。《清华简·保训篇》有上甲微受命于夏、求中于嵩山的记载，更有周公测影在登封阳城求得地中的记载，嵩山地区"天地之中"的观念在历史的发展中，深深地影响着古代"择中建都"的实践，从而发展为"中和""合和"的政治价值观和社会伦理观，成为中国传统文化的核心。《周礼·大司徒》记载了以立表测影确定地中的具体方法："以土圭之法测土深。正日景，以求地中……日至之景，尺有五寸，谓之地中。天地之所合也，四时之所交也，风雨之所会也，阴阳之所和也。"古人以为万物乃阴阳相和而生，而"天地之中"就是阴阳相和之地，是天地万物发生发展的根源之地。所以，才有了"王者必居天下之中"之说，也就是《诗经·大雅》所云"惠此中国，以绥四方"。而且，人与天地万物是不可分割的，这种文化精神渗透于古代先贤的治国理政、行为准则、人地和谐等方方面面。《史记·殷本纪》曾记载著名的商汤"网开三面"的故事，"汤出，见野张网四面，祝曰：'自天下四方皆入吾网。'汤曰：'嘻，尽之矣！'乃去其三面，祝曰：'欲左，左。欲右，右。不用命，乃入吾网。'诸侯闻之，曰：'汤德至矣，及禽兽。'"这就是后来演变为"网开一面"的成语典故，真实地表现了人们较早就认识到了不能无节制地猎获禽兽，人与自然要和谐共生的文化内核。

在数千年的历史长河中，黄河之滨的炎黄子孙在与大自然的和谐共生中，在长期的生产生活实践中，逐渐形成了勇于探索、不断创新的伟大精神。

创新，成为贯穿郑州历史文化发展的永恒主题。郑州地区"天地之中"的观念，源于古老的天文学理论，并与自然和人文相结合，形成早期人们认知世界的方法。在郑州大河村、荥阳青台、巩义双槐树发现了5000年前的天文图像遗迹和遗物；新密李家沟遗址，发现了中国北方最早的制陶遗物，陶器的发明，成为人类社会发展的一个重要里程碑；郑州商城青釉瓷尊等原始瓷器，开启了瓷器之国的历史；巩义大小黄冶窑遗址，是郑州作为唐三彩的故乡、唐青花发源地的重要见证；郑州商城发现了我国最早的大型青铜容器，是商周青铜文明的重要标志；郑州古荥汉代冶铁遗址，发现有世界上最早的球墨铸铁技术；郑州西山古城址，发现中国北方最早的古城、方块版筑法建造城墙的最早实例；宋代新郑人李诫，编写了中国第一本详细论述建筑工程做法的著作《营造法式》；位于登封的观星台，见证了当时世界上最先进的历法——《授时历》的测量演算历史，是中国现存最古老的天文台，也是世界上现存最早的观测天象的建筑之一；《诗经》是我国历史上第一部诗歌总集，十五国风中以"郑风"篇目最多，达21首，是《国风》中极具特色的一部分。如此众多的发明创造，不胜枚举。并且，郑州这块热土曾经诞生了无数历史名人，从帝王将相到政治家、思想家、军事家、科学家、文学家、艺术家，再到著名商人、社会名流；从人文始祖黄帝到春秋首霸郑庄公、先秦思想家列子、法家集大成者韩非子，以及唐宋著名诗人杜甫、白居易、刘禹锡、李商隐，科学家李诫、一行等，以及犒师救国的玄高等，他们或诞生，或成名立业，或宅居，或安息于郑州的山山水水，其光辉业绩已经载入中华民族的史册，成为民族的骄傲，郑州的骄傲。

郑州地区文化的包容性和融合性，是黄河文化精神的又一重要体现。以嵩山为中心，郑州地区乃至中原文化发展中，文明的碰撞、民族与文化融合构成了历史的主旋律。而且这种交流与融合，一开始就是双向的，既有对外来文化精华的吸收，同时又以其核心的地位影响四周。可以说，这种文化与文明的互动，贯穿于社会发展的全过程。早在旧石器时代，嵩山地区就成为南北的通道和东西方迁徙的中心，因此在发展的过程中吸收了南方砾石工业、华北小石器工业、石叶工业和细石叶工业的因素，形成了交流融合明显又自成一体的特点。新石器时代，从裴李岗文化到仰韶、龙山文化，均有周边文化的进入和影响。比较明显的例子，如以郑州地区为核心分布区的裴李岗文化和河北境内的磁山文化，二者既有相同的因素，又表现出明显的不同，反映出文化间的互相交流、互相影响、互相融合。仰韶文化晚期，在嵩山地区大约同时有来自长江中游地区的屈家岭文化和海岱地区的大汶口文化因素的融入。含有屈家岭文化遗存的遗址，在嵩山地区如郑州大河村、荥阳青台等，大都与仰韶文化晚期遗址共存，典型器物有盆形鼎、高圈足杯、甑、圈足豆、双腹碗等。河南境内的大汶口文化主要分布在豫东地区，但其影响同样抵达嵩山地区。如新郑唐户、荥阳点军台、郑州大河村遗址等，曾出土有大汶口文化特征的陶器，如背壶、盘形豆、平底或圈足尊、盉等，这一时期的仰韶文化也同样吸收了来自东方的大汶口文化因素。东方大汶口文化的西渐和南方屈家岭文化的北进，充分表现出以郑州为中心区域的中原文化的包容性、融合性。嵩山地区特殊的地位优势和文化传统，在兼容并蓄的基础上，促进了中原王朝文明的诞生。逮至商周，文明中心地位的确立，使得嵩山地区具有更加广阔的视域，获取周边地区的资源和文明成果，最终在"三代之居"的河洛之间，形成璀璨的中国早期文明。进入秦汉以来的帝国时期，随着凿通西域、草原丝绸之路的开辟、隋唐大运河的开通、万里茶道的形成等，以佛教的传入、汉唐乐舞东西方的双向交流、北方民族的汉化等为标志，以嵩山为核心的中原地区，海纳百川，不断强化其文化中心的地位。郑州地区文化的包容精神，还表现在不同的社会群体、不同的宗教信仰之间的和谐相处和发展。以中岳嵩山为中心，在方圆7公里的范围内，相继产生了我国古代四大书院之一的嵩阳书院、禅宗祖庭少林寺、道教第六小洞天中岳庙等驰名中外的儒、释、道三教文化的典型代表。在千年的冲突与交流中，三教之间既争夺话语权，相互区别，又吸取对方的思想精粹，相互包容，逐渐融为一体。多元融合的思想，在嵩山构成一幅独特的三教荟萃风景，推动天地之中文化内涵的持续发展，使其更为丰富。现立于嵩山少林寺钟楼前的明嘉靖四十四年（1565年）刻《小山禅师行实碑》，碑阴为《混元三教九流图》，图中线刻释迦牟尼、孔子、老子头像于一体，画为一人团座，手持九流混元图。九流即儒、道、墨、法、名、阴阳家、纵横家、杂家与农家，泛指汉代之后中国主要宗教和各种学术流派。此图以直观的形象揭示三教合一、浑然一体，诸子百家异流而同源的思想，同时也是郑州地区文化包容性和融合性的重要实物见证。

郑州地区自强不息的文化精神与品格，天人合一、和谐共生的生态文化理念，勇于探索、不断创新的伟大精神，文化的包容性和融合性，共同构成了黄河文化之魂。

历史文化名城呼和浩特的"古都"地位*

赵 菲[1] 张文平[2]

1. 内蒙古自治区文物考古研究院；2. 内蒙古博物院

摘要：在整个黄河河套地区，今天内蒙古呼和浩特市市区所在的呼和浩特平原，自古以来被誉为"龙荒之最壤"，占据了优良的地利条件。自东向西流经呼和浩特平原的大黑河，是这一区域之内最大的黄河支流。呼和浩特平原北距阴山较近，历史上人类活动频繁，先后有拓跋鲜卑、东突厥、土默特蒙古等北方游牧民族在此建立政治中心。这些地方政权往往奉中原王朝为正朔，构成了中国历史上一种较为特殊的"古都"形态。

关键词：呼和浩特平原；大黑河；拓跋鲜卑；东突厥；土默特蒙古

中国历史上王朝的都城，绝大部分建在中原地区，自西向东有今天的西安、洛阳、开封等，形成了"逐鹿中原""问鼎中原"等典故。

从中原一线都城带向北，在农牧交错地带，还有东西一线都城，自西向东有今天的榆林、大同、北京等。这一线都城带，多与北方游牧民族有关，北方游牧民族欲南下"问鼎中原"，便把都城建设在这一农牧交错带之上。陕北榆林市境内，有龙山时代的石峁遗址，距今约4300—3800年，属于"古国时代"的都邑；有白城子遗址，为大夏国皇帝赫连勃勃的都城统万城。大同为北魏王朝的都城，定都时间为公元398—494年，孝文帝拓跋宏由此迁都洛阳。北京先后为辽朝南京、金朝中都、元朝大都，后来明朝也干脆把首都放在了这里，清朝、北洋政府、中华人民共和国予以沿用。

从农牧交错地带再向北，在北方游牧民族活动的阴山山脉、燕山山脉一线及其以北的漠南草

---

* 本文为国家社会科学基金一般项目"北魏王朝北疆军镇防御体系的考古学研究"（19BKG010）的阶段性成果。

原，还有东西一线都城，自西向东有呼和浩特、正蓝旗、赤峰。正蓝旗有元上都，赤峰有辽上京、辽中京，呼和浩特则先后有拓跋鲜卑、东突厥、土默特蒙古等北方游牧民族政权曾经建立过政治中心。本文着重阐述呼和浩特作为"古都"的历史及其意义。

一、拓跋鲜卑与盛乐

曹魏初年，"小种鲜卑"柯比能兼并了鲜卑"东部大人"和步度根集团，统一了漠南至辽河流域一带。235年，曹魏统治者派人刺杀了柯比能，"小种鲜卑"的短暂统一瓦解。趁漠南无王庭的这一时机，拓跋鲜卑从大兴安岭以西的呼伦贝尔草原南迁至燕山以北的"匈奴之故地"，即今天内蒙古锡林郭勒盟南部的金莲川草原至河北省张家口市北部的坝上草原一带。此后，拓跋鲜卑向西迁徙至长川（今内蒙古乌兰察布市兴和县南北向川地）一带，258年在部落首领力微的带领下继续西迁于"定襄之盛乐"，也就是今天呼和浩特平原东部至乌兰察布丘陵区西部的大黑河上游地区。自战国赵武灵王将其势力挺进到呼和浩特平原之后，始称这一地区为"云中"。拓跋鲜卑到来之后，仍称以大黑河流域为中心的呼和浩特平原为云中或云中川，同时赋予大黑河流域一个新的地名——盛乐。为了区分大黑河流域东部、西部，《魏书》在"盛乐"之前加汉代郡名，以大黑河上游地区为"定襄之盛乐"，以大黑河下游地区为"云中之盛乐"。"定襄之盛乐"与"云中之盛乐"似以大黑河南岸、自唐代以来被认为是王昭君墓的"青冢"作为分界点，在北魏时期，青冢是云中川东西大黑河一线、南北从朔州云中郡（今内蒙古呼和浩特市和林格尔县土城子古城）至白道的交通交会点所在，具有中心驿站的重要性。（图1）

拓跋鲜卑以盛乐为根据地不断发展壮大，于3世纪末4世纪初，形成了一个部落大联盟，势力一度大盛，分为东、中、西三部，布列于燕山至阴山一线的西晋王朝边疆外。几经周折，338年，拓跋什翼犍即代王位，设置百官，营建都邑，成为"五胡十六国"之外的第十七国——代国。340年，什翼犍从参合陂（今乌兰察布市察右前旗黄旗海）移都"云中之盛乐宫"。该地初步推断在今呼和浩特市托克托县古城村古城，该城邑自战国秦汉以来一直为云中郡郡治所在；341年，什翼犍于"定襄之盛乐故城"南八里筑盛乐城，初步推断"定襄之盛乐故城"为汉代云中郡原阳县县治所在的今呼和浩特市赛罕区八拜古城，而新建的盛乐城为八拜古城东南约3.3千米处的西达赖营古城。（图2）盛乐宫与盛乐城，成为拓跋代国在大黑河流域一西一东的双政治中心。376年，前秦进攻代国，什翼犍被击败，部落离散，代国灭亡，盛乐地区进入短暂的前秦统治时期。

图1　青冢夏景

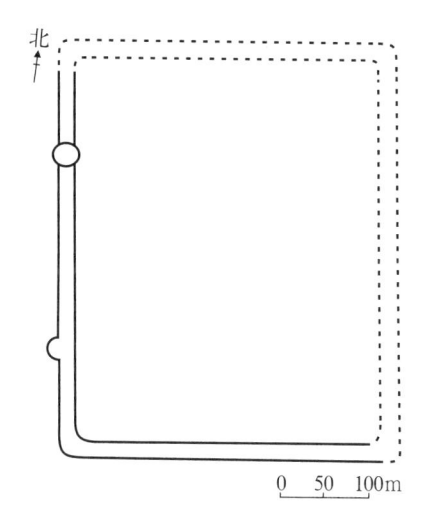

图2 西达赖营古城平面图

383年，前秦在与东晋的淝水之战中战败，政权瓦解，拓跋鲜卑乘势东山再起。什翼犍嫡孙拓跋珪在舅部贺兰部的支持下，于386年正月大会诸部于牛川（今乌兰察布市察右后旗韩勿拉河流域），即代王位。即位后的次月，拓跋珪"幸定襄之盛乐"[1]，回到了拓跋代国的政治中心，但并没有能够长期在此安定下来。拓跋珪于燕山—阴山东西一线四处征伐，处于"行国"状态。391年，拓跋珪消灭长期盘踞于朔方（黄河河套之内）的铁弗匈奴，在鄂尔多斯高原东北部临东流黄河南岸一带兴筑了河南宫。在"参合陂之战"发生之前，拓跋珪每年均要巡幸河南宫，似有以此为都之意。395年，后燕太子慕容宝来伐，拓跋珪躲避于河南宫一带，临河固守，避免了被后燕灭亡的命运，才有了此后"参合陂之战"的大捷。

通过参合陂一役，拓跋鲜卑打通了从盛乐通往平城的通道，398年拓跋珪定都平城。此后，直至太和十八年（494年）孝文帝拓跋宏迁都洛阳，北魏王朝一直以平城为正都，以盛乐为旧都，后者相当于夏都或者陪都的性质。在盛乐旧都，

北魏有拓跋代国以来的皇家陵寝金陵，《魏书》多称"云中金陵"，个别或作"盛乐金陵"。最早入葬于金陵的是平文皇后王氏，于355年入葬；最晚入葬于金陵的是孝文贞皇后林氏，于太和七年（483年）入葬。在此间的128年中，据《魏书》的明确记载统计，共有6位帝王、1位太子、10位皇后、6位宗室、18位功臣安葬于金陵。[2] 最早入葬于金陵的帝王，是亡国之君昭成皇帝什翼犍，此后道武帝拓跋珪、明元帝拓跋嗣、太武帝拓跋焘、景穆太子拓跋晃、文成帝拓跋濬、献文帝拓跋弘死后均葬于此。冯太后执政时期（476—490年），开始于平城北面的方山之上营建永固陵，太和十四年（490年）冯太后去世后安葬于此。孝文帝迁都洛阳之前、之后，曾先后于太和十八年、太和二十一年至盛乐拜谒金陵。此后再无北魏皇帝回到过盛乐。孝文帝去世后，直接安葬于洛阳以北、瀍水之西的长陵。金陵也是迄今为止全国为数不多没有确定具体位置的皇家陵园，初步推断可能为位于呼和浩特市赛罕区大黑河南岸、宝贝梁之上的美岱墓群。[3]

作为盛乐旧都，定都平城时期的北魏皇帝，在冯太后执政以前，以巡幸盛乐为常事。尤其是到太武帝拓跋焘在位期间（423—452年），形成了固定的"阴山却霜"之俗，于442年在阴山之中修建了行宫广德殿（今呼和浩特市武川县纳令沟疙瘩古城），经常在阴山及阴山以北地区一待就是半年以上。[4] 此后的文成帝拓跋濬、献文帝拓跋弘，均延续了这一习俗。阴山之中考古发现的北魏皇帝行宫，还有阿计头殿，为今呼和浩特市武川县土城梁古城。土城梁东南约4.5千米处的大青山蜈蚣坝坝顶之上，考古发掘确定有北魏

阴山祠天坛——坝顶遗址。

大青山属于阴山山脉中段,像一个巨大的扇形屏风拱卫着山前的呼和浩特平原。大青山蜈蚣坝一带,自古以来是沟通呼和浩特平原与山后的武川盆地之间的一条重要通道。北魏时期,蜈蚣坝一带的道路名为白道,蜈蚣坝亦因此而得名白道岭。坝顶遗址位于白道岭的最北端,白道在遗址以南通行于南北向的山岭之上,过遗址之后下山,经由白道岭西侧的乌素图水向北而行。2014年考古工作者根据对坝顶遗址的初步调查,推断可能为一处北魏礼制建筑遗址,2019—2021年开展了正式考古发掘工作。三年中,共发掘面积近2000平方米,初步搞清了遗址的建筑结构,自内而外由内室、内壝、内墙、外墙、外壕等五部分组成。内室位于遗址中心,从内室向外,内壝、外壝是陪祭人员站立的平台,内壕、外壕可以起到保护皇帝与陪祭人员的作用。外壕开口外缘的直径近100米,相当于北魏三十六丈。内壕底部第一地点出土了用于祭祀的动物骨骼,主要是马、羊的头骨和肢骨,为12匹马、2只羊的个体,部分骨骼表面有火烧痕迹,周围覆盖有红烧土和炭化木头。(图3)

北魏阴山祠天坛与太和十八年孝文帝拓跋宏北巡密切相关。在由平城迁都洛阳之前,孝文帝专程北巡盛乐及阴山地区,先后"谒金陵""行幸阴山,观云川""幸阅武台,临观讲武"。[5]从"国之大事,在祀与戎"的角度分析孝文帝迁都之前的巡幸行为,"谒金陵""观云川"分别属于祭祖、祭天的祀的范畴,而"临观讲武"则属于戎的范畴。云川概指银河,即晚上的星空,《魏书》以"观云川"指代孝文帝的整个祭天活动。

从258年至376年的大部分时间里,盛乐一直是拓跋鲜卑活动的政治中心,其中从340年至376年的37年间,盛乐为拓跋代国的都城所在。从398年道武帝定都平城至494年孝文帝迁都洛阳,盛乐作为北魏旧都的历史持续了97年。

二、东突厥政权与白道川

进入隋朝以后,原来的匈奴、乌桓、鲜卑、敕勒等北方游牧民族在进入中原之后不断汉化,同时他们的很多文化因子也融入中原文化之中,而隋朝在北方则又面临新崛起的突厥的威胁。隋开皇三年(583年),幽州总管李崇击破前来犯塞的突厥。在隋朝的打击下,突厥分裂为东、西二部。开皇五年,东突厥沙钵略率领部众进入漠南,投靠隋朝,驻牧于白道川,接受隋王朝的管辖。这里的白道川,为隋唐时期呼和浩特平原的名称,以北魏以来的白道、白道岭而得名。

开皇二十年(600年),隋文帝为东突厥启民可汗修筑金河、定襄二城居住。金河为隋唐时期大黑河的名称,因而金河城当位于大黑河沿岸;据《新唐书·突厥传》记载,唐太宗贞观十五年

图3 坝顶遗址2020年度发掘区全景

（641年），"思摩帅众十余万、胜兵四万、马九万匹始渡河，牙于故定襄城，其地南大河，北白道，畜牧广衍，龙荒之最壤，故突厥争利之"[6]。据该条史料，可知定襄城位于白道之南一带。金河、定襄的具体城邑虽然尚不能确定，但可以明确的是，二城均位于白道川金河之畔。启民可汗受隋朝册封，长期臣服于隋。大业三年（607年），隋炀帝北巡白道川，自榆林（今内蒙古鄂尔多斯市准格尔旗十二连城古城）过黄河，"溯金河而东北"[7]，抵达启民可汗的牙帐，启民偕奚、霫、室韦等部落首领觐见隋炀帝。启民可汗牙帐所在，应为金河、定襄二城之中的一城。

大业十一年（615年），东突厥始毕可汗发兵包围隋炀帝于雁门，与隋朝决裂，不再藩属于隋。中原地区的各割据政权为争取援助，争相结好于突厥。东突厥以白道川为根据地，控制了内蒙古大部分地区和漠北蒙古高原，盛极一时。

隋亡于唐，唐初慑于突厥的强盛，一直对突厥采取结好绥服的政策。直到唐太宗贞观四年（630年），唐军一举击溃突厥，俘获颉利可汗，东突厥灭亡。贞观十三年，唐太宗封忠于唐王朝的突厥贵族阿史那思摩为乙弥泥熟俟利苾可汗，命其率领旧部回到白道川，作为唐朝的屏障，长久保卫边塞。贞观十五年，阿史那思摩回到白道川，很快受到薛延陀的袭击，唐朝派大将李勣出兵与突厥一起打败了薛延陀，但阿史那思摩难以有效统领突厥部众，于贞观十七年返回长安。唐太宗一直对阿史那思摩恩宠有加，阿史那思摩去世之后，"陪葬昭陵，立坟以象白道山"[8]。

唐朝长期采取羁縻策略，管理突厥、薛延陀、

图4　呼和浩特市和林格尔县土城子古城遗址遥感影像图

回鹘等北方部族。唐高宗永徽元年（650年），于云州（在今山西大同市）设单于大都护府，统一管理定襄、云中、呼延三个都督府。唐高宗龙朔三年（663年），单于大都护府从云州移治今呼和浩特市和林格尔县土城子古城，并改称云中都护府；唐高宗麟德元年（664年），又改称单于大都护府，是唐朝在漠南地区设立的对突厥诸族实行羁縻统治的最高行政机构。（图4）

从585年至630年的大部分时间里，呼和浩特平原一直是东突厥政权活动的政治中心，这一历史持续了近46年。

三、土默特蒙古与归化城

明代中后期，活动于呼和浩特平原的是蒙古六万户之一的土默特蒙古万户。土默特蒙古在俺答汗（1508—1582年）统治时期，以呼和浩特平原为统治中心，势力不断发展壮大，维护了蒙古右翼三万户的统一稳定。

隆庆四年（1570年），明朝以俺答汗之孙把汉那吉降明为契机，展开了与俺答汗的和谈，史称"隆庆和议"。隆庆五年，俺答汗接受了明王朝"顺义王"的封号，双方建立了和平贡市关系。在1572年至1575年四年的时间里，俺答汗依靠汉族工匠在大青山脚下建设了一座新的城市，明朝赐名"归化"，蒙古人按照本民族的习惯称之为"库库和屯"（köke-qota），意为"青色的城市"。这座城市位于辽金元丰州故城的西部，当时的呼和浩特平原因丰州城而称作丰州滩，丰州滩上的库库和屯一直为后代沿用，不断修缮增筑，发展为今天内蒙古自治区的首府。1572年也就成为呼和浩特建城之始。

万历六年（1578年），俺答汗在青海仰华寺会见了藏传佛教格鲁派的领袖索南嘉措，将藏传佛教引入蒙古地区。俺答汗首先于万历七年在归化城动工兴建呼和浩特历史上第一座藏传佛教寺院——大召，明廷赐名"弘慈寺"。万历十四年（1586年），俺答汗之子僧格杜棱汗迎请索南嘉措来到归化城，主持了大召释迦牟尼佛像的开光法会。万历十六年，作为第三世达赖喇嘛的索南嘉措去世，第四世达赖喇嘛云丹嘉措转生在土默特蒙古。为了纪念这一历史事件，第四世达赖喇嘛的铜像供奉于大召之内。（图5）

万历三十四年（1606年），俺答汗孙媳五兰妣吉在归化城以西的大青山脚下起盖灵觉寺泰和门。同年，五兰妣吉迎请麦达里活佛为灵觉寺新造弥勒佛像开光，因麦达里之名，灵觉寺俗称美岱召。美岱召泰和门门额嵌有一方明万历三十四年石刻，上端横刻一行藏文，意为"唵啊吽！顶礼识一切锁南坚错！唵麼捉钵讷铭荅吽"。下方竖刻汉字，分为记事文、发愿文两部分。发愿文为"皇图巩固，帝道咸宁，万民乐业，四海澄清"十六字；记事文记录了泰和门修筑因由、建造者、竣工时间及匠作人等，其中提到"大明金国"，即指大明朝之金国。（图6）俺答（altun），蒙古语为"黄金"之意，土默特蒙古以"大明金国"的汉文书写，表达了奉明王朝为正朔的政治态度。[9]

1627年，察哈尔蒙古林丹汗在后金的逼迫下西迁，沿途击败了喀喇沁、土默特等蒙古部落，占领了归化城，大明金国的历史就此终结。从

图5　大召大雄宝殿

图6　美岱召泰和门石匾

1571年至1627年，大明金国存在了57年。

四、小结

《新唐书·突厥传》在记述唐太宗贞观十五年突厥贵族阿史那思摩建牙于白道川这一历史事件时，称白道川为"龙荒之最壤"[10]，即北疆最好的一片土地。呼和浩特平原东临黄河，北倚大青山，东面、南面为低缓的黄土丘陵区，平原上有大黑河、什拉乌素河等河流自东向西注入黄河。在整个河套地区的平原，较之包头平原、后套平原，呼和浩特平原的确是占尽了地利优势。包头平原呈东西长条状分布于东流黄河北岸，面积相对狭小；后套平原虽然面积广阔，但在古代夹于黄河北河、南河之间，湖泊、沙地交错纵横，有水利之优势，但需要高超的水利技术与庞大的人力资源的支撑，才可以得到有效的农耕开发利用。而对呼和浩特平原的农耕开发，则相对容易很多。

大黑河是呼和浩特平原之上最大的也是最重要的黄河支流，北距大青山较近，很多发源于大青山山谷之中的河流向南注入大黑河。（图7）大黑河流域一直是呼和浩特平原的中心所在，战国秦汉时期的云中郡故城（今呼和浩特市托克托县古城村古城）位于大黑河南岸；辽金元时期的丰州（今呼和浩特市赛罕区白塔古城）、云内州（今呼和浩特市托克托县西白塔古城）、东胜州（今呼和浩特市托克托县城圐圙古城之中的大黄城、小黄城）合称"西三州"，东西一线布列于大黑河沿岸。（图8）所以，拓跋代国、东突厥政权、大明金国的政治中心均临近大黑河，除水源丰富

图7　大黑河

图8　位于辽金元丰州故城之内的辽代万部华严经塔

外，也便于与周边地区的交通，尤其是方便与大青山及山北草原之间的联系。

历史时期呼和浩特地区的人类活动，存在一个自大黑河流域逐步向周边丘陵区扩展的态势。西汉时期，于呼和浩特平原首先设云中郡，后来随着人口的增殖，于平原南部、东部一带设定襄郡。位于呼和浩特平原南部与黄土丘陵区交界处的和林格尔县土城子古城，西汉时期为定襄郡郡治成乐县所在。东汉时期，定襄郡郡治南迁，土城子古城成为云中郡属县之一。到北魏时期，在战国秦汉云中郡郡治、拓跋代国云中之盛乐宫旧址设立朔州及云中镇，后废云中镇，为朔州州治盛乐郡，而土城子古城为

朔州云中郡，后者管领的依然以呼和浩特平原周边的黄土丘陵区为主。

历史上中原王朝建立的都邑，主要集中在西安、洛阳、北京、南京、开封等几个城市。近些年来，设在陕西师范大学的学术组织"中国古都学会"在地方政府的推动下，不断将中国古都的数量扩大，先后有"八大古都""十大古都"等说法，"八大古都"包括西安、洛阳、北京、南京、开封、安阳、杭州、郑州，"十大古都"新成员为大同、成都。大同是公元398—494年之间的北魏王朝正都，延续时间达97年。成都在先秦时期有古蜀国，秦代以后先后为成家、蜀汉、成汉、前蜀、后蜀等地方政权的都邑。呼和浩特古代建都立邑的性质，类似于成都，作为拓跋代国（338—376年，自340年始都盛乐）、东突厥政权（585—630年）、大明金国（1571—1627年）的都邑及北魏盛乐旧都（398—494年），存续时间共长达237年。如果再加上突厥阿史那思摩于贞观十五年至十七年（641—643年）之间建牙白道川的历史，则正好为240年。

早在1986年，呼和浩特就已被国务院公布为第二批国家历史文化名城。但就这座名城作为"古都"的意义而言，尚未得到深入阐发。因此，在梳理相关考古发现、文献记载及其他学科研究成果的基础上，有必要加强对呼和浩特作为"古都"的认识，反映中国历史上北方游牧民族政权在与中原王朝的交往交流中，不断学习中原文化、逐步融入华夏的历史进程。同时，对与呼和浩特"古都"相关的北魏、明代两个历史时期的文化遗产，我们在认识其重要历史价值的同时，也非常有必要采取相应的保护与展示、利用措施，让古老的文物成为历史文化名城呼和浩特的靓丽名片。

---

[1][5] 魏收. 魏书（卷2）[M]. 北京：中华书局，1974.

[2] 李俊清. 北魏金陵地理位置的初步考察[J]. 文物季刊，1990（1）.

[3] 李逸友. 内蒙古土默特旗出土的汉代铜器[J]. 考古通讯，1956（2）；李逸友. 关于内蒙古土默特旗出土文物情况的补正[J]. 考古通讯，1957（1）；内蒙古文物工作队. 内蒙古呼和浩特美岱村北魏墓[J]. 考古，1962（2）.

[4] 何德章. "阴山却霜"之俗解[M]// 魏晋南北朝隋唐史资料（第12辑）. 武汉：武汉大学出版社，1993.

[6][8][10] 欧阳修. 新唐书（卷215）[M]. 北京：中华书局，1975.

[7] 魏徵. 隋书（卷84）[M]. 北京：中华书局，1973.

[9] 李勤璞. 归化：一六〇六年美岱召城门额的藏汉文字[M]// 欧亚学刊（第8辑）. 北京：中华书局，2008.

中原考古学的起源与发展研究综述

刘丁辉[1]　孟　冲[2]
1. 河南大学历史文化学院、河南博物院；2. 周口市博物馆

摘要：中原地区是华夏文明的主要发祥地，文物考古资源丰富，是研究人类起源、农业起源、文明起源等世界性重大考古课题的重地。从古代金石学到中国近现代田野考古学，均诞生并发展壮大于中原沃土，中原地区以得天独厚的地理区域优势和厚重历史文化资源孕育出了中原考古学。从仰韶文化的发现到殷墟发掘，从郑州商城遗址到汉魏隋唐洛阳城的发现，从"夏商周断代工程"到"中华文明探源工程"，再到"考古中国""夏文化研究"等国家重大考古课题，无不昭示着河南考古和中原考古学的独特价值及重要地位。一百多年来，中原考古学名家辈出，逐步形成了具有中原特色的考古学派。在几代中原考古学者的不懈努力下，中原考古学体系逐渐完善，从旧石器时代到历史时期的大量考古发现和研究成果，有力推动了中国考古学的发展。

关键词：中原地区；金石学；考古学体系；文明起源

中原，又称中夏、华夏、中州，传统意义上的中原泛指以河洛文化区域（今伊、洛河流域）为中心的黄河中下游地区，狭义上指今天的河南省。优渥的自然地理环境造就了中原地区灿烂的文明史，是中华民族和华夏文明的重要发祥地。中原文化是中华文化的主源主根，中原文明发展史，就是中华文明史的缩影，从夏王朝至今的四千多年的中华文明发展史，有三千多年都是以中原为中心，先后有22个王朝和政权定都于河南，中国八大古都河南有其四。中原地区是中华文明谱系中保存最完整的地域，历史长河在中原大地上留下了星罗棋布、数不胜数的文物遗存。自1921年中国现代考古学在河南诞生以来，中原地区的重要考古发现层出不穷、不胜枚举，河南的考古研究机构和队伍逐步形成并不断壮大，并逐步构建起具有中原特色的考古学研究体系。

一、中原考古学的内涵与研究体系

（一）中原考古学的定义

考古学属于人文学科，是根据古代人类活动所遗留下来的实物遗存研究当时人们的生活及其

社会的状况并进而解析人类文化与社会发展的历史过程，探索其发展变化的背景原因和规律的一门科学。[1]中原考古学是中国考古学的重要组成部分，即立足于中原地区历史考古资源富集优势，通过研究古代人类活动遗留下来的遗迹和遗物，达到研究人类的文化和社会的目的。一是借助考古方法和技术，包括搜集和保存资料、审定和考证资料、编排和整理资料的方法和技术，通过考古研究获得历史知识；二是通过理论性的研究和解释，用以阐明包含在各种考古资料中的因果关系，论证存在于古代社会历史发展过程中的规律。

（二）中原考古学的研究对象与范围

中原考古学的研究对象是实物资料，主要是物质的遗存，即古代的遗迹和遗物。作为考古学研究对象的实物，主要是古代人类通过各种活动遗留下来的，是经过人类有意识地加工的。[2]如果是未经人类加工的自然物，则必须是与人类的活动有关，或是能够反映人类的活动的。古代人类通过各种活动遗留下来的实物，通常包括遗物和遗迹两大类。遗物包括工具、武器、日用器具和装饰品等器物，遗迹有宫殿、住宅、寺庙、作坊、矿井、都市、城堡、坟墓等建筑和设施。此外，农作物、家畜和渔猎、采集所得的动植物遗存，同样与人类的活动有关，是人类活动的产物，也属于中原考古学的研究对象。此外，蕴含于古代物质文化中的人类古代社会的各个方面，包括社会制度、生产规模、技术水平、美术观念、宗教信仰等精神文化，也属于中原考古学的研究对象。[3]

中国考古学研究的范围是古代。因此，中原考古学的研究重心在于从史前社会到明朝的这段历史，年代下限是明朝灭亡（1644年）。随着考古学研究范围的不断扩大，中原考古学研究的年代范围也有扩大至近现代的趋势。根据中原考古学研究的物质遗存的时代特征，又按年代由远及近细化为旧石器时代考古、新石器时代考古、夏商周考古、汉唐考古、宋元明考古、近代考古等。

（三）中原考古学的研究方法与特点

中原考古学研究的遗物和遗迹资料多埋没在地下，必须经过科学的调查发掘，才能被系统地、完整地揭示和收集。因此，中原考古学的基础在于田野考古调查与发掘，主要的研究方法有地层学、类型学和科技考古。[4]地层学主要是通过土质、土色区分不同堆积，根据地层叠压、打破及平行关系，确定不同堆积形成的先后次序。类型学是通过分门别类地对遗迹和遗物的形态进行排比，找出它们之间的纵向演变和横向联系，以探求其逻辑发展序列和相互关系。地层学和类型学是考古学的基本方法，随着科学技术的不断发展，科学技术逐渐被应用于考古学研究的各个阶段，出现了动物考古、植物考古、环境考古、古DNA考古、实验考古等科技考古学的分支学科，主要是利用现代科技分析古代遗存，取得丰富的潜信息，由此拓宽了中原考古学研究的深度和广度。结合近年来中原考古学发展的新趋势，多学科结合综合研究逐渐兴起，即根据具体课题研究的需要，组合所有适用学科如考古学、历史学、文献学、自然科学的技术和手段等，对研究对象进行综合研究，以获得更加全面和具体的信息，从而提高研究深度和广度，同时推动中原考古学研究水平达到前所未有的新高度。

总的来说，中原考古学在长期发展的过程中，已经成长为一门具有特定研究对象、系统的技术、方法和理论体系、结构严密的学科。从整体和宏观来看，研究范畴极为广泛，内容丰富而庞杂，小到不同聚落、不同人群的生活细节，一件器物的纹饰特征，大到人类、农业、文明的起源和发展，都依赖于考古学来获取资料和信息并加以阐释。随着考古学研究的深入和科学技术的进步，中原考古学的研究手段、获取的资料也越来越丰富多样，研究的深度和广度都在不断提升。近年来，中原考古学持续立足于河南作为中华文明主根、主源、主脉的历史地位，围绕人类起源、农业起源、文明起源等重大考古课题，以及中华文明起源发展、中华民族共同体和统一多民族国家形成发展等重大历史问题，集中力量在"夏商周断代工程""中华文明探源工程""考古中国"等国家重大项目中取得突破性成果，充分发挥了中原考古学对中华文明研究的支撑作用，逐步构建起了夏文化研究、人类起源、黄河流域文明探源等具有中原特色的考古学研究体系。在研究和还原人类历史的同时，中原考古学还通过研究阐述人类所走过的道路、所积累的历史经验，为人类社会面临的各种重大问题提供历史经验的借鉴和参考。

二、中原考古学溯源

（一）历史时期的中原传统金石学

1. 中原传统金石学的萌芽

金石学是中国特有的一门传统学科，也是中国现代考古学的前身。[5] 它是以古代青铜金属器和石刻为主要研究对象的一门学科，偏重于著录和考证文字资料，以达到证经补史的目的，特别是其上的文字铭刻及拓片；广义上还包括竹简、甲骨、玉器、砖瓦、封泥、兵器、明器、丝织品等一般文物。古代金石学最早萌芽于以河南洛阳为都城的东周春秋时期，西汉《韩诗外传》记载："孔子观于周庙，有敧器焉。孔子问于守庙者曰：'此谓何器也？'对曰：'此盖为宥坐之器。'孔子曰：'闻宥坐器，满则覆，虚则敧，中则正，有之乎？'对曰：'然。'孔子使子路取水试之，满则覆，中则正，虚则敧。孔子喟然而叹曰：'呜呼！恶有满而不覆者哉！'子路曰：'敢问持满有道乎？'孔子曰：'聪明圣知，守之以愚；功被天下，守之以让；勇力抚世，守之以怯；富有四海，守之以谦。此所谓挹而损之之道也。'"[6] 孔子对于东周王室周庙"敧器"进行考证实验并得出"满则覆、虚则倾、中则正"的结论，这是对前代礼器古物进行考据研究的最早实例。

东汉时期，汝南召陵的经学家许慎（今河南漯河人）著录的《说文解字》，内容共十五卷，以古文小篆为研究对象，同时参照小篆以外的古文、籀文，其中一至十四卷为文字解说，十五卷为叙目，字头以小篆为准，兼有古文、籀文等异体，这是学者对古文字最早的研究。西晋太康二年（281年），汲郡（今卫辉市）人不准盗掘战国魏襄王墓葬，获得古简数十车，中书监荀勖、中书令和峤奉命将散乱的竹简排定次序，并用当时通用的文字考订释文，遂有初释本《竹书纪年》，又称"荀和本"。晋惠帝时期，秘书丞卫恒奉命考正竹简，以定众议。但是八王夺位，永嘉之乱爆发，卫恒被杀害。其友著作佐郎束皙续成其事，遂有考正本竹书纪年，又称"卫束本"。这是封建政府官方第一次组织学者对古籍古简进行考释。

2. 中原传统金石学的发展

作为考古学的前身，金石学兴起于以河南开封为都城的北宋时期，得到了北宋统治阶级的大力支持。至宋徽宗时期，金石学的研究和著录达到鼎盛，金石学由起初的考究、品鉴特定几件古器物开始成为一门独立系统考据的学问。成书年代在北宋的金石著录有吕大临《考古图》，是第一部较全面的金文汇撰，全书共十卷，问世于元祐七年（1092年），比较系统地著录了当时宫廷和私家收藏的古代铜器、玉器。《宣和博古图》是北宋末年宰相王黼所著的金石学著作，由宋徽宗敕撰，共三十卷，大观初年（1107年）开始编纂，成于宣和五年（1123年）之后。该书著录了宋代皇室在宣和殿收藏的自商代至唐代的青铜器839件。欧阳修著《集古录》，凡一千卷，1063年成书，此书收录了上千件金石器物，是学术史上第一部金石考古学专著。1069年，欧阳修之子"撮其大要，别为录目"，成《集古录跋尾》十卷传世。[7] 赵明诚《金石录》，共三十卷，先由赵明诚撰写大部分，其余部分由其妻李清照完成。《金石录》一书，著录其所见从上古三代以来至隋唐五代，钟鼎彝器的铭文款识和碑铭墓志等石刻文字，录入详细、考据清晰，是中国最早的金石目录和研究专著之一。《金石录》前为目录十卷，后为跋尾二十卷，考订精核，评论独具卓识。

清代是中国传统金石学的又一个巅峰，康熙朝后形成的"乾嘉学派"极为推崇金石学证经补史的作用。清代学者在青铜器与金文研究上有不少建树，而石刻方面则着力更多，研究成果亦趋于系统。但此时期对铭文虽有考证，却未有科学的古文字学理论，且囿于传统史观，故进展不大，研究的路径与结论也始终未能摆脱"证经"之套路。清代河南著名的金石学家有：康熙时期的刘太乙（1664—1709年，河南襄城人），著《金石续录》；武亿（1745—1799年，洛阳偃师人），著有《金石三跋》10卷、《金石文字续跋》14卷、《偃师金石记》4卷、《安阳金石录》13卷[8]，系统论述了豫北和洛阳地区金石和汉魏碑刻。

中原地区诞生了中国传统金石学，从北宋到清代，元明时期为低谷，历经两个巅峰，涌现出许多成就斐然的金石学家，相关著录浩如烟海，硕果累累。然而其重考据鉴赏的研究方式始终与现代考古学大相径庭，也没有科学的田野调查、考古发掘，研究学者多属于传统科举旧式文人，甚至成为文人雅士个人附庸风雅的爱好，使传统金石学始终未能打破考据学的桎梏。

3. 清末民国时期的金石学

鸦片战争之后，中国进入半殖民地半封建的近代社会，学界思潮日新月异，受西学东渐思想的影响，传统金石学日渐衰微，产生分化。在西方古生物和地质学的影响下，这一时期的金石学者产生分化，一部分仍旧以研究古青铜器和石刻碑拓为主，而另一部分接触到了西方文物类型学研究方法和近现代博物馆理念。值得一提的是，这一时期的金石学研究对象大大扩展，从青铜、石刻到铜镜、玉器、简牍甚至丝织品，过去金石学家涉及较少的领域如陶器、彩陶在这一时期也受到了重视。1905—1909年，清政府修筑陇海铁路汴洛段时，在洛阳北邙山挖掘出了一批唐代墓葬，其中发现了大量造型各异、色彩鲜艳、质地清脆的釉陶器，流入北京琉璃厂古董街后，引起了古董商和王国维、罗振玉等学者的重视，他们广为搜集，研究品鉴。此类前代文献未记载过的唐墓随葬釉陶器，因其色彩多用黄、绿、蓝色，釉色丰富，造型各异，即被约定俗成称为"唐三彩"，名满天下。

4. 甲骨文与安阳小屯的发现

清光绪二十五年（1899年）秋的京城，时值政局动荡、外敌环伺。王府井大街锡拉胡同西头路北的一座宅院里，年过半百的清廷国子监祭酒王懿荣，正在灯下细细端详一味名为"龙骨"的中药，原来，这是一位友人在一位深谙药性的老中医那里，讨得的一剂药方。待家人将药抓回来，精通古文字学的王懿荣发现，这些"龙骨"原来是一些大小不一的骨片，有的骨片上有许多非常规律的符号，很像上古文字，但其字体又非籀非篆。王懿荣视为珍宝，以每块二两银价如数收购，古董商贩得知此骨可以赚钱，于是纷纷携之登门造访，时不多久，王懿荣已收"龙骨"达一千五百余片。

据陈梦家《殷墟卜辞综述》所载："依据不同记载，王氏一共买过三批甲骨。第一次，己亥年（1899年）秋，范估以十二版甲骨售于王氏，每版银二两。此据范估1914年所言。第二次，庚子年（1900年）春，范估又以八百片售于王氏，其中据说有一片是全甲的上半，刻五十二个字。"接下来，王懿荣"细为考订，始知为商代卜骨，至其文字，则确在篆籀之前"[9]。最后，王懿荣确认这些甲骨上所刻的符号确属一种文字，是我们祖先创造的早期的，而且是早于篆籀的文字，即是早于先秦时代青铜器上的文字。他不满足于此，决定追根溯源，最终发现甲骨产自河南彰德府安阳县小商屯（今河南安阳小屯村）。当地村民掘得甲骨，以为是上古时期"龙骨"，遂将其贩至药铺，千百年来，被吃掉的"龙骨"不知有多少。

甲骨文在殷墟的发现，轰动了整个世界。王懿荣不仅第一个发现、鉴识、收藏了甲骨文，而且也是第一个将其时代断为商代，使蒙尘三千多年的甲骨文字免于湮没，更避免了"人吞商史"的闹剧。

（二）考古学在中原的起源

1. 仰韶文化的发现与发掘

仰韶文化首先在河南省渑池县仰韶村遗址发现。仰韶村遗址位于县城北7.5公里饮牛河西岸仰韶村南、寺沟村北的台地上，南北960米，东西480米，面积约36万平方米。遗址东西两侧各有深沟，北依韶山，东、西、南三面环水，向北可达晴山的山峰之一——韶山，仰韶村村名即取诸仰望、崇敬韶山之义。仰韶文化的发现与初步研究，是从中国地质调查所顾问、瑞典地质学家安特生开始的。1920年，安特生派助手、地质调查所采集员刘长山到河南采集动物化石。其一行人在渑池县仰韶村居住了3天，采集到不少动物化石的同时，意外地发现了一个古文化遗址。1921年秋，安特生计划发掘潜力看起来最大的仰韶遗址。他给当时农商部部长写信，报告仰韶的发现（并且建议，鉴于中国没有保护史前遗址和文物的法律，请允许他购买土地以便保护和发掘该遗址，但这一建议并未实现），而且还催促农商部通过继续任命安特生为矿政顾问的安排。安特生的申请获得批准，同时，在仰韶村的发掘也得到中国地质调查所、河南省政府和渑池县政府的大力支持。据瑞典东方博物馆工作人员记载：安特生对仰韶村遗址的尝试性发掘，时间从1921年10月27日到12月1日，他和地质学家袁复礼、奥地利古生物学家师丹斯基等一道对仰韶遗址进行尝试发掘，他们发现了大量精美的彩陶，而且还在一块陶片上发现了水稻粒的印痕，仰韶村的初步发掘取得了重大成果。[10]

仰韶村遗址的发掘是第一次得到中国政府支持并有中国学者参与的田野考古发掘，采用科学的地层学、类型学等方法，绘制了详细的地形地貌与地层图，并与地质学、植物学、人类学、古生物学等多学科开展合作，标志着中国现代考古学的诞生。[11]安特生利用在仰韶遗址和后来在甘肃临洮发现的马家窑文化彩陶器，于1926年在瑞典成立了著名的"东方博物馆"。

2. 安阳殷墟的考古发掘

小屯位于安阳市西郊洹河岸边。清末以来，当地传闻碎骨即所谓的龙骨，可以治病，于是村民收集碎骨片，或留作己用，或卖给中药铺。1899年，金石学家王懿荣考证出这些"甲骨文"是"殷人刀笔文字"。

发现商代甲骨文的消息传开后，许多学者加入到收藏甲骨的行列中来。1908年（一说1910年），罗振玉经多方探求，始知甲骨出于"滨洹之小屯"。至此，殷墟遗址第一次被学术界所知。1917年，王国维对甲骨文上的资料进行了考据，整理出商王世系表，进一步证实小屯村就是盘庚迁都的都城。

1928年，在傅斯年大力支持下，中央研究院历史语言研究所开始组织对殷墟进行第一次为期18天的试掘，总共出土800余片有字甲骨以及铜器、陶器、骨器等多种文物。次年春，由董作宾、李济主持对殷墟的正式发掘。到1937年全面抗日战争爆发，殷墟共进行了15次科学发掘，找到了商王朝的宫殿区和王陵区，证实了《竹书纪年》关于商代晚期都邑地望的记载，使得殷墟遗址曾经是商代晚期都邑成了不可动摇的结论。[12]

殷墟的考古发掘自1928年开始，先后由董作宾、李济、郭宝钧、梁思永、石璋如主持，至1937年7月抗日战争全面爆发为止，共计发掘15次。1931年的第四次发掘中，在安阳后冈村，梁思永先生发现了仰韶文化地层并认识了仰韶、龙山、殷代文化直接叠压的地层，从而确定了这三种文化的时代序列，奠定了考古地层学的基础。后来，还在这里发掘发现了一座带两条墓道的殷代大墓，大墓四隅发现殉葬人头28个，首次发现殷代殉人遗迹。

3. 河南省博物馆和河南古迹研究会的成立与初步发展

1927年7月，在时任国民革命军总司令、河南省政府主席冯玉祥将军的亲自过问下，由省政府委派郭须静等三人为河南博物馆筹备委员，隶属省教育厅，确定开封法院西街前法政学校校舍为馆址（即今开封市三圣庙街），是为河南博物院发轫之始。1928年5月，河南省政府为表现各民族的历史和现状，宣传民族共和暨世界大同的理想，遂将河南博物馆改名为"民族博物院"，并改由省政府直接领导，同时划拨刘师古堂充公遗产的一部分为专款，限期开放。1930年12月1日，河南省政府将"民族博物院"恢复为"河南博物馆"，并确定为社会教育机关，直属省教育厅领导，并委任关百益为馆长，收回民众师范房舍为古物陈列室。1932年2月，在河南博物馆召开会议成立河南古迹研究会，负责河南地区的考古工作。此后对河南地下文物进行了多次发掘，包括安阳殷墟、浚县辛村、汲县山彪镇、辉县琉璃阁战国墓地、广武、巩县（今巩义）、永城等地，并先后调查了二十余县的地面古迹文物，为河南早期文博考古事业的发展奠定了基础，并涌现出如关百益、孙文青、许敬参、傅桐生等一大批高水平的研究人员。

1930年至1937年的8年间，是河南博物馆空前发展的时期，藏品中的历史文物最为丰富、精致，具有河南地方特点，而且涌现出一批具有高水平的研究人员。七七事变爆发后，为避免文物被毁，68箱馆藏主要文物被迫移运重庆，博物馆工作处于停滞状态。日伪统治期间，河南博物馆被更名为"河南省立博物馆"，下设事务部、保管部、研究部等。抗战结束后，国民党河南省政府派谢孟刚为接收委员，接收了日伪当局控制下的河南省博物馆，但终因解放战争的爆发，国民党政府忙于内战，经济凋敝，经费拮据，博物馆工作步履维艰。同一时期，南阳汉画馆于1935年成立，馆藏汉代画像石118块，是国内第一家汉画专题博物馆。

4. 河南考古专业的创立

自安阳殷墟发掘以来，中原地区的考古发掘和研究成果快速积累，为河南考古学科的诞生奠定了坚实基础。

河南大学是最早培养考古学专门人才的河南高校，是中国考古史上最早参加田野考古实习的高校之一，1931年就参与殷墟遗址的发掘，河南大学师生还参与到浚县辛村、汲县山彪镇、辉县琉璃阁等考古发掘活动中。1935年，河南大学考古学研究会成立；1945年，聘请著名考古学家郭宝钧为考古专业教授。著名考古学家徐旭生、董作宾曾执教于河南大学，先后培养了尹达、石璋如、安金槐等一大批考古学家，使得河南大学在这一时期成为国内考古和甲骨研究的一方重镇，奠定了中原考古学的基础。

三、中原考古学的发展与成熟

（一）中原考古学的初步发展（1949—1977）

1. 河南考古文博机构的初步建立

1948年，中国人民解放军一举解放了古都开封。中国共产党和人民政府十分重视河南省文化教育和文博事业，立即成立了以赵干亭为主的三人管理小组，进驻博物馆，整饬馆务。1949年11月，河南省政府任命省教育厅厅长曲乃生兼任河南省博物馆馆长，开始组织人员，整理文物、展室，修缮房舍、设施，进行业务活动，河南省博物馆再次出现生机，蓬勃发展。1953年，根据中央文化部颁发的《对地方博物馆的方针、任务、性质及发展方向的意见》，河南省博物馆被确定为地志性博物馆。1961年，河南省博物馆由开封迁至省会郑州。

1950年，河南省文物管理委员会成立，并于1951年春即开始了为配合河南省工农业基本建设工程而进行的考古发掘工作。中国科学院考古研究所（今中国社会科学院考古研究所）也相继在河南洛阳、安阳两地设立考古队，对安阳殷墟、洛阳汉魏故城、洛阳唐城进行重点考古发掘。

1952年，中国科学院考古研究所和北京大学在洛阳联合开办了第一届考古发掘专业培训班，是为中原考古队伍建设发轫之始。同年，河南省文化局文物工作队（河南省文物考古研究院前身）成立，是全国设立最早的省级文物考古研究院所之一，承担着河南省地下文物的调查、发掘、保护和科学研究等任务。随着城市建设工程的开展，1953年，分别成立了"郑州市文物工作组"和"洛阳市文物工作组"，配合两市的城建工程而进行考古发掘工作。分别为今郑州市文物考古研究院和洛阳市考古研究院前身。这一时期，郑州博物馆、洛阳博物馆、开封市博物馆等第一批市级博物馆相继成立，陈列展览当地历史与革命文物，开展早期社会宣教活动，不少还参与各地文物普查和配合工农业建设进行的考古发掘工作。与此同时，河南各地市的文物考古机构陆续建立，承担起本地区内的文物考古、发掘工作。

1976年，郑州大学考古学科设立，是全国高校中较早成立的考古学科之一。学科建立伊始，北京大学考古专业毕业的张文彬、陈旭、李友谋、贾洲杰等先生均在此执教，承担起了为中原考古事业培养专业人才的重任。

2. 河南各地重要考古工作

这一时期是河南考古工作的初创与奠基阶段，也是中原考古学的初步发展阶段。1951年在文物考古人员较少的情况下，河南即开展了禹州白沙水库等地的考古发掘工作。1952年又参与了中央考古人员培训班在郑州、洛阳两地的考古发掘实习。通过对部分仰韶文化遗址、龙山文化遗址、屈家岭文化遗址、商代文化遗址和以汉代墓葬为主的近300座古墓葬的发掘，不仅提高了文物考古人员的业务水平，也揭开了河南考古发掘的序幕，为河南文物考古工作的进一步开展奠定了基础。

郑州商城的发现与发掘是这一时期河南考古工作的重大收获。1952年夏，全国第一届考古人员训练班在河南开班授课，经过3个多月的培训后，全体师生分批到郑州、洛阳两地进行实习。其中郑州实习分队以二里岗遗址为重点进行了试探性的发掘。自此以后，郑州商代遗址考古发掘缓缓拉开了序幕。

这一时期，河南全省范围内开展了文物普查、配合工农业建设考古和重点考古发掘，发掘面积较大和比较重要的古文化遗址较多。以仰韶文化为主的有渑池西河庵村、郑州后庄王、临汝大张、淅川下王岗等遗址；以龙山文化为主的有偃师灰嘴、登封王城岗等遗址；二里头文化的有渑池鹿寺等遗址；商代遗址除郑州商城外，还有南阳十里庙，安阳小屯南地、大司空村等遗址和墓葬；西周时期的有信阳孙寨遗址；东周时期的有新郑韩故城遗址、登封阳城、信阳长台关楚墓、淮阳平粮台楚墓群等；汉代的有巩义铁生沟冶铁遗址、密县打虎亭汉墓、济源轵城汉墓群等；魏晋南北朝及隋唐宋元时期的有邓县（今邓州）张村南朝彩色画像砖墓、洛阳隋唐含嘉仓遗址、鹤壁集宋代瓷窑遗址、禹州白沙宋墓和宋代钧官窑等。这些考古发现，不仅对河南境内历代古文化遗址和古墓葬的分布与内涵有了一定了解和认识，还有很多重大考古发现，为中国考古学年代框架在河南的建立奠定了坚实基础。

3. 中国考古学年代框架在中原的初步建立

在河南考古工作者和学者的不懈努力下，经

过多次文物普查和大规模的考古发掘工作，初步建立了新石器时代至夏商周时期的考古学年代框架，即裴李岗文化—仰韶文化—龙山文化—二里头夏文化—二里岗商文化—殷墟商文化—西周文化—东周春秋战国文化，为中国考古学文化的建立和完善做出了重大贡献。

这一时期新发现距今约 9000—7000 年的裴李岗文化，找到了仰韶文化的渊源；搞清了龙山文化与仰韶文化的承继关系。

对夏文化的探索是这一时期中原考古学的重要突破。从 1960 年至今，中国社会科学院考古研究所二里头工作队对二里头遗址进行了连续发掘。1977 年，夏鼐先生将其命名为"二里头文化"，二里头遗址被认为是夏都斟鄩，并确定了二里头文化的性质和发展概况。二里头文化分布很广，以伊洛河流域最为丰富，早于郑州二里岗商文化，晚于龙山文化晚期。[13] 河南龙山文化与二里头文化有着密切的源流关系。二里头文化的发现，为夏文化的探索提供了关键资料和依据。

随着安阳殷墟遗址的考古发掘，殷商王朝晚期的都城面貌呈现在世人面前，而以郑州商城为代表的商代早期城址的发现是商代考古的重大收获。从 20 世纪 50 年代后期以来，先后有河南省文化局文物工作队第一队、河南省文化局文物工作队、河南省博物馆、河南省文物研究所、河南省文物考古研究所以及郑州市博物馆、郑州市文物考古研究所、郑州市文物考古研究院等多家单位参与郑州商代遗址的考古发掘，安金槐、杨育彬、陈嘉祥、宋国定、贾连敏等专家先后主持郑州商城的发掘工作，重大考古成果不断，郑州商城的面貌和性质也逐渐清晰，为商文化的研究提供了重要的资料。

1958 年，在洛河以北的涧河两岸找到了周王室东迁洛阳之后的东周王城城址。此后又经过洛阳考古工作者多年的考古发掘，对洛阳东周王城的城市布局已有了一个较清晰的认识。同时，这一时期对河南境内东周城址、墓葬的调查和发掘，不仅对东周城市布局、墓葬形制、埋葬习俗都有了深刻的认识，也为东周历史的研究积累了极其丰富的资料。

从新石器时代早期的裴李岗文化、仰韶文化到中原龙山文化，以及夏商周城址遗址研究，河南考古学的年代分期日渐清晰，不断取得突破性进展，并为全国其他地区提供了年代学标尺，中原考古学年代框架在这一时期得到初步建立。

（二）中原考古学的快速发展（1978—2011）

1. 河南各地考古文博机构的壮大

1978 年至 2011 年，是河南文物考古事业蓬勃发展的阶段，也是中原考古学的快速发展时期。改革开放以来，河南各地市博物馆与考古研究所相继建立健全，由于地方行政区划的调整，豫东地区新划定了周口、信阳、漯河、驻马店、濮阳等地级市，上述省辖市的市级博物馆在地方和省人民政府的大力关怀和支持下先后成立，成为地方重要文化名片和文化旅游景点，民间博物馆也在这一时期迅猛发展。在此期间，洛阳、南阳、郑州等地相继成立了文物工作队。原地方上临时性的文物工作队也向常设的集考古发掘、文物保护研究为一体的考古研究所转变，专职于地方文物考古工作，文物资源较丰富的地市政府部门也在这一时期单独成立了具有行政职能的文物局，负责辖区内的文物资源管理。[14]

2. 河南高校考古文博学科的发展

郑州大学考古专业成立以来，围绕中原考古教学研究，在中原史前文化、夏商周考古、秦汉宋元考古、田野考古、科技考古等领域形成了较突出的优势，为河南各地文物考古机构培养了大量专业骨干人才。1988年，河南大学在历史学专业招收文博方向本科生，1992年，正式设立河南省最早的博物馆学专业。

2011年，国务院学位委员会对我国的学科体系进行调整，将历史学一分为三，把原来作为历史学一级学科之下二级学科的考古学提升为一级学科。从此，考古学独立设置为一级学科，并逐渐细分出考古学、考古与博物馆学、文物与博物馆学等二级学科。河南地区高校考古文博学科的建设随之兴起，除郑州大学、河南大学外，河南师范大学、安阳师范学院、洛阳师范学院也逐步开始培养考古学、文物与博物馆学专业人才。此外，还有一些高等职业院校开设有文物修复与保护、文物鉴定、考古探掘技术等专业，如开封文化艺术职业学院、安阳学院、洛阳职业技术学院等。

3. 河南各地重大考古发现

这一时期的河南，是实施"夏商周断代工程""中华文明探源工程"等国家重大考古工程的主战场，为研究中华文明起源、形成、发展及多元一体格局形成和发展过程做出了重大贡献。

如2007年在许昌灵井发现的人类头盖骨化石，被认为是研究中国现代人类起源的重大发现。2009年至2010年对新密李家沟遗址的发掘，发现了距今10500年至8600年的史前文化堆积，被确认为是中国旧、新石器时代过渡的考古学例证。

1987年在濮阳西水坡遗址中发现的仰韶文化蚌壳摆塑龙、虎、鹿等图案，对深入研究仰韶文化的内涵提供了重要资料。此外，洛阳汉魏故城、安阳曹操高陵、隋唐洛阳城、北宋东京城、巩义宋陵、宝丰清凉寺汝官窑遗址等历史时期的考古发掘也取得了重要收获。

在20世纪中国考古百项考古大发现评选中，河南共有17项考古大发现入选，名列全国第一。

4. 中原考古学体系的建立与发展

1978年以后，河南高校考古文博学科的专业人才培养与地方文物考古机构的专业技术培养相结合，推动省、市、县各级考古文博机构与研究队伍体系不断完善。截至2011年，河南省18个地市均已建立文物考古研究所（院）或文物工作队，考古新发现不断涌现，考古研究成果层出不穷。

在考古学研究层面，这一时期的河南考古不断探索与历史学、人文科学和自然科学等多学科交叉合作，国家、省、市多级单位联合攻关，不断在考古学理论与方法上创新突破，在国内外的影响不断扩大。尤其是"九五"期间，河南学者在夏商周研究、中华文明起源研究等方面成果卓著。其中夏商周断代工程设置的9个课题44个专题中，夏代年代学的研究等3个课题的主要研究区域都位于河南境内，涉及偃师二里头等7个重要遗址。河南考古学者负责1个课题和4个专题的研究工作。"中华文明探源工程"研究的六大重点遗址中，灵宝西坡等5个重点遗址均在河南境内。[15] 河南考古学者在这个大型系统工程中先后负责并参与了13个子课题的研究，成为该项目的中坚力量。

(三)中原考古学的高质量发展（自2012年至今）

2012年以来，以习近平同志为核心的党中央高度重视文物保护利用、考古和历史研究工作，我国考古事业取得了显著成就，考古发掘和研究工作不断实证中华文明起源和发展的历史脉络，不断为增强文化自信提供坚强支撑。[16] 随着中国境内人类起源、文明起源、中华文明形成发展等关键领域考古项目的重点实施，重大考古发现层出不穷，中华文明起源与早期发展综合研究持续推进，"考古中国"重大项目的落地实施，中国考古学的发展日新月异，迎来了黄金时期。[17] 河南省地处中原，是华夏文明的主要发祥地，中国现代考古学从河南起步，中华文明探源从河南开始，中原考古学借时代东风，迎来重大发展机遇，进入质量发展阶段。

1. 河南考古研究体系的完善

近年来，河南考古事业在学科研究、管理体系、机构队伍等方面取得长足进步，考古文博机构和考古学研究机构队伍逐渐壮大。陆续成立了河南大学与河南省文物局共建的"生物考古实验室"，河南省文物局和郑州大学共建的黄河考古研究院，设立河南省夏文化研究中心，成立商丘市文物考古研究院等机构，河南科技大学等省内高校陆续新设考古学和文物博物馆学专业。目前，河南省文物考古机构体系呈现出以中国社会科学院考古研究所驻豫机构和河南省文物考古研究院为龙头，以地市级文物考古所（院）为主体，以县区级文物保护机构为基础的三级体系。考古学研究和人才培养体系呈现出以郑州大学、河南大学为龙头，以河南师范大学、河南科技大学、安阳师范学院等本科高校为骨干，以开封文化艺术职业学院、洛阳职业技术学院等高职院校为补充的多层次良性循环体系。

2. 河南各地重大考古发现

新时期以来，河南考古成果璀璨，从旧石器时代到历史时期各朝代的重要考古发现和研究，取得了诸多重要考古发现和丰硕研究成果，助力国家重大工程和重大课题，在探索人类起源、中华文明起源形成和发展、早期国家诞生等重大学术研究课题方面都取得了突出成果，为构建中华文明体系、推动中国考古学科发展做出了重要贡献。

旧石器时代考古取得突破性进展，许昌灵井"许昌人"遗址中古人类头骨化石的发现与研究成果入选"2017年度中国科学十大进展"，这是河南学者主持的科研项目首次获此殊荣。

此外，舞阳贾湖遗址发掘了大量墓葬，进一步深化了对贾湖遗址裴李岗文化内涵的认识。巩义双槐树遗址确认了迄今为止在黄河流域仰韶文化中晚期这一中华文明形成的初期，发现的规格最高的具有都邑性质的中心聚落，被专家学者称为"早期中华文明的胚胎""河洛古国"，填补了中华文明起源的关键时期、关键地区的关键材料。淮阳平粮台遗址新发现揭露和确证了平粮台龙山城址的正方形形状与对称城门结构，发掘并复原了城内的"中轴线"布局、完备的排水系统，发现了绝对年代距今4200年的最早"双轮"车辙。[18] 淮阳时庄遗址新发现一处距今4000—3700年的夏代早期粮仓城，是我国年代最早的粮仓城，对研究中原地区早期国家的粮食管理、可能存在的贡赋制度和国家治理能力等具有重要价值。安阳殷墟辛店商代铸铜遗址的发掘，证实辛店遗址是一处以铸造大型青铜礼器为主的商代晚期铸造遗址，展示了真实意义上的"大邑商"的范畴，扩大了殷墟的研究范围。[19] 伊川徐阳墓地首次发现了中原地区的陆浑戎贵族墓地和陆浑戎国君或高级贵族墓的陪葬车马坑。洛阳新安汉函谷关遗址的发掘，为关隘制度的研究提供了重要的参考资料，也为丝绸之路的申遗工作提供了重要的支撑。近年来对汉魏洛阳城遗址的连续发掘，发现了中国历史上第一座"建中立极"的宫城正殿——太极殿，确认了宫城显阳殿、显阳殿宫院、永巷等重要遗址。对洛阳东汉帝陵的考古调查与发掘，明确了东汉帝陵位置、布局及特征，是我国秦汉考古的重大突破。隋代回洛仓与黎阳仓粮食仓储遗址的发掘，发现了隋炀帝时期设置的"国家粮仓"。开封北宋东京城内的州桥及附近汴河遗址等考古勘探和发掘，有助于深化大运河文化的价值阐释。

3. 中原考古学研究的新格局

新时期以来，国家考古机构和河南省考古工作者主要围绕人类起源、文明起源、历史发展等重要课题，细化了史前考古学文化的年代序列，明晰了中原各时期在中华文明起源过程中的文化定位，实证了中华文明起源、形成、发展的重要时空节点。[20]

距今6万到3万年前的旧石器时代晚期，环嵩山区域密集分布的数百处遗址是中国及东亚地区人类演化及其文化发展，尤其是从现代人出现到农业起源阶段一系列重大变化开始的重要证据。距今1万年前后的李家沟文化，见证了中原地区从旧石器到新石器时代的过渡，发现了黄河中游地区最早的新石器时代陶器，开启了华夏先民由狩猎采集向定居农业社会发展的历史进程。距今9000—7000年的裴李岗文化，粟作、稻作农业并存，定居生活稳定，舞阳贾湖遗址还发现有骨笛、契刻龟甲符号等在文化史具有标志性意义的遗存。距今7000—5000年的仰韶文化，是中国境内延续时间最长、分布地域最广的史前文化。距今5800年前后，仰韶文化开始了社会复杂化发展并步入文明化进程，在中国同时期的史前文化中处于领先地位，以灵宝北阳平、西坡为中心的仰韶文化中期聚落群是这一时期大型中心聚落数量最多、分布最密集、文明化程度最高的区域，并以此为中心向外强势扩张影响。以花瓣纹为代表的仰韶文化彩陶纹饰出现在东临大海、西至甘青、南越长江、北抵阴山的广袤区域中，在面积达数十万平方公里范围内的文化面貌呈现出空前的一致性，是中国历史上第一次文化上的大整合、大一统，成为中华文明的主要源头。距今5300年前后，以郑州大河村、巩义双槐树等遗址为代表的河南中部仰韶文化晚期聚落群走向强大，巩义双槐树遗址作为这一时期黄河流域都邑性质的中心聚落，发现有近乎沿中轴线布局的大型建筑群基址和防御色彩浓厚的三重环壕，呈现出古国文明形态。距今5000—4000年的中原龙山文化时期，是中国各地区文明的竞相发展和激烈碰撞时期，这一时期的中原城邦林立，人口普遍增长，聚落规模扩大，发展出若干新的区域性中心，以登封王城岗、禹州瓦店、新密古城寨、郾城郝家台、淮阳平粮台等遗址为代表，出现了分布最集中的中原城址群。与此同时，各区域间的文化交流和人群迁徙更加频繁，新的文明要素不断汇聚，为社会发展持续积蓄力量。距今4000年左右夏王朝建立，拉开了中国统一王朝国家历史的大幕，中原龙山文化晚期是夏文化的早期遗存，登封王城岗遗址被认为是夏代的"禹都阳城"，禹州瓦店遗址有可能与"夏居阳翟"有关。距今3800年前后，中原地区在交流与互动中汇聚融合了各地先进的文化因素，完成了中华文明从多元到一体的历史进程，最终形成以夏都二里头遗址为标志的中华文明的成熟形态——国家文明——夏王朝。从这一时期以及更早之前的一些时候，中原地区已经确切地形成了更为成熟的文明形态，并向四方辐射文化影响力，成为中华文明总进程的核心与引领者。[21] 二里头遗址发现了宫城和大型宫殿，生产铜器和绿松石器等高等级产品的手工业作坊区，还有玉璋、铜爵、铜鼎等礼仪性用器，具有华夏风格和文化内涵的礼器制度以及以二里头文化为中心的中国早期文明秩序正式确立。公元前1600年开始，以郑州商城、安阳殷墟两座王都为标志的商文明，将中国青铜文化推向顶峰。公元前1046年周王朝建立，选取"天下之中"的洛阳作为东都成周，"中国"之名由此开始。周王朝全面继承了夏商王朝的政治遗产和文化传统，并在此基础上创造出以青铜礼器为载体的礼乐制度，在中原及周边形成了一个长期的、共同的信仰体系——"中国"。[22]

四、中原考古学重大发现和成就

（一）重大发现

1. 全国考古十大新发现

自1990年开始举办的全国十大考古新发现评选活动，截至2021年，河南入选的项目总数达到50项，在全国各省区市中遥遥领先。入选的河南考古成果有：河南殷墟郭家庄160号墓、河南三门峡上村岭周代虢季墓、河南隋唐洛阳城应天门东阙遗址（1990年）；河南殷墟花园庄商代甲骨窖藏、河南三门峡上村岭西周虢仲墓、河南永城芒砀山汉梁孝王王后墓（1991年）；河南丹江口水库楚国贵族墓、河南洛阳北宋衙署庭园遗址（1992年）；河南邓州市白庄村八里岗新石器时代聚落遗址、河南辉县孟庄遗址、河南永城汉梁孝王寝园（1994年）；河南郑州市北郊西山仰韶文化城遗址、郑州西北石佛乡小双桥商代遗址（1995年）；洛阳妯娌新石器时代聚落遗址、平顶山应国墓地（1996年）；偃师商城小城、新郑郑韩故城郑国祭祀遗址（1997年）；小浪底水库东汉漕运建筑基址（1998年）；河南焦作府城商代早期城址（1999年）；河南新密古城寨龙山时代古城、河南宝丰清凉寺汝官窑遗址（2000年）；河南禹州神垕镇钧窑遗址（2001年）；河南郑州大师姑夏代城址（2003年）；河南偃师二里头遗址宫殿区（2004年）；河南鹤壁刘庄遗址、河南内黄三杨庄汉代聚落遗址（2005年）；河南灵宝西坡新石器时代大型墓地（2006年）；河南许昌灵井旧石器遗址、河南新郑唐户遗址、河南荥阳关帝庙遗址、河南洛阳偃师东汉帝陵与洛阳邙山陵墓群、河南安阳固岸东魏北齐墓地（2007年）；河南荥阳娘娘寨遗址、河南新郑胡庄墓地（2008年）；河南新密李家沟旧石器-新石器过渡阶段遗址、河南安阳西高穴曹操高陵（2009年）；河南新郑望京楼夏商时期城址（2010年）；河南郑州老奶奶庙旧石器时代遗址（2011年）；河南栾川孙家洞旧石器遗址（2012年）；河南洛阳新安汉函谷关遗址（2013年）；河南郑州东赵遗址、河南隋代回洛仓与黎阳仓粮食仓储遗址（2014年）；河南洛阳汉魏洛阳城太极殿遗址（2015年）；河南新郑郑韩故城遗址、河南洛阳东汉帝陵考古调查与发掘（2017年）；河南淮阳平粮台城址（2019年）；河南巩义双槐树遗址、河南淮阳时庄遗址、河南伊川徐阳墓地（2020年）；河南南阳黄山遗址（2021年）。

2. 中国考古百年百大考古发现

2021年10月18日，在中国现代考古学迎来百年华诞之际，第三届中国考古学大会公布了全国"百年百大考古发现"，河南有14个项目上榜，位居全国第一，再一次印证了河南文物大省、考古强省的地位。此次入选"百年百大考古发现"的14项河南重要发现为：舞阳贾湖遗址、新郑裴李岗遗址、渑池仰韶村遗址、三门峡庙底沟遗址、巩义双槐树遗址、偃师二里头遗址、偃师商城遗址、郑州商城遗址、安阳殷墟（含洹北商城、后岗遗址）、三门峡虢国墓地、洛阳东周王城遗址、汉魏洛阳城遗址、隋唐洛阳城遗址、许昌白沙宋墓。

（二）重大成就

河南是文物大省和考古大省，以仰韶文化发掘为起点，河南考古工作取得了累累硕果。先后发现的栾川人、许昌人、仙人洞原始人化石、李家沟文化等，勾勒出中原地区人类进步演变的鲜活图景。中华文明探源工程提出的判断进入文明社会标准的中国方案和中华文明的内涵、特质等重要结论，以及中华文明独立起源、一脉相承的客观事实，都与中原地区紧密相关。灵宝西坡遗址、北阳平遗址等遗址的发现与发掘，证明早在距今5800多年前，以中原为中心的黄河流域等地区已经进入初级文明阶段。郑州大河村遗址、巩义双槐树等遗址的发现与发掘，证明从距今5300年开始中原地区率先进入文明阶段，中华文明走上了文明化的快车道。偃师二里头夏都遗址的发现与发掘，证明在距今3800年前后中原地区形成了更为成熟的文明形态——国家文明，成为中华文明总进程的核心与引领者，最终形成以黄河中游的中原地区为中心的中华文明历史格局。偃师商城、郑州商城、安阳殷墟、汉魏故城、隋唐洛阳城、开封宋城的重大考古发现与成果，展现了华夏国家文明发展的历史进程。此外，对洛阳回洛仓等大运河沿线5处重要节点和汉魏洛阳城遗址等丝绸之路沿线4处重要节点的全面调查、勘探和考古发掘，推动了两项线性遗产的成功"申遗"。2018年启动北宋东京城内的州桥及附近汴河遗址等考古勘探和发掘，进一步深化了大运河文化的价值阐释。与此同时，在这一过程中产生了很多考古学的重要方法，建立了中原考古学的基本时空框架，涌现出一大批著名考古学家，为中国现代考古学发展打下了坚实基础、贡献了中原力量。

（三）重要机构

目前，河南省内具有经国家文物局批准备案的考古发掘资质的法人单位有中国社会科学院考古研究所驻豫工作站、河南省文物考古研究院、洛阳市考古研究院、郑州市文物考古研究院、郑州大学、河南大学，各地市文物考古研究机构主要开展配合城市基础设施建设的文物发掘工作，以及配合上级部门完成文物保护、调研项目、发掘工作。河南省文物考古研究院、郑州大学和河南大学均设有科技考古实验室，可以对出土人类骨骼、动物骨骼、植物遗存、金属器物等开展多学科研究。

（四）中原考古学的当代价值意义及展望

党的十八大以来，以习近平同志为核心的党中央高度重视考古和历史研究工作，高度重视从历史中汲取智慧，高度重视中华文明的创造性转化和创新性发展。2020年9月28日，习近平总书记在中央政治局第二十三次集体学习时发表重要讲话，提出建设"中国特色、中国风格、中国气派"的考古学；2022年5月27日，习近平总书记在主持中央政治局就深化中华文明探源工程进行第三十九次集体学习时又发表重要讲话，明确了中华文明探源工程重大的政治意义、深远的历史意义和紧迫的现实意义，为新时代的中华文明探源工作指明了方向，更是赋予新时代中国考古学的新使命。

中原地区是华夏文明的主要发祥地，中国现代考古学从中原起步，中华文明探源从中原开始。中原地区文物考古资源丰富，是研究人类起源、农业起源、文明起源等世界性重大考古课题的重地，更是实施"夏商周断代工程""中华文明探源工程""考古中国"等国家重大考古工程的主战场。当前，中原考古学站上了新的历史起点，面临着新的历史机遇，迎来了更加光明的前景。

中原考古学的发展要继续立足中原地区考古资源富集优势，围绕中华文明起源发展、中华民族共同体和统一多民族国家形成发展等重大历史问题，集中力量在"中华文明探源工程""考古中国"等国家重大项目中取得突破性成果，打造夏文化研究、人类起源、黄河流域文明探源新高地。同时，还要深入挖掘历史文物蕴含的时代价值，让考古和历史研究成果走进现实、映照未来。加大国际合作交流的广度和深度，开展学术研究、人员培养、考古发掘等多方面的合作，主动参与"中华文明走出去工程"等国家项目。中原考古学的发展还要立足河南、面向全国、放眼世界，整合全省考古资源和研究力量，全面提升考古创新能力，打造中原考古学品牌，为建设中国特色、中国风格、中国气派的考古学做出新的更大贡献。更要主动融入经济社会发展大局，更好支撑和服务河南国家创新高地和文化强省建设。

五、结语

从古代金石学到中国近现代田野考古学，均诞生并发展壮大于中原沃土，中原地区以得天独厚的地理区域优势和厚重的历史文化资源孕育出了中原考古学。从仰韶文化的发现到殷墟发掘，从郑州商城遗址到汉魏隋唐洛阳城的发现，从"夏商周断代工程"到"中华文明探源工程"，再到"考古中国""夏文化研究"等国家重大考古课题，无不昭示着河南考古和中原考古学的独特价值及重要地位。近现代以来，中原考古学名家辈出，群星璀璨，先后涌现出董作宾、石璋如、郭宝钧、徐旭生、关百益、尹达、安金槐、许顺湛、李伯谦等著名考古学者，逐步形成了具有中原特色的考古学派。郑州大学与河南大学等高校考古学科体系建设完善，师资力量雄厚，在全国高校文博专业的培养教学方面走在前列，考古人才的培养系统化规范化发展，各地市文物考古部门从无到有，从弱到强。如今，中原考古学已经形成"考古发掘—人才培养—考古研究"三位一体、互为补充、相互促进的良性循环体系。

一百多年来，在几代河南考古工作者和中原考古学者的不懈努力下，通过难以计数的文物普查和考古发掘活动，以及持续不断的考古研究工作，以中原地区考古发现和研究成果构建了新石器时代至夏商周时期的考古学年代框架，为中国考古学文化的建立和完善做出了重大贡献。从旧石器时代到历史时期的大量考古发现和研究成果，有力推动了中国考古学的发展。未来，中原考古学还要继续立足中原地区考古资源富集优势，紧紧围绕中华文明起源发展、中华民族共同体和统一多民族国家形成发展等重大历史问题，以"中华文明探源工程""考古中国"等国家重大项目为突破口，取得夏文化研究、人类起源、黄河流域文明探源等重点领域研究的新成果，为解决重大历史性问题提供关键答案，充分发挥中原考古学对中华文明研究的支撑作用。

---

[1] 王巍. 中国考古学大辞典[M]. 上海：上海辞书出版社，2014.
[2] 考古学编辑委员会. 中国大百科全书·考古学[M]. 北京：中国大百科全书出版社，1986.
[3] 张忠培. 中国考古学：走近历史真实之道[M]. 北京：科学出版社，2004.
[4] 栾丰实，方辉，靳桂云. 考古学理论·方法·技术[M]. 北京：文物出版社，2002.
[5][16] 王伟光，王巍主编. 中国考古学百年史（1921—2021）[M]. 北京：中国社会科学出版社，2021.
[6] 李凤能. 从《韩诗外传》看孔子的语言艺术[J]. 文史杂志，2022（1）.
[7] 王宏生.《集古录》成书考[J]. 史学史研究，2006（2）.
[8] 朱添. 武亿与乾嘉金石学[D]. 哈尔滨：黑龙江大学，2018.
[9] 吕伟达. 王懿荣发现甲骨文始末[J]. 殷都学刊，2009（3）.
[10] Minna Franck. China Before China: Johan Gunnar Andersson, Ding Wenjiang, and the Discovery of China's Prehistory/Zhongguo zhi qian de Zhongguo: Antesheng, Ding Wenjiang he Zhongguo shiqianshi de faxian by Magnus Fiskesjo and Chen Xingcan, and: Kina före Kina by Eva Myrdal（review）[J]. *Asian Perspectives*，2014（2）.
[11] 陈星灿. 中国史前考古学史研究（1895—1949）[M]. 北京：生活·读书·新知三联书店，1997.
[12] 中国社会科学院考古研究所编. 殷墟的发现与研究[M]. 北京：科学出版社，1994.
[13] 王立新. 再论二里头文化渊源与族属问题[J]. 历史研究，2020（5）.
[14] 河南省文物局编. 河南文物[M]. 郑州：文心出版社，2008.
[15] 方燕明. 中华文明探源工程中中原地区的考古发现与研究[J]. 郑州大学学报（哲学社会科学版），2008（4）.
[17]《考古》杂志社. 新世纪中国考古新发现（2011—2020）[M]. 北京：社会科学文献出版社，2022.
[18] 方燕明. 2019年度河南省五大考古新发现[J]. 华夏考古，2020（3）.
[19] 孔德铭，孔维鹏. 安阳辛店铸铜遗址的年代、性质和布局探讨[J]. 南方文物，2019（5）.
[20] 张新斌，李龙，王建华. 河南考古史[M]. 郑州：大象出版社，2019.
[21] 赵海涛，许宏. 中华文明总进程的核心与引领者：二里头文化的历史位置[J]. 南方文物，2019（2）.
[22] 张得水，刘丁辉. 中原文物，见证五千年中华文明[N]. 河南日报，2022-08-03（07）.

河南温县陈家沟古碑刻调查研究*

张保民　周瑞花　宋艳阳
焦作市博物馆

摘要：温县陈家沟位于温县城东5公里的清风岭上，南临黄河。陈家沟古称常阳村，明初陈卜一家自山西洪洞迁居于此，至清初改名陈家沟。明末清初陈王廷创造太极拳以来，陈家族人世代耕读习武，至今陈家沟已是举世闻名的太极拳发源地，著名的武术之乡。陈家沟历史悠久，文化厚重，村内散布着许多明清以来的古碑刻、古民居。古碑刻包括寺庙碑记、墓志、墓表、圣旨碑、节孝牌匾等多种类型，数量众多，具有较高的历史价值和艺术价值，不仅是陈家沟厚重历史文化的体现，也是太极拳发展演变的物证，更是黄河文化的灿烂结晶。文旅、文物、史志、镇村政府等部门需要协同合作，保护好、研究好这些古碑刻，挖掘其深厚的内涵和价值，传承太极文化，讲好黄河故事。

关键词：陈家沟；古碑刻；调查研究

河南省温县陈家沟，是举世闻名的太极拳发源地，也是新兴的旅游胜地，每日慕名而来的中外游客、太极拳爱好者络绎不绝。陈家沟地处温县城东5公里、黄河下游北岸清风岭之上，是个历史悠久、文化厚重的古村。村西有陈家沟遗址，从原始社会龙山文化，延续到西周东周汉代，南水北调中线干渠从遗址穿过，经考古发掘出土的灰坑、墓葬、陶窑、居穴、水井、钱币等数量众多。[1]同时，陈家沟村内现存许多明清时期古民居、古碑刻，都在无言地诉说着陈家沟曾经的辉煌岁月和世事沧桑。

陈家沟的古碑刻，主要包括玉皇庙碑刻、古胜寺碑刻、墓志、墓表、节孝牌坊、圣旨碑等多种类型，数量众多。这些碑刻，记载的内容十分丰富，也具有较高的书法艺术水平，有的涉及陈家沟的前身常阳村，有的涉及宗教文化，有的涉及陈氏族人科考做官，有的涉及名人撰文书丹，有的涉及太极拳史。毫无疑问，这些碑刻都是陈

---

* 本文为2022年河南省社科联、河南省经团联调研课题（SKL-2022-1861）的阶段性成果。

家沟悠久厚重历史的体现，是黄河文化博大精深的结晶，是陈家沟太极拳发展演变的物证。2017年以来，焦作市文物工作者多次前往陈家沟，对陈家沟村现存民国以前的古碑刻进行搜集调查，并做初步整理研究。

一、玉皇庙碑刻

陈家沟玉皇庙始建于明代，民国22年《温县志稿》记载："玉皇庙（十二）……一在县东陈沟。"目前明清古建筑已毁，在玉皇庙遗址上新建有几座现代建筑。玉皇庙内现存6通明清时期的碑刻，明代2通，清代4通。据明清碑文记载，玉皇庙至少有玄帝殿、关王殿、广生殿、药王殿等诸多殿宇，其内神像金妆灿烂，是温县古代一处著名道教圣地。

明　创建玉皇庙碑

此碑竖长方形，高109.5厘米，宽73厘米，厚17厘米。现存于陈家沟玉皇庙内。（图1）碑刻立于嘉靖十四年（1535年）。碑无榜题，根据内容拟名为"创建玉皇庙碑"。碑文记载神话传说，披露自明弘治八年（1495年）陈原听天母所言，透了天机，立志修庙。弘治九年，沿门募化，至弘治十一年，历时近4年才完工。并记载弘治十二年温县大旱，县尹来庙求雨，得以灵验，大雨滂沱，尹正戴雨而归。据此碑所载，陈家沟玉皇庙始建于明弘治八年。

明　创建关王殿碑

此碑长方形，长85厘米，宽45厘米，厚12.5厘米。四缘刻卷草纹。（图2）碑文记载温县太平乡常阳村民创建关王殿，并记载本村施财人名单，是明代陈家沟村玉皇庙创建殿宇的重要石

图1　创建玉皇庙碑

图2　创建关王殿碑

刻资料，时间为明万历二十三年（1595年）。

清　金妆广生殿神像碑

此碑高161厘米，宽60厘米，厚23.5厘米。碑额横向刻"万载流传"四字。（图3）碑文记载乾隆三十三年（1768年），陈家沟村民捐资金妆广生殿内神像的事迹。

清　重修寝宫殿碑

此碑为玉皇庙重修寝宫所立之碑。碑文记

载乾隆年间郭姓老妪及济源段氏等人远方募化，重修寝宫殿的事迹，立碑时间为乾隆三十八年。碑文字浅小，保存不佳，高112厘米，宽42厘米，厚12厘米。（图4）现存于陈家沟某居民家中。

清　重修药王殿金妆神像碑

此碑高168厘米，宽62厘米，厚24厘米。碑额刻"万善同归"，碑文受到破坏，文字泐漫不清。（图5）碑文记载道光年间重修药王殿金妆神像所花费以及捐资善士的名单。

清　常阳古迹碑

陈家沟原名常阳村，明朝初年，陈卜率家族从山西迁至常阳村居住，后裔子孙繁衍壮大，因村中有几条大沟，故改村名为陈家沟村。后据村中老人言，此碑原在玉皇庙内，后陈列于太极拳博物馆展厅。"常阳古迹"系指玉皇庙乃常阳村的古迹。此碑刻于道光十四年，长约60厘米，宽约35厘米，末尾题名看不清楚。（图6）

二、古胜寺碑刻

古胜寺，系温县古老的佛寺。据明万历五年（1577年）《温县志·寺观》记载：古胜寺，在常村。清乾隆十一年（1746年）《温县志》记载，古圣寺，在陈家沟。民国22年《温县志稿》记载，古胜寺，在县东陈沟。可见古胜寺至少在明代已有。历代县志或写成古胜寺，或写成古圣寺，从清乾隆四十八年金妆古胜寺佛像碑文来看，应为古胜寺，且清乾隆年间古胜寺规模宏大，殿宇森然，信士众多，香火旺盛。古胜寺的毁坏年代，根据有关历史文献及民间传说，应毁于1853年太平天国的战火。古胜寺遗址在今陈家沟村南水北调中线干渠桥头北侧。地当南北要冲，商旅不绝，寺庙规模宏大，殿宇众多。目前仅存两块碑刻残石，以及一尊跌坐于八边形束腰底座的无头石佛。石佛暂在玉皇庙偏殿供奉，信众给石佛接上了头，并重新金妆一新。

清　金妆古胜寺佛像碑

金妆古胜寺佛像碑仅存两块残石，应为同一碑的上半截，已断裂两块，中有残缺。每块残碑高49厘米，宽29厘米，厚30.5厘米。碑为方形，上缘刻6厘米宽六边形花纹带，两侧边缘刻6厘米宽的龙戏火珠纹。（图7、图8）从残碑文字来看，古胜寺规模宏大，有大殿、伽蓝殿、韦驮殿、中大殿、中殿、前殿等众多殿宇。

图3　金妆广生殿神像碑　　图4　重修寝宫殿碑　　图5　重修药王殿金妆神像碑

此古胜寺金妆佛像碑厚度超过 30 厘米，而且碑刻正文字体比较大，每个字尺寸 3 厘米左右，文字工整深峻，花纹精美细致，从而可见古胜寺的规模及宏伟盛况。

三、圣旨碑

陈家沟村原有 4 通圣旨碑，20 世纪六七十年代，与其他碑刻被推倒掩埋在村东沟桥下。2019年 3 月，陈家沟陈氏二十世、陈氏太极拳第十二代非遗传承人、退休干部陈沛林和家族理事会会长陈一华率乡亲，自筹资金在东沟打捞出古碑 6 通，分别是陈于阶（九世，陈王廷之兄）、陈庚（十世）、陈步蟾（十四世）、陈德璠（十五世）、陈本汪（十六世）的墓碑，和嘉庆元年（1796 年）诰封陈继参夫妻（十二世）的圣旨碑，其历史价值不菲，重新竖立在陈家沟祖茔。另一通陈毓英圣旨碑现存村内机井院内。

陈继参圣旨碑

此碑高 208 厘米，宽 70 厘米，厚 29 厘米；碑首高 99 厘米，宽 80 厘米，厚 31.5 厘米。碑首镌刻双龙纹，圭形龛内刻"皇清"二字。（图 9）此碑系嘉庆元年诰赏陈步麟祖父祖母的圣旨碑。据《永年县卫生志》记载，怀庆府温县陈家沟陈氏第十二世陈继参于明崇祯七年，在直隶省广平府西大街道北创建"太和堂"药店门面三间。陈步麟系陈继参之孙，捐职直隶州同，敕赠文林郎。他承续祖业经营太和堂药店达鼎盛时期，使四大怀药名扬天下。太和堂当时与北京同仁堂、天津达仁堂齐名于海内外，"三堂"是河北安国药市的最大买主，每当安国药市开张，"三堂"缺一不开市。清廷为表彰陈家沟陈氏家族对国药之贡献，敕赠陈步麟的祖父为儒林郎，祖母为安人。此圣旨碑即为嘉庆元年表彰赏赐所立。陈步麟之子陈德瑚继续经营太和堂，当时杨露禅以推卖煤土为生，平日给"太和堂"药店送煤土和粮食等，后留在药店做工。陈德瑚见杨露禅聪明伶俐，仪表

图 6　常阳古迹碑

图 7　古胜寺碑 1

图 8　古胜寺碑 2

图 9　陈继参圣旨碑

俊秀，收为义子，带回陈家沟家中做工。时有太极拳宗师陈长兴（1771—1853年）借用陈德瑚侧院教授子弟学拳，杨露禅观看学习，久之竟有所得。陈长兴发现后，摒弃门户之见和江湖禁忌，收杨露禅为徒。杨露禅十八年中三下陈家沟学拳，深得陈氏太极拳精髓。学成后，他先在家乡永年教授太极拳，后由陈德瑚等人将其推荐于北京授拳，因武艺高强，号称"杨无敌"。杨露禅在教拳中将陈氏太极拳中的一些高难度动作改编简化，使姿势较为简单，动作柔和易练，后经其子孙修改，定型而成杨氏太极拳。武禹襄也非常喜爱太极拳，杨露禅不肯轻授，武禹襄仅了解大概，后又经"太和堂"药店介绍到陈家沟拜陈长兴学习陈家沟拳，因陈长兴老病卧床，陈德瑚将武禹襄推荐到同族陈清平处学习陈氏太极拳。因此，杨氏、武氏太极拳的诞生均与"太和堂"药店和陈德瑚的呵护分不开。这通陈继参圣旨碑，是陈氏太极拳发展演变的珍贵史证。

陈毓英圣旨碑

此碑已残，残高113厘米，宽72厘米，厚32厘米。碑首缺失，碑身上部有残，碑上文字有所残损。（图10）据碑文内容，系嘉庆元年敕封陈毓英的圣旨碑。据陈氏家谱记载，陈毓英为陈家沟陈氏十三世，嘉庆元年正月，88岁的陈毓英与其堂叔、85岁的陈善，参加了太上皇乾隆举办的千叟宴。陈家沟村曾发现一合陈善之孙陈登封墓志，现陈列于中国太极拳博物馆展厅内，志文记载："祖讳善，字嘉谟，候选按察司照磨，千叟宴与宴叟。"墓志所载，可证实陈氏家谱所记不虚。

四、墓志

陈家沟村的墓志现存不多，分别收藏在村民家中和温县博物馆内，都为清代墓志。其中陈登封墓志展示在太极拳博物馆展厅。

清　陈登封墓志

陈登封，名步升，字登封，生于乾隆三十六年（1771年），卒于道光十九年（1839年），享年69岁。其墓志1975年出土于陈家沟，一合两石，均为方形，均长60厘米，宽56厘米，厚12厘米。（图11、图12）盖为盝顶，上刻"登封陈公墓志"六字。志文记载其祖父陈善参加乾隆太上皇千叟宴的

图10　陈毓英圣旨碑

图11　陈登封墓志盖

图12　陈登封墓志

事迹："祖讳善，字嘉谟，候选按察司照磨，千叟宴与宴叟。"

清　陈瑞田墓志

陈瑞田，清代温县陈家沟人，生于乾隆二十八年（1763年），卒于道光十九年（1839年），享年77岁。事亲孝谨，济急拯难。医术精湛，尤精小儿痘疹，是当地德高望重的长者。其墓志一合两石，志盖以志石子母口扣合。志盖及志石均长70.7厘米，宽61厘米，厚13厘米。志盖盝顶长65.5厘米，宽56厘米，上刻"陈公墓志"四字楷书。志文分别刻在志石一面和志盖底面。（图13、图14、图15）此墓志2017年春于陈家沟村北岗地东北角耕地时发现，现存陈家沟某居民家中。

墓志撰文者毛树棠（1780—1845年），字荫南，号苇村，武陟人。嘉庆二十二年（1817年）进士，任翰林院庶吉士，散馆授编修。道光四年（1824年）大考一等，晋侍读，累升内阁学士，数掌文衡。道光二十一年（1841年）补礼部侍郎，旋授户部右侍郎，总督仓场。晚年以病告归，卒六十六岁。二子：毛昶熙、毛亮熙。著作有《沁善堂文集》等。工于书法，无论草书、行书、楷书均有极高水平，是清代著名书法家。写志文时，毛树棠任内阁学士兼礼部侍郎，可以看出毛树棠的历官过程。

墓志书丹者栗毓美（1778—1840年），字含辉，号箕山，又号朴园。山西大同浑源人。历任知县、知州、知府、粮盐道、开归陈许兵备道、湖北按察使、河南布政使、护理河南巡抚。道光年间曾任温县知县，道光十五年任河东河道总督兼兵部侍郎、都察院右副都御史、提督军务。道

图13　陈瑞田墓志盖

图14　陈瑞田墓志1

图15　陈瑞田墓志2

光二十年（1840年）二月病故于治河工地。因治理黄河有功、办事实心，道光帝赐谥"恭勤"，被民间誉为河神大王，今焦作市武陟县嘉应观内供奉有河神栗毓美的神像。

清　陈本浩墓志

此墓志前文志石缺失，只存志文后半部分，志主姓名不详。长64厘米，宽30厘米，厚10厘米（图

16)，现存温县博物馆。志文末记载"增广生员宗愚弟河阳书丹并篆盖"，据《温县志稿》"赵堡寨"词条下，有"增广生员陈河阳所撰碑记可凭"，可知书丹者姓名为陈河阳。据赵堡村陈清平墓志记载："生二子，长河阳。"可见此陈河阳即陈清平之长子，故可知志主姓陈，经查陈家沟陈氏家谱，有陈氏十六世陈本浩，其子为庆祚、庆祓、庆祐，庆祓二子：志虞、志商。庆祐二子：志夏、志周。庆祚无子，过继志夏为嗣。两相对照，志主为陈本浩无疑。陈本浩为陈步蟾之孙、陈德璜之子。

清　陈步蟾墓志盖

陈步蟾，温县陈家沟陈氏第十四世，清乾隆三十九年（1774年）甲午科举人，任湖南麻阳县知县。民国22年《温县志稿》有记载。《同治新修麻阳县志》记载："陈步蟾，陈家沟人，字履青，乾隆甲午举人，湖南麻阳县知县，戊申乡试同考官。"陈步蟾墓"文革"期间被挖开，目前仅存墓志盖保存在其后人家门口。志盖方形盝顶，长宽均为65厘米，厚9厘米。盖顶刻"墓志"楷书二字，盖底篆刻"敕授文林郎甲午科举人湖南沅州府麻阳县知县戊申科乡试同考官履青陈公暨元配敕赠孺人王孺人继配孺人李孺人合葬墓志铭"7行54字。（图17、图18）陈氏家谱资料显示，陈步蟾十分高寿，享年约110岁，可能与之习练太极拳有关，也可能与长期生活在"长寿之乡"麻阳县有关。惜志石流失无存，难以得知陈步蟾生平事迹与生卒年。

清　陈公墓志盖

陈公墓志盖，仅存志盖，志石丢失无存。盖为方形，盝顶，长65厘米，宽56厘米，盖顶刻"陈公墓志"四字，四刹光素无纹。（图19）据了解，此墓志盖原在陈家沟村外路边，现存温县博物馆。至于志主是何人，尚需新的资料来考证。

陈楷墓志

陈楷，系陈家沟陈氏第十五世，其曾祖父为参加千叟宴的陈善，祖父为陈毓锦，父为陈步升（陈登封）。此墓志从内容来看，似乎是墓碑的内容格式，但从实物形式来看，是墓志无疑。陈楷墓志系青石制作，子口，原来应该有盖（已不存），长50厘米，宽48厘米。（图20）现存于太极拳祖祠。陈氏家谱载陈楷的儿子名之翘，而此

图16　陈本浩墓志

图17　陈步蟾墓志盖　　图18　陈步蟾墓志盖内部

图19　陈公墓志盖　　图20　陈楷墓志

墓志记载的是之乔，两相对照，应该以墓志为准。

五、墓碑墓表

陈家沟清代墓表墓碑现存比较多，大部分在陈氏祖茔坟前，少数几个散落在街巷路边。

陈起秀墓表

陈起秀，系陈家沟第八世，生活在明晚期。有子八人：辅国、善国、宣国、开国、佐国、柱国、翼国、翰国。此墓表系康熙七年岁次戊申（1668年）其子孙所立。墓表书法为行草字体，书法流畅飘逸，系陈起秀第三子宣国82岁时所书。由此可见陈氏族人由于长期练武，年高体健，且具有较高的文化素养，书法水平很高。此碑已经断裂成三块，高100厘米，宽47.5厘米，厚13.5厘米。（图21）现存于陈家沟村内。

陈卜墓碑

陈卜（1330—1410年），明洪武五年（1372年）由山西洪洞大槐树移民迁居至河南怀庆府东南的陈卜庄。洪武七年因陈卜庄地势低洼，常受涝灾，陈卜一家又迁居温县城东约5公里的常阳村。当时由于时局混乱，常阳村附近常罹匪患，人不得安。为保卫家园，陈卜就在村中设立武学社，耕种之余教授子孙及四邻村民习拳练武。其忠厚勤诚，持家以俭。至六世而同堂，迄七世乃分家。至清初由于陈氏一族人丁繁盛，其拳枪器械代有所传，名望凸显，加之村中又有东、西、中三条大沟，故常阳村更名为陈家沟（或曰陈沟）村。

陈卜墓碑，高205厘米，宽70厘米。（图22、图23）康熙五十年辛卯（1711年），其十世孙陈庚竖立于陈卜坟前。碑背刻始祖陈卜至十三世的家谱。碑背下部刻康熙四十九年展坟地时，购买族人土地数量清单。因字迹浅细，年久泐损，漫漶不清。

陈王廷墓碑

陈王廷（约1600—1680年），又名奏庭，陈家沟陈氏第九世，系享誉武林、风靡世界的太极拳创始人。其祖陈思贵和父陈抚民均为明朝下级官吏，精通武功。弟兄四人均为庠生。《陈氏家谱》载："王廷，一名奏庭，明末时为武庠生，清初时又为文庠生。当鼎革未分之际，率领义勇，在山东扫荡群匪，威名大振，尝单马

图21　陈起秀墓表　　图22　陈卜墓碑正面　　图23　陈卜墓碑背面

当贼，匪千余口闻其名竟不敢逼。因知国祚将尽，退归岩穴，教子弟拥经史焉。后陈氏拳艺枪棒自此中兴，实有赖也。"时有"大河南北言拳法者，必曰陈沟也"之说。

陈王廷墓碑系康熙五十八年（1719年）陈氏后人为他竖立，碑上并无传文，墓碑原在陈王廷墓前，现存于陈家沟中国太极拳博物馆展厅。（图24）

图24 陈王廷墓碑

陈廉墓碑

陈廉，陈氏第十二氏。陈廉墓碑高174厘米，宽63厘米。墓碑背面记载自始祖陈卜至十四世陈有典、陈有凭这一支脉的世系传承。

清陈爵墓碑

陈爵，陈氏第十二世。陈爵墓碑高175厘米，宽62厘米。墓碑背面记载：祖籍山西洪洞，明初迁温。以及从始祖陈卜到陈爵一系十六世的世系传承表。

清陈公兆墓碑

陈公兆（1715—?），字德基，生于清康熙五十四年（1715年），卒年不详，陈氏第十三世，太极拳第五代传人。乾隆六十年（1795年），朝廷为显示清平盛世，倡扬敬老之风，下诏全国，凡80岁以上、有德有才、儿孙满堂之人，均奉旨进京至太和殿参加"千叟宴"。千位老人中，陈家沟便去了两名，即陈氏第十二世85岁的陈善和第十三世88岁的陈毓英。二人返乡时，巡抚、知府特地为其举行挂匾仪式，时热闹非凡，观者摩肩接踵。不料鞭炮惊牛，一头公牛直冲巡抚、知府而来，绿营兵将不知所措。时陈公兆年近八十，发力将牛掀翻在地。众人连连惊呼："真乃神人也！"

陈公兆墓碑，现存于陈家沟祖茔陈公兆墓前，高166厘米，宽60厘米。背面是当代后裔所补刻陈公兆生平事迹。

清陈仲甡墓碑

陈仲甡（1809—1871年）、陈季甡（1809—1865年）孪生兄弟，陈氏第十五世，太极拳第七代传人。父陈有恒、叔陈有本俱以祖传太极拳闻名。两人自幼受父辈熏陶，双双为武庠生。及壮，因战功卓著，又双双被咸丰皇帝御赐为"武节将军"。陈仲甡墓碑现存于陈家沟陈仲甡墓前，高158厘米，宽57厘米。碑上刻"皇清例授武节将军骁骑尉武生陈公讳仲甡字宜篪号石岸宜人之墓。侄由武生候补千总晋阳沐手书丹"。

陈庚墓碑

陈庚（十世），字苞九，庠生，文渊德厚。协助陈王廷创拳。康熙五十年，陈庚首倡修谱建祠，率族人捐款捐物，勒碑纪事。数百年陈氏家史历历在目，太极拳陈氏家学流布于世。今存始祖陈卜公墓碑记，即陈庚当年所立，业已成为考察太极拳文化的珍贵物证。陈庚墓碑，"文革"中被掩埋地下，2019年3月底重新竖立在陈家沟祖茔。碑高151厘米，宽57厘米，厚19厘米。

陈于阶墓碑

陈于阶（九世），太极拳始祖陈王庭的兄长，曾陪同陈王庭扫荡群匪。陈王庭兄弟四人：于阶、王庭、王前、易弼。陈于阶墓碑系道光十年，由其五世孙率六世至九世孙所勒石。陈于阶墓碑，高119厘米，宽58厘米，厚13厘米。"文革"中被掩埋地下，2019年3月底重新竖立在陈家沟祖茔。

陈步蟾墓碑

陈步蟾（十四世），乾隆甲午科举人，敕授湖南沅州府麻阳县知县，戊申科乡试同考官。他离任回乡后，召集族人重修家谱，再建家庙，首倡在陈家沟村内开设庭院武馆，传承太极拳术。

陈步蟾墓碑，高195厘米，宽69.5厘米，厚26厘米。碑上刻"授文林郎甲午科举人湖南麻阳县知县戊申同考官陈公讳步蟾字履清、敕封孺人王、李、郭氏墓。奉祀子郡庠生候选直隶州同知德璜、太学生德璠、邑庠生德瑞"。"文革"中被掩埋地下，2019年3月底重新竖立在陈家沟祖茔。

陈德璠墓碑

陈德璠（十五世），陈步蟾之长子，陈步麟侄子，陈德瑚堂兄，他极力支持陈德瑚在自家开设武场，传承陈氏家传武术，让杨露禅同自己的五个儿子向陈长兴拜师学艺。

陈德璠墓碑，高176厘米，宽61厘米，厚23.5厘米。"文革"中被掩埋地下，2019年3月底重新竖立在陈家沟祖茔。

陈本汪墓碑

陈本汪（十六世），陈德璠之长子，当时陈长兴在陈德瑚家设场授拳，陈德璠的五个儿子本汪、本洋、本瀚、本炤、本煌与杨露禅一起练拳，都是杨露禅的师兄弟。

陈本汪墓碑，高170厘米，宽63厘米，厚17厘米。"文革"中被掩埋地下，2019年3月底重新竖立在陈家沟祖茔。

陈步莱墓碑残碑

陈步莱墓碑，残长69厘米，宽50厘米，厚14厘米。（图25）此为墓碑的残碑。经查民国22年《温县志稿》"人物志清举人"条目下，记载有陈步莱："嘉庆十八年癸酉，直隶南皮知县，云南邱北知县。"据陈家沟陈氏家谱记载："陈步莱，字蓬三，癸酉举人，直隶南皮、清河、巨鹿等县知县，调署云南邱北县，特授弥勒县知县。"因此，这通残碑应是陈步莱的墓碑残件。经查，《咸丰朝实录》卷三十、卷四十、卷五十七多处记载陈步莱押运铜矿的事迹。如卷五十七记载："谕内阁，户部奏滇省办铜低潮过多，领运各员行走迟滞，请饬催查办一摺。……另片奏，庚戌年正运一二起委员、王日省、陈步莱，已于上年十月运抵淮安。现在时逾立夏，尚未据将渡黄日期咨报到部，实属玩延。着漕运总督、两江总督，即将该二运铜船，押令随漕插档前进。并着山东直隶各督抚一体严催。如该运员等，有脱空落后、任意逗遛情事，即行指名严参。"[2]

图25　陈步莱墓碑

六、陈恂如妻高氏节孝牌匾

陈恂如、陈申如是陈氏第十一世陈所乐之孪生子。弟兄二人是太极拳史上具有传奇色彩的人物。二人未弱冠而拳术精湛。幼年因见义勇为，以高超拳术勇斗群匪，解邻村北平皋王家之围而被誉为"大天王、二天王"。王家为感二人大德，特将此事编为剧本，名曰"双英破敌"，在陈家沟唱了三天三夜。后来此戏竟不胫而走，一直唱到中华人民共和国成立前夕，成为太极拳史上的一段佳话。

陈申如娶妻高氏，才结婚4年就死于非命。高氏年仅22岁，矢志守节，含辛茹苦抚养女儿，并过继陈恂如一个儿子为嗣，守节33年，至55岁病故。《温县志稿·卷九·人物志（下）》记载："陈申如妻高氏，年十八适申如，四载申如亡，取'侄为嗣，苦节三十三年。乾隆七年旌表。"

高氏节孝牌坊，原在陈家沟村南，位于陈德瑚家与陈申如家跨街而建，后来拆除，牌坊构件存于"天王"老宅及后人陈海生家里。其中高氏节孝牌匾现存于陈申如老宅，青石刻制，长方形，长234厘米，宽41厘米，厚14厘米。（图26）

石刻残件

"被紫泥封"残石，残长60.5厘米，宽23厘米，厚11厘米。（图27）现存陈家沟村某村民门前路边。紫泥封，古人以泥封书信，泥上盖印。皇帝诏书则用紫泥，后即以紫泥指诏书。被紫泥封意即受到朝廷下旨表彰。

七、陈家沟古碑刻初步研究

（一）陈家沟古碑刻的重要价值

陈家沟村上述古碑刻总计30件（墓志有志盖者一合二石算一件，古胜寺两块残碑系同一个碑的残件，算一件），计为：玉皇庙碑6件（2件明代，4件清代）；古胜寺1件（清代，两块残石）；圣旨碑2件（清代）；墓志6件（清代）；墓表墓碑13件（清代）；节孝牌匾1件（清代）；其他1件（清代，对联残件）。这些古碑刻，时代从明到清，涵盖古道观、古寺庙、墓志墓碑、圣旨碑，以及节孝牌匾，种类多，数量大，价值高，蔚为可观，有的碑刻可以校正家谱之误，可以校补史志之缺，是陈家沟厚重历史的实物体现，是太极拳创编诞生的底蕴背景及发展演变的物证，也是黄河文化的灿烂结晶。

图26 高氏节孝牌匾

图27 "被紫泥封"残石

玉皇庙与古胜寺的碑刻，揭示了陈家沟浓厚的宗教文化，揭示了太极拳诞生于陈家沟的内在因素。明代《创建玉皇庙碑》开篇即云："自太极开辟天地，三才奠位；上有日月星辰，下有五□之□，中有名山洞府，衍说之序。"太极学说古已有之，已深入人心。所谓太极即是阐明宇宙从无极而太极，以至万物化生的过程。其中的太极即为天地未开、混沌未分阴阳之前的状态。《易传》："易有太极，是生两仪。两仪生四象，四象生八卦。"陈家沟地处黄河北岸，南岸即河洛文化的发源地——河图洛书的呈现地，即洛水入黄河的交汇处，浑浊的黄河水与清澈的洛水在此合流，形成天然醒目的太极图。因此这种醇厚优越的社会文化环境和地域文化环境，成为明末清初陈家沟的陈王廷创编太极拳的肥沃土壤。

　　同时，玉皇庙与古胜寺与太极拳的流传演变，也有着密切的联系。清康熙至乾隆年间，陈家沟有陈敬柏，字长青，陈氏第十二世，太极拳第四代传人，精家学太极拳，拳艺出神入化，有"盖山东"之美誉。据《陈氏宗谱》记载，陈敬柏晚年归耕故里，有一年夏伏天，乘凉于村外之玉皇庙，有山东客人王定国者访艺至，输拳而去，约以再会。十多年后，温县东关火神庙庙会，陈敬柏患病新愈，赶会消遣，王定国追踪而来，在火神庙内挑战。陈敬柏再三退让，王定国连下毒手，陈敬柏忍无可忍，一个迎门靠，肩头打在王定国胸口，王被撞飞一丈多高，头撞在顶门石上死亡。陈敬柏年老气衰，吐血一口，数日后谢世。后人有"打死王定国，累死陈敬柏"，也有"打死山东客（或打死卖姜客），累死陈敬柏"等的传说，至今仍脍炙人口。乾隆年间，古胜寺重修，陈家沟十二世陈继夏（太极拳第四代传人）善丹青，在古胜寺大殿内彩绘壁画，时有河南武术名家苌乃周到陈家沟拜访拳师，正巧进村在古胜寺遇到作画的陈继夏，二人交手后互相佩服对方拳艺精湛，互相交流拳技，陈传苌以巧取胜之太极内劲，苌传陈自创之子午鸳鸯钺套路，二人常常切磋终日不倦，相得益彰。[3]

　　玉皇庙与古胜寺的诸多碑刻也表明，陈家沟的宗教氛围浓厚，而且清代出现了宗教合流的现象，玉皇庙的住持都是古胜寺的住持和尚。玉皇庙乾隆三十三年《金妆广生殿神像碑》与乾隆三十八年《续立重修寝宫殿碑》，落款人都是住持见禄。道光十年《重修药王殿金妆神像》，落款人主持法印。这表明当时玉皇庙是由和尚来主持其事的。究其原因，一则由于古胜寺与玉皇庙相距很近，不足百米；二则可能玉皇庙内未有正式道士；三则可能同村的佛教信众数量居多，占据主流。总之，玉皇庙的碑刻，由僧人主持道观的宫殿神像修复事业，并立碑为志，所见不多，值得研究。

　　碑刻反映了陈氏太极拳发展演变的历史。陈继参圣旨碑，反映了太和堂与杨露禅的关系，陈家沟拳术由最初的"传内不传外"，至陈长兴收杨露禅为徒而解禁，由此逐渐演变为后来的杨氏、武氏、孙氏、郝氏等多种流派的太极拳。陈毓英圣旨碑，则与陈氏族人通过练习太极拳，得享高寿，参加乾隆太上皇千叟宴，由此又引出后来的陈公兆勇斗疯牛的传奇故事，显示了太极拳的巨大威力。陈申如妻高氏节孝牌匾，则与太极拳后来形成的"传男不传女"家规有关。陈申如去世，高氏寡居抚养独女陈巧妞，陈恂如疼爱侄女，教授其家传太极拳。巧妞出嫁后，因婆家受到无赖欺负，忍无可忍失手打死无赖，导致公爹被抓死于监狱，因而被婆家休弃自杀。陈家痛定思痛，遂定下"传男不传女"的家规。

　　墓志、墓表和墓碑，则揭示了陈家沟陈氏族人不仅仅是耕田练拳，而且族人通过读书科举，出仕做官者大有人在。碑志上记载的郡庠生、邑庠生、太学生和武职相当多，如陈卜墓碑记载"十世元孙郡庠生员庚敬撰，十一世元孙邑庠生员永续篆额，邑庠生员午续书丹。"陈廉墓碑记载其为"皇清太学生"。陈楷墓志记载为"皇清郡廪生"。陈仲甡墓碑则记载"皇清例授武节将军骁骑尉武生陈公讳仲甡字宜簇号石岸，宜人之墓。侄由武生候补千总晋阳沐手书丹。男武生垚、焱、廪膳生鑫，孙武生松、雪元、上、文。"陈步蟾出仕做官，其墓碑及墓志盖记载为"授文林郎甲午科举人湖南麻阳县知县戊申同考官"。陈步莱则为特授云南弥勒知县。陈瑞田墓志记载："伯兄畹香公，岁贡生，任泌阳训导；仲兄楚汀公，壬子科举人，任江苏金匮县知县，陞升署苏州府海防，松江府川沙同知。"而陈瑞田本人则擅长医术，尤精通小儿痘疹。从这些碑志，结合县志及族谱记载，可见陈家族人在耕田务农的同时，保持习文练武的传统，文武生员都有，不少人出仕做官。至于外出经商者，精于医术者也不乏其人。

陈家沟碑刻反映了从常阳村到陈家沟村名的演变历史。陈家沟原名常阳村，以其西有古常阳寺而得名。陈卜移居常阳后，子孙繁衍众多，由于村位于清风岭上，村内有几条雨水冲刷的大沟，至清初更名陈家沟。玉皇庙的明嘉靖十四年《创建玉皇庙碑》记载"中州古温常村"；明万历二十二年《创建关王殿碑》记载"怀庆府温县太平乡常阳村"；清道光年间"常阳古迹"碑，记载了常阳村，简称常村。清康熙五十年，陈庚所竖立的陈卜墓碑记载："温邑东十里许陈家沟，由来久矣。"故这些碑刻是陈家沟村历史的见证，是陈家沟村名演变的物证。

陈家沟古墓志碑刻不仅具有一定的书法艺术价值，涉及的名人撰文书丹者，更是具有较高的历史文化价值。如陈起秀墓表，书法为行草字体，书法流畅飘逸，系陈起秀第三子宣国82岁时所书。陈步蟾墓志盖内篆书，文字精美大气，书法艺术水平高超。陈瑞田墓志由清代怀庆府名人毛树棠撰文，当朝治河名臣栗毓美书丹，无论是志文还是书法都具有很高的历史艺术价值。

（二）陈家沟古碑刻存在的问题

1. 陈家沟古碑刻分布零散，缺乏有效保护和统一规划。古胜寺的碑刻两块残石，现在某村民家里。玉皇庙碑刻4块在玉皇庙靠墙上斜放，1块在村民家里保存。陈起秀墓表断裂成三块，零散置于村中小巷路边。"被紫泥封"残碑躺在村中路边，陈步蟾墓志盖位于村民家门口墙边。高氏节孝牌坊构件位于老宅内及后世子孙门前。陈毓英圣旨碑及底座位于村内水井院内。这些零散分布，尤其是散落在街边的碑刻，极容易丢失损坏，一旦损毁，就是不可估量的损失。

2. 陈家沟古碑刻缺乏专门的保护经费。近年来国家对陈家沟大量投入，拆迁周围村子，开发建设"太极小镇"，兴建太极拳学院、印象太极等，以及村内多家太极拳学校、武院动工兴建，唯独无人对这些古碑刻正眼相看。陈家沟太极拳发展传承研究会陈沛林等人筹资20余万，于2019年春将2018年从东沟挖出的六通古碑，重新竖立在陈氏祖茔，但限于资金匮乏，他们打算将高氏节孝牌坊重新竖立起来，以及将零散石刻集中保护，尚未有足够资金落实。

3. 陈家沟古碑刻的研究宣传缺乏深度和广度。毫无疑问，陈家沟的这些古碑刻，无论历史价值、文化价值、书法价值、谱系价值，以及太极拳流传演变和黄河文化方面价值，都是非常巨大的。对于这些碑刻的关注及整理研究，目前做的还很少。目前主要有"陈沟水"微信公众号发布一些陈家沟古碑刻信息，正规系统研究的专业论文主要有《嘉庆圣旨碑与陈氏太极拳演变》[4]、《清陈瑞田墓志考》[5]等几篇文章。显而易见，这些还是很不够的，数量太少，范围太窄，发表宣传渠道太少，效果不明显，作用不大。

（三）陈家沟古碑刻的保护研究建议

摸清陈家沟古碑刻的保存现状及存在问题之后，我们可以有针对性地提出建议和设想。

1. 政府部门（文物管理部门、陈家沟景区管理局）和陈家沟村分别组建专门文物保护小组或指定专人负责文物保护，由温县文物部门负责培训文物专业知识及有关文物保护法律法规，落实绩效考核及报酬发放。

2. 拨款把20世纪六七十年代推倒掩埋在村北桥下的碑刻挖出来，并把陈家沟这些零散古碑刻集中保护，同时申报不同级别的文物保护单位（或附录于现有的文物保护单位之内）。

3. 邀请有关专家学者（包括历史文化学者、太极拳研究学者以及家族理事会成员）共同深入研究。

通过设置健全文物专门保护机构，来加强陈家沟古碑刻的保护力度。通过划拨专款，用于这些古碑刻的专门保护，或集中入库收藏，或集中竖立展示，建设形成新的景点。通过研究这些古碑刻，深度解读，把碑刻与县志、家谱等资料结合起来，互相对照，从更深更广的角度，挖掘其深刻文化内涵，捕捉其内在的蕴含信息，阐释其厚重的历史文化价值。通过出版物、画册、纪念品、图文展板、官网、公众号、专业刊物等多种途径，加以宣传弘扬，做到有效保护，合理利用，充分发挥这些古代文化遗产的作用，增添陈家沟作为太极拳发源地的文化内涵。

八、结语

陈家沟作为太极拳发源地，是焦作市厚重文化的闪亮名片和全域旅游的中心节点之一。太极文化也是黄河文化的有机组成部分。2020年12月，太极拳"申遗"成功，更进一步增强了陈家沟太极拳发源地的含金量和价值意义。弘扬太极文化，发展乡村旅游，建设康养小镇，推动郑焦深度融合发展，陈家沟都是不可或缺的重要因素。而且陈家沟作为黄河文化的重要区域，是焦作"融入黄河流域发展大势，奏响时代最强音"的关键一环。政府对于陈家沟的发展规划，仅仅着眼于太极拳是不够的，陈家沟的人文、历史、文物等文旅资源同样值得政府关注。陈家沟现存的这些古碑刻墓志，种类多，数量大，价值高，应引起政府部门的重视，文物、文旅、史志、体育、村镇政府等部门应当结合起来，加大投入保护，加以深入研究，发掘其更深更广的历史价值和现实意义，保护和研究好古碑刻墓志，找到新的发力点，打造新的闪光点，开创新的拓展点，传承太极文化，讲好黄河故事。

---

[1] 杨树刚，郭亮. 河南温县陈家沟遗址发现的西周墓[J]. 华夏考古，2007（2）.

[2] 中国社会科学网. 咸丰朝实录卷之五十七[EB/OL]. http://www. cssn. cn/shujvkuxiazai/xueshujingdianku/zhongguojingdian/sb/jsbml/qslxfcsl/201311/t20131120_849410. shtml.

[3] 焦作市地方史志办公室，温县人民政府编. 陈氏太极拳志[M]. 郑州：中州古籍出版社，2008.

[4] 张保民. 嘉庆圣旨碑与陈氏太极拳演变[N]. 中国文物报，2020-02-18.

[5] 张保民. 清陈瑞田墓志考[J]. 焦作大学学报，2018（4）.

东周出土青铜鉴试析

赵 涛
中国文字博物馆

摘要：铜鉴，一般分为圆形鉴和方形鉴、带铭文或无铭文。盆形，古代盛水或冰的器皿，以鉴面、盛水、盛冰为主要用途，春秋中期开始出现，盛行于春秋晚期至战国时期。

关键词：青铜；铭文；冰鉴；水鉴

铜鉴，古代盛水或冰的器皿。《说文》金部："鉴，大盆也。"说明鉴应该是盆形，形体较大。盆形，敞口、平折沿、深腹，上腹较直，下腹弧收，平底或有圈足，有双耳或四耳。春秋中期开始出现，盛行于春秋晚期至战国时期。多出土于晋国、楚国、蔡国、吴国、郑国、随国等。

春秋战国时期的青铜器有自名为鉴、监者。甲骨文"监"字作 ，像人俯于皿之上鉴其容。鉴在典籍中又作"滥"。关于"滥"，《吕氏春秋》所记不误。《吕氏春秋·节丧篇》："国弥大，家弥富，葬弥厚，含珠鳞施，夫玩好货宝、钟鼎壶滥（鑑）……"《吕氏春秋·慎势》"功名著乎盘盂，铭篆著乎壶鉴"，此壶鉴即是"壶滥"，可证此鉴即为滥。[1]"滥"是"鑑"的一种，姚孝遂先生在《许慎与说文解字》中解释道："鉴字从……金文从見从皿，古者以水为鑑，鉴乃'鑑'之本字。"

从已出土青铜鉴来看，一般分为圆形鉴和方形鉴，圆形居多。

一、青铜鉴的定名

春秋战国时期的青铜器有自名为鉴、监者，可见青铜鉴是自铭。如1955年安徽省寿县西门蔡侯墓出土的吴王光鉴的铭文中记载："吴王／光（擇）其吉金，玄銧／白銧，台（以）乍（作）弔（叔）姬寺／吁宗（彝）薦鑑。"

河南辉县出土的智君子鉴的铭文记载："智君子之弄鑑。"

吴王夫差鉴的铭文记载："吴王夫差（擇）氒（厥）／吉金，自乍（作）御監（鑑）。"

1973年江苏省无锡出土囗陵君鉴（王子申鉴）的铭文记载："囗陵君王子（申），攸（載）造金監（鑑）……"

由此可见：青铜鉴是近代才出土发现的青铜

器，宋代《考古图》《博古图》等并未著录，是自带铭，故而此类器物定名为鉴。

二、青铜鉴的出土及收藏现状

我们从《殷周金文集成》《金文总集》（以下简称《集成》《总集》）等著录中整理出已出土的青铜鉴，表格如下。（表1、表2）

我们共收集19件青铜鉴，其中春秋时期13件，战国时期5件；带铭文13件，5件没有铭文，其中长篇铭文3件，分别为吴王光鉴（甲）、吴王光鉴（乙）及口陵君鉴（王子申鉴）。从出土地及

表1　国内博物馆收藏青铜鉴

名称	时代	出土地	收录及出处	收藏单位	铭文
曾侯乙鉴（缶）	战国早期	1978年湖北随县曾侯乙墓	《曾侯乙》[2] 240页，图137.2、137.3，《集成》10292	湖北省博物馆	盖、器同铭，各7字
大右鉴	战国晚期	1933年安徽寿县朱家集李三孤堆楚王墓	《集成》10287，《总集》6882	中国国家博物馆	左右唇同铭，各3字
蔡侯申鉴	春秋晚期	1955年5月安徽寿县西门村春秋蔡侯墓	《蔡侯墓》[3] 图版34.3《集成》10290	安徽省博物馆	口沿铸铭文6字
铸客鉴	战国晚期	1933年安徽寿县朱家集李三孤堆楚王墓	《集成》10293，《总集》6884	安徽省博物馆	口沿外壁有铭文，9字
吴王夫差鉴（甲）	春秋晚期	1943年河南辉县琉璃阁	《集成》10294，《总集》6886	中国国家博物馆	内壁铸铭文，12字
吴王夫差鉴（乙）	春秋晚期	1949年以后购自河南古董商万云路处	《集成》10295	故宫博物院	内壁铸铭文，12字
口陵君鉴（王子申鉴）	战国晚期	1973年12月江苏无锡市前洲乡	《文物》1980年8期30页图1左，《集成》10297	南京博物院	内底铸铭文，35字
吴王光鉴（甲）	春秋晚期	1955年安徽寿县西门村春秋蔡侯墓	《考古学报》1956年1期图版8《集成》10298	安徽省博物馆	内壁铸铭文，52字
吴王光鉴（乙）	春秋晚期	1955年安徽寿县西门村春秋蔡侯墓	《蔡侯墓》图版40，《集成》10299	安徽省博物馆	内壁铸铭文，52字
吴王夫差鉴（丙）	春秋晚期	传河南辉县出土	《吴越文》[4] 032，《夏商周》527.1	上海博物馆	内壁铸铭文，13字
吴王夫差鉴（丁）	春秋晚期	传河南辉县出土	《吴越文》034，《夏商周》527.2	上海博物馆	内壁铸铭文，13字
蟠螭纹铜鉴	春秋	新郑市城市信用社出土		新郑市博物馆	
弦纹鉴	春秋	新郑出土	《国王与诸侯》[5] 图版178、179	河南省文物考古研究所	
蟠螭纹鉴	战国	1980年四川省博物馆在新都马家乡发掘出土	四川博物院网"文物欣赏"	四川博物院	
蟠螭纹鉴	春秋	1974年初夏清江县临江镇出土	《南方文物》1975年第3期	清江县博物馆	
百乳铜鉴	春秋	1965年出土于湘乡牛形山27号墓		湖南博物馆	
绞龙纹四耳鉴	春秋晚期	不详	《夏商周青铜器研究》[6]	上海博物馆	

表2　国外博物馆收藏青铜鉴

名称	时代	出土地	收录及出处	收藏单位	铭文
智君子鉴（甲）	春秋晚期	传河南辉县出土	《集成》10288，《总集》6881	美国华盛顿弗里尔美术博物馆	内底铸铭文，6字
智君子鉴（乙）	春秋晚期	传河南辉县出土	《集成》10289，《总集》6880	美国米里阿波里斯美术博物馆	内底铸铭文，6字

铭文记载，出土青铜鉴涉及的国家有晋国、楚国、吴国、蔡国、郑国、随国等。其中晋国3件，楚国4件，蔡国3件，吴国5件，郑国2件，随国1件。

三、青铜鉴的用途

容庚、张维持先生在《殷周青铜器通论》中说："鉴，大盆也。……皆用作盛水的。"郭沫若先生《殷周青铜器铭文研究》说："是则古人日常服御之器以为鉴，其高贵者乃以青铜为之。"是以几位老先生觉得铜鉴是贵族日常用以盛水的大盆。《庄子·则阳》"卫灵公有妻三人，同鉴而浴"，说鉴是洗澡的大盆。

关于青铜鉴的用途，原先一些先生有过推论：

1. 郭沫若先生曾提到：吴王夫差鉴铭曰"自作御监"，"此监称御监，当是鉴容之器"。

2. 陈梦家先生推测其用途有四：（1）盛水之器；（2）盛冰之器；（3）容器；（4）鉴容之器，也就是照面作用。[7]

3. 史树青先生则认为：吴王光鉴和蔡侯方鉴是夏天用以盛冰之器。"大概不能洗澡，只能沐浴手足而已。"[8]

4. 蒋大沂先生总结："其实际的用途……综合起来说也只有盛水和盛冰的二项。"[9]

5. 朱凤瀚先生在《中国古代青铜器》中认为："在甲骨卜辞中监字作𥃩，其形象人俯在皿上以照面……亦有盛水照面之功能。"他还认为："体形硕大的青铜鉴多当用作礼器或陈设之器，未必皆是日常盛水器。"[10]

我们认为，青铜鉴的主要用途有：1. 鉴容，盛水照面功能；2. 盛冰，用以冰镇酒水功能；3. 容器，盛水器。

1. 鉴容，盛水照面之功能

从甲骨卜辞中，"监"字作𥃩。《甲骨文编》中解释："𥃩，象人临皿俯视之形。"[11]赵诚在《古文字发展过程中的内部调整》中解释道："甲骨文𥃩字，从皿从见，象人立于盆侧，有自鉴其容之意，引申为监视之意……"姚孝遂《再论古汉字的性质》中说："甲骨文𥃩，金文，从见从皿。古者以水为鑑。"

甲骨文中关于鉴的卜辞有：

（1）《合集》27740（图1）

01 癸丑卜，……监凡。

02……，须令监凡。

（2）《合集》27742（图2）

01 □□□令监凡。

02……令监凡。

（3）《合集》30792（图3）

于监。大吉。

图1 《甲骨文合集》27740

图2 《甲骨文合集》27742　　图3 《小屯南地甲骨》779

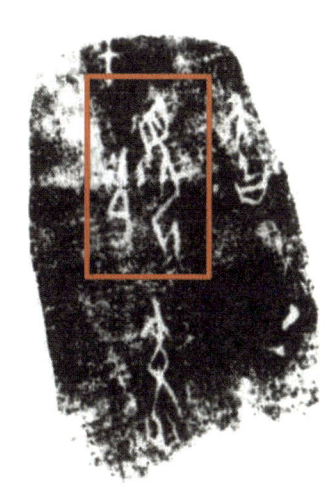

2. 盛冰之器

盛冰的冰鉴，器腹内有环钮（固定酒器）之类。如吴王光鉴、曾侯乙鉴。以战国早期曾侯乙墓中的铜制冰鉴为例，1978年出土于湖北随县曾侯乙墓（c128），现藏于湖北省博物馆，通高29厘米，口径44.6厘米，腹深19.8厘米；提链长21.5厘米，重23.5公斤。铭文"曾侯乙作持用终"，共7字，同墓出土2件，铭文相同。（图4）此鉴是曾侯乙墓中出土的大量青铜器的代表，双层器皿，外层为方鉴，鉴内有一个方尊，套置于正中，四周有一定空隙。铜鉴上相隔一定距离有三个环钮，内尊的圈足上有三个孔，可与环钮扣合，使其固定不易晃动，在周围放置冰块，使方尊内的酒降温。在我国古代有饮用冷酒的习惯，不仅使人感到清凉，也可降低酒精的浓度。屈原《招魂》中书"挫糟冻饮，酎清凉些"。鉴也可用于温酒。

3. 容器，盛水器

作为盛水器使用的鉴，器内无圆环。鉴是盛水器，亦见于典籍，《左传》襄公九年"备水器"，杜预注云："盆之属。"鉴从是，示其为陶器。陶质鉴盛水，铜鉴亦是盛水之器。器形有大有小，大可用作浴鉴，小可用作手足鉴。文献记载"卫灵公有妻三人，同滥而浴"，如盆状，也称盆状盛水器。甲骨文"监"字作，其形象为一人俯身于鉴以照面，此乃"监"字本义，鉴照的用途又延伸用作盛水。

通过对以上出土东周青铜鉴的研究试析，可以看出青铜鉴的主要用途以鉴面、盛冰、盛水为主，其他用途次之。盛冰可用作冰酒或冰食，亦可放入热水或燃烧炭物用作温酒或温食。也可以器形作为判断其用途的依据，常见的器形为圆鉴，盛水之用，如蟠螭纹铜鉴；方鉴常见冰鉴，如曾侯乙鉴。现今，多数将鉴归为青铜水器。

---

[1][10] 朱凤瀚. 中国古代青铜器[M]. 天津：南开大学出版社，2001.
[2] 湖北省博物馆. 曾侯乙墓[M]. 北京：文物出版社，2004.
[3] 安徽省文物管理委员会，安徽省博物馆. 寿县蔡侯墓出土遗物[M]. 北京：科学出版社，1956.
[4] 施谢捷. 吴越文字汇编[M]. 南京：江苏教育出版社，1998.
[5] 河南文物局. 国王与诸侯——中国河南青铜文明[M]. 郑州：中州古籍出版社，2013.
[6] 陈佩芬. 夏商周青铜器研究[M]. 上海：上海古籍出版社，2010.
[7] 陈梦家. 寿县蔡侯墓铜器[J]. 考古学报，1956（6）.
[8] 史树青. 对"五省出土文物展览"中几件铜器的看法[J]. 文物参考资料，1956（8）.
[9] 蒋大沂. "鉴"和"角狀铜饰"[J]. 文物参考资料，1957（8）.
[11] 孙海波. 甲骨文编[M]. 北京：中华书局，1965.

图4　曾侯乙鉴

源流与信仰：考古出土两汉时期"顶灯图像"研究*

焦树峰
陕西师范大学历史文化学院

摘要：考古发掘出土两汉时期大量关于头、双肩、双手荷灯的造像，因其图像志特征称为"顶灯图像"。根据"顶灯图像"中的西王母和佛教造像，通过考古及文献学方法认为这是在升仙思想的引导下，两汉时人对于西王母、佛教信仰的混合所致。钩沉索引，这种"顶灯图像"的来源可能有两个方面：一是对本土"百戏"的改造及受到西亚、中亚、南亚"幻术"的影响；二是对西王母"偶像式"造像样式的模仿。将佛像顶灯和西王母顶灯造像放入墓葬之中，反映出升仙、长生、度亡的宗教思想。

关键词：顶灯图像；百戏；西王母信仰；佛教信仰

灯属于社会物质生活的日常用品，随着考古发掘的展开，两汉时期的灯具大量被发现，成为学界关注的重点，代表性的便是河北满城汉墓的长信宫灯。在此考古成果下，出现了采用新方法、新视角对两汉时期灯具进行研究的丰富成果。[1]

在考古发掘出土灯具中，有一类灯具图像特征明显，引起笔者注意。其图像志特征是供养者头、肩膀、双手都荷有灯碗，如云南个旧黑马井汉墓出土的三支俑陶灯。因其图像志的特征，为研究方便，在本文中笔者暂且将其称为"顶灯图像"。

关于"顶灯图像"的研究，其图像内容的释读与定名固然重要，但更有意义的是能够找到其"历史的物质性"，对图像本身进行历史的解读。因此对两汉时期"顶灯图像"的研究，不仅要从造像思想的角度去解释，还应该从社会物质生活史的角度出发，以同时代"原境"的历史场景来

---

* 本文为2021年国家社会科学基金一般项目"敦煌石窟与佛教仪轨研究"（21BKG025）、2022年度陕西师范大学"长安与丝路文化传播"专项科研项目"唐长安对敦煌石窟影响研究"（YZJDA03）、陕西省石窟寺保护研究中心开放课题"唐长安对敦煌石窟影响研究"（C2021-003）的阶段性成果。

还原历史的真实面貌。最具代表性的案例是业师沙武田教授对莫高窟第220窟药师经变乐舞图像的解读。以第220窟北壁药师经变下方乐舞场景为例，通过抽丝剥茧的阐述，认为这是唐代长安城上元夜燃灯或者是对唐代长安和洛阳两京地区夜间乐舞场景的再现。[2]

以这一思路为导向，在前贤考古类型学研究的基础上对两汉时期的"顶灯图像"进行溯源，从社会历史及形象史学的角度进行研究，以期对两汉时期宗教信仰及"顶灯图像"的发展演变做有益探索。挂一漏万，求教于方家。

一、两汉时期的"顶灯图像"及其图像志特征

两汉时期出土了大量的"顶灯图像"，笔者在前贤研究的基础上，重点挑选具有上述图像志——头、肩膀、双手（或左右胁侍）荷灯碗——的代表性图像进行研究，如云南个旧黑马井汉墓陶灯俑、四川乐山车子公社西王母陶灯、四川泸州能源大楼汉墓佛像陶灯等。

（一）西王母"顶灯图像"

西王母"顶灯图像"出土较多，代表性的有四川乐山车子公社西王母陶灯[3]、四川绵阳新皂乡崖墓西王母陶灯[4]、四川绵阳新德乡东汉崖墓西王母陶灯[5]。四川乐山车子公社西王母陶灯西王母面朝正面，头戴高冠，身穿交领上衣，双手笼于袖，坐于台上。左右面的龙虎胁侍头顶的蟾蜍头顶各顶一灯盘。（图1）四川绵阳新皂乡崖墓西王母陶灯为五灯盘，西王母身穿宽袍大袖坐于台座之上，在西王母的头顶和身下两边及其左右的龙虎胁侍头顶各顶一灯碗。在台座左右下方，又各放一灯碗。（图2）四川绵阳新德乡东汉崖墓西王母陶灯灯碗较新皂乡崖墓灯碗大，西王母穿圆领右衽宽袍，两手抚膝，面朝正面端坐于宝座之上，梳高髻，头上顶灯，两侧为龙虎胁侍，各顶一灯盘。底部两侧有两神兽相对，头顶也顶一物，内侧手执武器的神兽应该是作为护法神的象征，灯座底部背面刻有线条代替的昆仑山。（图3）

（二）佛像"顶灯图像"

佛像"顶灯图像"以四川泸州能源大楼汉墓佛像陶灯和云南昭通水富楼坝崖墓佛像较为典型。四川泸州能源大楼汉墓佛像陶灯中佛像结跏趺坐，头顶与两肩各顶一灯碗。（图4）值得关注的是陶灯底座绘制一莲花，这可能和当时的净土信仰有关系。云南昭通水富楼坝崖墓佛像顶灯造像，同样也是在佛像头顶顶一灯碗。（图5）二者共同的图像志特征是佛陀发髻为螺发，身穿V形

图1 乐山车子公社西王母陶灯（采自李淞《论汉代艺术中的西王母图像》，第206页）

图2 绵阳新皂乡崖墓西王母陶灯（采自刘豫川《重庆市博物馆》，第7页）

图3 绵阳新德乡东汉崖墓西王母铜灯（采自《三台新德乡东汉崖墓清理简报》，第68—69页）

图4 四川泸州能源大楼汉墓佛像陶灯（采自《泸州市博物馆藏东汉陶佛像灯台略考》，第63—65页） 图5 云南昭通水富楼坝崖墓佛像"顶灯图像"（采自《云南考古报告集》2，第123页）

衣领通肩衣，在胸腹前形成多重U形纹饰，背面形成数层弧形衣纹。二者均为圆雕陶塑灯座，何志国认为，这与本地区西王母灯座相同，是佛像借鉴了西王母造型特点，表明二者功能相同，可能是佛像最终取代西王母的原因。佛像均为正面偶像，与西王母位置相同，其性质当与西王母一样为神灵偶像，而非西方仙人。这表明在长江上游地区民众对于佛这位外来新神的措置尚无统一认识。[6] 苏奎持同样看法，认为佛像顶灯应该是代表了汉代神仙和升仙信仰体系中的一员。[7]

（三）其他"顶灯图像"

除上述所见"顶灯图像"外，考古还出土大量相关造像，如广东广州大元岗汉墓陶俑、河南三门峡汉墓灯俑、四川宜宾东汉崖墓灯俑等而云南个旧黑马井汉墓出土的陶灯俑是其中的典型代表。[8]（图6）人俑跪坐，上身笔直，头顶、双手皆荷有灯盏。不仅如此，俑的双臂和头部均可拆卸，方便灯的移动和保存。从此铜俑来看，眼睛嘴巴较大，鼻子高大，颧骨突出，络腮胡，头上似乎有斜格纹带束发等，具有明显西南少数民族的特征。汉代"顶灯图像"还可从山东诸城汉墓（图7）及江苏常州油灯博物馆藏人形漆灯（图8）中体现出来，人物持灯柱双臂上举站于灯座之上，灯柱上接灯盘。

从以上图像志来看，具有共同特征，即头顶、双肩皆荷有灯碗，可能是对两汉时期日常生活的反映。《礼记·曾子寝疾》曾记载曾元、曾申坐于足，童子隅坐而执烛，反映出童子执灯照明的情景。《礼仪·燕礼》记载："宵，则庶子执烛于阼阶上，司宫执烛于西阶上，甸人执大烛于庭，阍人为大烛于门外。"[9] 这表明当时有专人负责照明工作，且分工明确。除文献上的记载外，河南南阳出土的执灯者画像石是其中较好的形象史料。（图9）画像石中人物作四分之三侧面，手执灯烛，呈运动状。画像石中类似图像还有很多[10]，在此笔者不一一列举。

"顶灯图像"的图像志特征和人物面相为我们提供了新的启示。从顶灯人物面相来看，佛像顶灯人物大多高鼻深目，属于胡人类型，可能是因为汉末魏晋之际，命令汉人不得出家。在这一背景之下，佛教作为胡人的宗教，其信奉者主要是留寓中原汉地的胡人僧众[11]，从而出现了上述佛像顶灯的造像。朱浒对此类画像石中的胡人与早期佛教图像进行了整理与研究，认为在汉人的想象中，胡人是为汉人传递西王母世界信息的信使，是西王母神仙世界的组成部分。[12]

图6 云南个旧顶灯俑（采自郭灿江《光明使者——灯具》，第96页）

图7 山东诸城汉墓人形铜灯（采自中国国家博物馆 https://www.chnmuseum.cn）

图8 江苏常州油灯博物馆人形漆灯（采自《两汉时期人物灯具设计研究》，第39页）

二、"顶灯图像"的造像源流蠡测

从上述"顶灯图像"来看，除了宗教信仰方面的含义，本文欲从社会物质生活的角度来对其造像来源进行探索。根据图像志特征和"百戏"相似，或许从百戏中我们可以找到其造像源流。

（一）"顶灯图像"与"百戏"的关系

1. 对本土"百戏"元素的吸收

探颐索隐，发现最早出现"百戏"一词的是在汉代。《后汉书·孝安帝纪》记载延平元年（106年）"鱼龙曼延百戏"。[13] 杨荫浏认为："汉代的百戏多种多样，包含种类丰富。不仅有与武术相关的内容，如比力、举重、爬竿、弄丸、弄剑、走绳索、翻筋斗等，还有虫鱼鸟兽、人物故事、音乐、歌舞等内容，有时还应用活动的布景，与戏剧相模仿。"[14]

百戏作为中国本土的艺术，在先秦时代就已有之。刘向《列女传》记载："钟离春曰：'妾常喜隐'……言为卒，忽然不见。宣王大惊。"[15] 钟离春"忽然不见"的隐身术便是其中的"百戏"之一。

汉画像石中也有关于本土"百戏"的相关记载，还有吐火喷火的场景。河南登封出土汉画像石中有对吐火百戏的刻画。画面中间一人头戴尖帽在仰面喷火。左侧一人身着长衣，正面观者，右侧一人站立在接受另一人的跪拜。（图10）值得关注的是其中一铺执灯画像石中有一人上身赤裸，下身穿短裤，头顶置一盏灯，双手各托灯盏，从画面上看，三盏灯火苗上蹿，栩栩如生（图11），可能是俳优伎人。[16] 笔者认为这可能和百戏有关。

图9 执灯仆从（采自《中国南阳汉画像石大全》第1卷，第140页）

东汉张衡《西京赋》的记载有助于我们了解当时的"百戏"活动：

大驾幸乎平乐，张甲乙而袭翠被……临

图10 吐火"百戏"场景（采自江苏师范大学图书馆汉画像石（砖）数据库）

迴望之广场，程角抵之妙戏。乌获扛鼎，都卢寻橦。冲狭燕濯，胸突铦锋。跳丸剑之挥霍，走索上而相逢……蟾蜍与龟，水人弄蛇。奇幻倏忽，易貌分形。吞刀吐火，云雾杳冥……展季桑门，谁能不营？[17]

张衡在《西京赋》中记载有"乌获扛鼎、都卢寻橦、冲狭燕濯、胸突铦锋。跳丸剑之挥霍，走索上而相逢"等"百戏"。除此之外，曹植在《大飨碑》中记载延康元年（220年）八月：

（曹丕）大飨六军，爰及谯县父老男女……六变既毕，乃陈秘戏。巴俞丸剑，奇舞丽倒；冲夹逾锋，上索逾高；松鼎缘橦，舞轮适镜；骋狗逐兔，戏马立骑之妙技；白虎青鹿，辟非辟邪；雨龙灵龟，国镇之怪兽，瑰变屈出，异巧神化。[18]

曹丕"大飨六军"之时请人表演"百戏"，"巴

图11 俳优伎人（采自《中国南阳汉画像石大全》第1卷，第141页）

俞丸剑、上索逾高、松鼎缘橦、舞轮适镜"等都是其中表演内容，其中"松鼎缘橦"便是"都卢寻橦"。

都卢寻橦是汉魏六朝时期的百戏表演活动，"又名竿木、戴竿、爬杆、木熙、上杆伎，是古人以竿木为支柱的一种运动，为古代百戏中的一个项目"[19]。何志国认为早在西汉汉武帝时期，"都卢杂技"等"百戏"就已经通过蜀身毒道传入长安[20]，被用于表演了。王子今推测在西汉之前"都卢杂技"就已传入，很可能在永宁元年（120年）"献乐及幻人"之前。[21]

从敦煌壁画来看，这种表演形式一直延续到晚唐五代甚至今天，属于散乐百戏中的表演项目。[22]其表演形式大致为寻橦、缘杆、跟挂、倒觉等，在某种程度上和"顶灯图像"有一定的相似之处。据此，笔者推测"顶灯图像"的源流为"百戏"，确切地说可能是对"百戏"中的"都卢寻橦"的改造。

2. 早期佛教僧人使用的"幻术"对顶灯造像的影响蠡测

两汉时人对佛教不甚了解，将其和汉代神仙方术连接在一起。在东汉人心中佛甚至还属于神仙方术中的一种。[23]汉桓帝便认为楚王刘英的祭祀活动是对黄老之言的念诵，是"与神为誓"[24]。对于两汉时期的宗教信仰，笔者在下节进行论述，本节重点探讨僧人为传教所使用的"幻术"可能对顶灯造像有一定的影响。

传入中国的佛教，不得不用幻术来吸引信众，其中如"白象行孕"或"舍利化为仙车"之类便是在这种背景下逐渐形成的用于街头卖艺的保留节目。[25]《高僧传·神异》记载，后赵石勒召（佛

图澄）问说佛有什么灵验之处，佛图澄知道石勒不懂佛教，便用道术为证，取器物盛水，且烧香念咒。须臾之间便生长出青色莲花，光彩夺目，石勒这才信服。[26]佛图澄使用"道术"使得"生青莲花"让石勒信服，可见佛教传入之时僧人使用"幻术"之方法。

这种幻术可能沿着丝绸之路传入中土。秦汉时期在陆路和海路上开通了两条丝绸之路。一条是由中原地区一直延伸到欧洲的陆上丝绸之路，另一条是由东南沿海经印度洋延伸到欧洲的海上丝绸之路。中亚、西亚、南亚等地的"百戏"在两汉时期经这两条路传入中土。

公元前138年，汉武帝派遣张骞出使大月氏，虽然大月氏已无联盟之心，但是张骞却游历了康居、大宛、乌孙、大夏等国。公元前119年，张骞再度出使乌孙，并且"分遣副使使大宛、康居、大月氏、大夏、安息、身毒、于窴、扜罙及诸旁国"。[27]张骞的出使很快便带来了响应，"乌孙使见汉人众富厚，归报其国，其国乃益重汉。其后岁余……于是西北国始通于汉矣"。[28]安息国也"发使随汉使来观汉广大，以大鸟卵及黎轩善眩人献于汉"。[29]其中"眩人"值得我们关注，"眩人"是善于变换魔术等百戏的人。颜师古注曰："眩读与幻同。即今吞刀吐火、植瓜种树、屠人截马之术皆是也。本从西域来。"[30]张骞对西域的出使，加强了与西域各国的交流，同时也使得"眩人"通过丝绸之路来到中原。

在开通陆上丝绸之路的同时，海上丝绸之路也在发展交流之中。《史记》记载，"臣（张骞）在大夏时，见邛竹丈、蜀布，问曰：'安得此？'大夏国人曰：'吾贾人往市之身毒。身毒在大夏东南数千里。其俗土著，大与大夏同……其国临大水焉。'以骞度之，大夏去汉万二千里，居汉西南"[31]。从材料来看，早在张骞通西域之前，就有一条经云南到缅甸再到印度的交流通道，即"蜀—身毒道"，这一通道在考古出土摇钱树、莲花等实物中也得到了证明。[32]《后汉书·西南夷传》记载，永宁元年（120年），"掸国（缅甸）王雍由调复遣使者诣阙朝贺，献乐及幻人，能变化、吐火，自支解，易牛马头。又善跳丸，数乃至千"。[33]缅甸史学家波巴信指出，缅甸由于位于罗马和中国的中转站，约在一千七百年前就成为中国和印度之间的陆上枢纽。[34]由此颜信认为通过这条道路，才使得中国和南亚联系加强。[35]

"幻术"属于"百戏"中的一种，刘再生指出，百戏是我国古代乐舞、杂技表演的总称，实际上包括杂技、武术、幻术、民间歌舞、杂乐、杂耍等多种艺术表演形式。[36]虽然目前还没有直接的图像证据来证明"幻术"对"顶灯图像"造像的影响，但从早期佛教传入时僧人为吸引信众而使用的"幻术"，幻人"吐火，自支解，易牛马头"等"百戏"，我们或许可以猜测这种"幻术"对"顶灯图像"的影响。即使到了唐代，僧众仍然对幻术保存有较深的记忆，如敦煌莫高窟第323窟南北壁上绘制的佛图澄幽州灭火、池边洗肠、听铃声预测吉凶，康僧会使舍利放光、西晋吴淞口石佛浮江。可见时人对于僧人使用幻术的理解与重视。

（二）西王母"偶像式"造像对"顶灯图像"的影响

西王母信仰出现较早，在先秦时期就已出现。《山海经》《庄子》《穆天子传》《竹书纪年》等传世文献都有相关记载。自西王母在两汉之际长生、升仙的功能完善之后，其信仰范围逐渐扩大，形成一种全国性的宗教信仰，甚至进入墓葬之中引导墓主人升仙、度亡，达到彼岸。至少到西汉末年，西王母已经具有赐福、送子、长生、救苦救难等多种重要神职[37]，且多具丧葬背景，有一少部分甚至涉及日常生活。[38]

上述"顶灯图像"和西王母造像相似，属于"偶像式"构图，况且上述顶灯图像中本身就有西王母顶灯造像。人物造像成为画面中心显著的视觉焦点，引导观者的视线朝向中心轴。他们"无视周围的随从，而是注视着画面的观者。观看者的视线被引向中心，直接与中央的偶像相对抗，形成对称性和中心偶像型构图"[39]。从汉代"顶灯图像"和西王母出现的考古出土地分析，二者的出土轨迹重合性较高，顶灯造像受到西王母造像影响也有存在的合理性。

因此，从两汉时期的宗教信仰来看，不管在时间还是空间上，"顶灯图像"除了借助幻术等"百戏"方式之外，我们有理由相信，"顶灯图像"在造像方面还可能吸收了中古本土的西王母造像的"偶像式"构图，是对西王母造像的模仿，这从上述考古出土西王母顶灯造像中也可体现出来。

综上，从文献和图像来看，"顶灯图像"有两个来源：第一，和"百戏"有关，可能来自"百戏"中的"都卢寻橦"以及对中亚、西亚、南亚"幻术"的模仿。第二，可能是吸收西王母"偶像式"构图的造像模式，是对此类造像结构的改造。因此，笔者倾向于这样的理解，在先秦两汉时期，"顶灯图像"从具有照明的功能逐渐与神仙或长生

联系在一起。在这种情况下，伴随着升仙或往生极乐的思想的滥觞，才有佛像顶灯和西王母东王公顶灯的造像出现，兼具照明和神仙方术的功能。王煜认为："这种图像是当时文献所反映出的西域之地西王母与眩人（幻人）紧密联系这种观念的表现，这里的幻术与仙术有关，表达了当时人们死后升仙的愿望。"[40]

三、"顶灯图像"对宗教信仰观念的表达

"顶灯图像"中有西王母顶灯，也有佛像顶灯。四川泸州出土"顶灯图像"台座上还绘有莲花，虽不在显耀位置，但这也可能是时人对净土信仰的模糊观念所致。西王母顶灯和佛像顶灯造像的出现提供了重要的形象史料，是我们了解两汉时期宗教信仰的重要窗口，透过这个窗口，为我们展示出两汉之际宗教信仰的混合性。

（一）"顶灯图像"上的莲花与佛教净土信仰

两汉之际，佛教传入中国。东汉永平十一年（68年），汉明帝梦见神人，身有金光，项有日光，在大殿前飞行。第二日便问群臣此为何神，通人傅毅曰："臣闻天竺有得道者，号曰佛，轻举能飞，殆将其神也。"汉明帝便派遣使者羽林中郎将秦景、博士弟子王遵等十二人到大月氏国写取佛经四十二章，并且起塔立寺。"于是道法流布，处处修立佛寺，远人伏化，愿为臣妾者不可胜数。"[41]

随着大乘佛教的兴起，1世纪或者更早，西北印度出现了专门弘扬阿弥陀佛信仰的《大阿弥陀经》。[42] 2—3世纪，支娄迦谶、帛延等高僧译出《无量寿经》《阿閦佛国经》《般舟三昧经》

《佛说无量清净平等觉经》，将弥陀信仰传入中土。[43]

值得我们关注的是泸州佛像台座上雕刻的莲花。云南昭通出土摇钱树枝叶上，同样具有花苞状的莲花，与泸州佛像台座上的莲花形状接近。四川西昌马道持节羽人和凤鸟的摇钱树枝叶上的莲花外侧纵列两束莲花呈花苞形，也与此相似。[44]佛像顶灯造像中出现莲花，笔者认为这是时人净土信仰[45]的写照，或许是当时净土观念的反映[46]，而莲花没有出现在显耀位置，也说明了时人净土信仰的模糊性。

（二）"顶灯图像"对两汉时期宗教信仰多元性的体现

关注莲花与净土的同时，我们还应注意到西王母和佛像顶灯的本质所在。西王母和佛像二者的出现反映出时人宗教信仰的模糊性。两汉之际，除了有限的佛教精英，民众对于刚刚传入的佛教还不甚了解，还处于中国本土的宗教信仰中。温玉成将这种宗教信仰模式称为"仙佛模式"，即东汉人以羽化登仙的神仙为范本创造出的佛像。[47]或者如全涛所言，还处于"西王母＋佛教图像"模式阶段。[48]从以上图像分析来看，笔者深以为然。

史料记载中也可见时人宗教信仰的多元性。《南齐书·张融传》记载："（张融）建武四年，病卒。遗令建白旐无旒，不设祭，令人捉麈尾登屋复魂。曰：'吾生平所善，自当凌云一笑。三千买棺，无制新衾。左手执《孝经》《老子》，右手执《小品》《法华经》。妾二人，哀事毕，各遣还家。'"[49]从中看到复魂习俗、儒家思想、道家思想以及佛教信仰在张融信仰世界中的兼容。又如，《南史·顾宪之传》记载顾宪之于天监八年（509年）临终为制敕其子言："丧易宁戚……不须常施灵筵，可止设香灯……祠止用蔬食时果，勿同于上世由。"[50]强调不设灵筵只放置香灯，并且祭祀以蔬果代替牺牢，这是佛教礼仪的做法。[51]

两汉之际时人对于佛教的理解处于早期阶段，在这种模糊的理解下容易和本土信仰相结合，从而在造像中表现出来，给人一种更加形象、更加直观的感受。正如巫鸿指出的，墓葬中的图像题材虽然丰富多样，但这些主题之间缺乏内在的逻辑联系，在组合的过程中形成了一个"多中心"的结构。多元中心的墓葬可以为死者建构若干可供选择的想象界域，包括地下家园、礼仪空间与神仙思想。[52]"顶灯图像"亦是如此，两汉时期随着佛教的传入，中土本有的西王母升仙信仰与佛教信仰相结合，共同组成一种多中心的信仰结构。所以才会出现这种混合的造像，从而在"顶灯图像"中展现出来。他们以其新奇的形式，丰富了中国本地宗教信仰和传统观念的表达。同时也反映出佛教艺术初入中国时被汉代流行艺术对某些因素的偶然借用[53]，佛教往生净土的信仰在中国传统的升仙思想中得到体现与扩展。

这种宗教信仰的多元性与混合性还可从墓葬出土铭文和造像中表现出来。1956年湖北省文管会在武汉莲溪寺发掘长方形券顶砖室墓，该墓长8.46米，宽5.6米。出土铅质墓券值得关注，根据程欣人释读，转录如下：

永安五年（262年）七月辛丑朔十二日壬子，丹阳石城都乡□□校尉彭卢年五十九，寄居沙羡县界……物故，今岁吉良，宿得天食，可以建造作□无妨，谨请东陵西陵暮伯丘丞，南伯北伯地下二千石……□春得知者王东公、西王母，如律令。[54]

不仅如此，该墓还出土一鎏金铜牌佛像，佛像头顶有肉髻，项有圆光，裸上身，系飘带，下着裙，裙上部在腰际向外翻卷。[55] 从此墓出土墓券中记载的东王公、西王母以及鎏金铜牌佛像可以看出时人的宗教信仰，即在升仙思想的引导下，将西王母信仰和佛教信仰混合起来，保证墓主人死后的灵魂归宿，组成一种多元的宗教思想。张同标就此指出，就目前所发现的文献记载和造像实物分析，上层权贵的佛教观念，与下层民众看不出明显的差异。他们对佛像的膜拜，无疑会带上他们固有的方术信仰。[56]

四、结论

考古发掘中出土大量头顶、肩上、双手荷灯的造像，本文因其图像志特征统一称为"顶灯图像"。这类造像的出现为我们了解两汉时期的日常生活及宗教信仰提供了形象史料。"顶灯图像"是对两汉时期社会生活的反映，是两汉时期民众执灯用灯的日常生活的写照。

关于"顶灯图像"的来源，笔者认为主要有两个方面：第一，是对"百戏"的模仿以及受到丝绸之路沿线各国"幻术"的影响，既有对中国本土"百戏"的吸收，也有对中亚、西亚等地"百戏"的模仿。这种现象出现的原因可能是佛教初传中国，佛教徒为吸引信众而采取的策略。第二，在中国本土宗教信仰的驱使下对西王母"偶像式"构图的改造而成。

宗教信仰也是社会生活的重要组成部分。两汉时期，西王母信仰兴盛，人们将其赋予升仙、长生以及救苦难的功能。而随着佛教的初传，人们将两种信仰合并赋予其升仙、度亡、长生的功能，从而出现了考古发掘中所见的顶灯造像，反映出时人宗教信仰的综合性和多元性，将西王母和佛教信仰混搭，共同来表现升仙思想。

---

[1] 孙机. 汉代物质文化资料图说[M]. 上海：上海古籍出版社，2008；麻赛萍. 汉代灯具研究[D]. 上海：复旦大学，2012.

[2] 沙武田. 一幅珍贵的唐长安夜间乐舞图——以莫高窟第220窟药师经变乐舞图中灯为中心的解读[J]. 敦煌研究，2015（5）.

[3] 李淞. 论汉代艺术中的西王母图像[M]. 长沙：湖南教育出版社，2006.

[4] 刘豫川. 重庆市博物馆[M]. 北京：文物出版社，1991.

[5] 景竹友. 三台新德乡东汉崖墓清理简报[J]. 四川文物，1993（5）.

[6] 何志国. 长江流域汉晋西王母图像到佛像的转变——兼谈汉晋西王母与佛像的功能[J]. 民族艺术，2015（1）.

[7] 苏奎. 长江上游汉代佛像陶灯研究[J]. 长江文明，2017（2）.

[8] 可参见学位论文中对顶灯俑资料的搜集整理：李侃. 战国秦汉出土灯具研究[D]. 重庆：西南大学，2011；麻赛萍. 汉代灯具研究[D]. 上海：复旦大学，2012；卞华磊. 两汉时期人物形灯具设计研究[D]. 南京：江苏大学，2018；郭灿江. 光明使者——灯具[M]. 上海：上海文艺出版社，2001.

[9] 刘沅著，谭继和、祈和晖笺. 十三经恒解[M]. 四川：巴蜀书社，2016.

[10][16] 凌皆兵，王清建，牛天伟. 中国南阳汉画像石大全（第1、2卷）[M]. 郑州：大象出版社，2015.

[11] 罗世平. 汉地早期佛像与胡人留寓地[M]. 中山大学艺术学研究中心编. 艺术史研究（第1辑）. 广州：中山大学出版社，

1999.

[12] 朱浒. 汉画像胡人图像研究 [M]. 北京：生活·读书·新知三联书店, 2017.

[13][24] 范晔. 后汉书 [M]. 北京：中华书局, 1965.

[14] 杨荫浏. 中国古代音乐史稿 [M]. 上海：上海音乐出版社, 1981.

[15] 鲍震培, 薛宝琨. 曲艺杂技志 [M]. 上海：上海人民出版社, 1998.

[17] 舒其绅等. 西安府志 [M]. 西安：三秦出版社, 2011.

[18] 严可均. 全上古三代秦汉三国六朝文 [M]. 北京：中华书局, 1958.

[19] 王赛时. 古代的缘杆——中国古代百戏史料汇考之一 [J]. 山东体育学院学报, 1986（1）.

[20] 何志国. 东汉外来杂技幻术与佛像关系及影响 [J]. 民族艺术, 2016（1）.

[21] 王子今. 秦汉边疆与民族问题 [M]. 北京：中国人民大学出版社, 2011.

[22] 李金梅, 丛振. 敦煌橦枝小考 [J]. 敦煌研究, 2010（4）.

[23][56] 张同标. 神仙方术视野中的中国早期华盖图像 [J]. 创意与设计, 2014（4）.

[25] 吴焯. 关中早期佛教传播史料钩稽 [J]. 中国史研究, 1994（4）.

[26] 慧皎撰, 汤用彤校注, 汤一玄整理. 高僧传 [M]. 北京：中华书局, 1992.

[27][28][29][31] 司马迁. 史记 [M]. 北京：中华书局, 2014.

[30] 班固. 汉书 [M]. 北京：中华书局, 1962.

[32] 何志国. 印度佛教初传中国的阶段性与各阶段的传承性 [J]. 江苏大学学报（社会科学版）, 2009（4）；何志国. 摇钱树佛像与印度初期佛像的关系 [J]. 美术研究, 2005（2）；何志国. 中国早期莲花类型及其与印度的关系 [J]. 广西民族大学学报（哲学社会科学版）, 2021（1）.

[33] 司马光. 资治通鉴 [M]. 北京：中华书局, 1956.

[34][缅甸] 波巴信著, 陈炎译. 缅甸史 [M]. 北京：商务印书馆, 1965.

[35] 颜信. 南方丝绸之路与古蜀对外关系探研——以古蜀和古印度间经贸关系为例 [J]. 中华文化论坛, 2012（1）.

[36] 刘再生. 中国古代音乐史简述 [M]. 上海：上海音乐出版社, 1989.

[37] 储晓军. 从西王母到观世音——汉唐间救苦救难信仰的变迁 [J]. 宝鸡文理学院学报（社会科学版）, 2017（5）.

[38] 王苏琦. 汉代早期佛教图像与西王母图像之比较 [J]. 考古与文物, 2007（4）.

[39][美] 巫鸿. 武梁祠：中国古代画像艺术的思想性 [M]. 北京：生活·读书·新知三联书店, 2006.

[40] 王煜. 四川汉墓出土"西王母与杂技"摇钱树枝叶试探——兼论摇钱树的整体意义 [J]. 考古, 2013（11）.

[41] 僧祐. 出三藏记集 [M]. 北京：中华书局, 1995.

[42][日] 平川彰诸著, 释显如等译. 印度佛教史 [M]. 贵阳：贵州大学出版社, 2013.

[43][美] 肯尼斯·K. 田中. 中国净土思想的黎明：净影慧远的《观经义疏》[M]. 上海：上海古籍出版社, 2008.

[44] 何志国. 汉魏摇钱树初步研究 [M]. 北京：科学出版社, 2007.

[45]《无量寿经》记载："众宝莲华周满世界，一一宝华百千亿叶，其华光明，无量种色，青色青光，白色白光，玄黄朱紫，光色亦然……一一华中，出三十六百千亿光。一一光中，出三十六百千亿佛，身色紫金，相好殊特。"——[曹魏]康僧铠《佛说无量寿经》,《大正藏》第12册，第272页上。

[46] 袁承志. 象征图像：莲花的图像学释读 [M]// 李砚祖. 艺术与科学. 北京：清华大学出版社, 2006.

[47] 温玉成. "早期佛教初传中国南方之路"质疑 [J]. 四川文物, 2000（2）.

[48] 仝涛. 东汉"西王母＋佛教图像"模式的初步考察 [J]. 四川文物, 2003（6）.

[49] 萧子显. 南齐书 [M]. 北京：中华书局, 1972.

[50] 李延寿. 南史 [M]. 北京：中华书局, 1975.

[51] 李星明. 南朝墓葬中的莲花花生图像与弥陀净土信仰 [J]. 丝绸之路研究集刊, 第5辑, 2020.

[52][美] 巫鸿. 黄泉下的美术：宏观中国古代墓葬 [M]. 北京：生活·读书·新知三联书店, 2010.

[53][美] 巫鸿. 礼仪中的美术：巫鸿中国古代美术史文编（下）[M]. 北京：生活·读书·新知三联书店, 2005.

[54] 程欣人. 武汉出土的两块东吴铅券释文 [J]. 考古, 1965（10）.

[55] 程欣人. 我国现存古代佛教中最早的一尊造像 [J]. 现代佛学, 1964（2）.

河南辉县市博物馆藏汉代青铜染器赏析

| 赵艳利
| 辉县市博物馆

摘要：1974年春，河南省辉县百泉文物保管所工作人员在文物普查时，发现汉代青铜染器一件。它不仅反映了我国汉代青铜工艺制造水平的高超，还显示出我国浓郁的饮食风俗文化，为汉代饮食风俗和青铜制作工艺的研究提供了宝贵的实物资料。

关键词：辉县市；汉代青铜染器；青铜制作工艺

河南省辉县市位于豫北地区西北部，历史上属于中原地区文化核心地带。其历史悠久，距今已有七八千年的人群居住历史，而且其间没有中断，因此文化积淀深厚，地上地下深藏着历朝各代丰厚的历史文化遗存。

1974年春，辉县百泉文物保管所工作人员文物普查时，在本县文昌阁粮所附近（今琉璃阁遗址文化公园一带）采集到一件小型青铜器，由一个染炉和一个耳杯组成。现介绍如下。

一、汉代青铜染器收藏过程

青铜染炉，通长26.4厘米，宽8.5厘米，高9.8厘米。上部呈椭圆形槽状，四壁透雕有青龙、白虎、朱雀、玄武四神形象。下部呈长方梯形槽状台，台外围四周有三层带状纹逐层高出，前后两端有对称圆孔。台底有四足，四足形象呈四力士背手支撑炉体状。炉的一端有一錾，錾的尾部呈树叶状上翘。炉底有支丁痕迹。（图1）

青铜耳杯，高3.4厘米，口径13.5厘米。椭圆形，两侧斜附半月形双耳。杯壁较薄，素面。（图2）

该器最初收藏于百泉文物保管所（百泉文物保管所是1952年河南最早成立的四个文物保管所之一）。1988年改藏于辉县博物馆（辉县博物馆成立于1981年，1989年改称辉县市博物馆）。收藏时，工作人员鉴定耳杯为饮酒器，铜炉为熏香炉，时代为东汉。

此器后经有关专家鉴定，一致认为：耳杯为饮酒器、铜炉为熏香炉，分开来讲似乎不错，但实际上却是两回事，因为该器是耳杯放在铜炉上方，两物是合为一体存在的。两件作用不同而又一体组合存在的器物，称饮酒器和熏香炉，让人有点疑窦丛生。耳杯是饮酒器，却盖在熏香炉上方，分别称饮酒器和熏香炉，可说是正常，但两器放在一起还这样称呼，似乎不合常理。于是查阅资料，知悉1956年河南陕县后川出土的一件器物与此相仿，也是一炉一杯，器物上有"清河食官"铭文。"清河"是地名，而"食官"是掌管饮食的官，据此断定该器物应该是"朝廷中典膳的食官掌管，是古代的一种饮食器具"。[1] 具体使用方法是，常以酱、盐等调味品为佐料以食肉，将这些佐料放在耳杯中，夹肉蘸着食用。这些佐料，就是调味品，在中国古代称之为"染"，据此定名为"青铜染器"（现藏中国国家博物馆）。而辉县收藏的这件铜器与此相仿，故也定名为"青铜染器"。（图3）

二、汉代青铜染器的解读

既然调味品称之为"染"，那么饮食器物为何也称"染"呢？原来，这个"染"字有着不同的含义，大概说来有三义：一是用染料着色，《周礼·天官·染人》："染人，掌染丝帛。"[2]《墨子·所染》："染于苍则苍，染于黄则黄。"南朝梁刘勰《文心雕龙·隐秀》："润色取美，譬缯帛之染朱绿。"唐王建《江陵使至汝州》诗："日暮数峰青似染，商人说是汝州山。"明陈继儒《群碎录》："黄帝观翚翟草木之华，乃染五采为文章。"毛泽东《沁园春·长沙》词："看万山红遍，层林尽染。"这种"染"义，都作动词用。二是豆豉酱，高诱注："染，豉酱也。"这是作名词用。三是"蘸"，就是蘸着调味佐料食肉，作动词用。

三种含义都与染炉有关，具体怎么解释？分开来说。一是用染料着色。食用的"酱"是有颜色的，食肉时将肉在酱里蘸过，肉便被染上了颜色，这样就完成了食物"色香味俱全"的效果，由此增加人们的食欲。二是"豆豉酱"。豆豉酱作为调料而名"染"，历史上是有据可考的。《吕氏春秋·当务》记载了一个小故事，故事说："齐之好勇者，其一人居东郭，其一人居西郭。卒然相遇于途，曰：'姑相饮乎！'觞数行，曰：'姑求肉乎？'一人曰：'子，肉也；我，肉也。尚胡革求肉而为？于是具染而已。'因抽刀而相啖，至死乃止。勇若此，不若无勇。"[3] 这个故事的意思是：齐国有两个自吹为勇敢的人，一个住在城东，一个住在城西，有一天两人在路上突然相遇，一个说："难得见面，我们姑且去喝酒吧。"喝了几巡酒后，一人说："要吃肉吗？另一人说："你，是肉；我，也是肉。这样的话还要另外找肉干什么？在这里准备点豆豉酱就行了。"于是

图1　青铜染炉　　　　　　　图2　青铜耳杯　　　　　　　图3　青铜染器

拔出刀匕相互割肉吃，直到都死了才停止。故事的最后说，要是像这样也算勇敢的话，那还不如不要勇敢。故事里所说的"具染而已"的"染"，东汉学者高诱已说过："染，豉酱也。"这是"酱"名"染"的历史记载。除了上述两义外，"染"字还有一个字义是"蘸"，即在液体、粉末或糊状物里沾一下就拿出来。"蘸"是"染"，"染"也是"蘸"，故将此器定名为"染"，是有充分理由的。

至于染器中的炉，主要是用来加温和保持温度的。这就涉及汉代人的饮食习惯。

查有关文献资料，知道汉代人食肉，是用"濡"的方法制作的。"濡"，就是以汁调和，然后烹煮。《礼记·内则》载："濡豚包苦实蓼，濡鸡醢酱实蓼，濡鱼卵酱实蓼，濡鳖醢酱实蓼。"[4]大意为：在煮小猪的时候，用苦菜把它包起来，去其腥味，在猪腹里塞入蓼菜。（蓼菜，为一年生或多年生草本。有水蓼、红蓼、刺蓼等。味辛，又名辛菜，可作调味用。）在煮鸡时，加入醢酱，在鸡腹中塞入蓼菜。在煮鱼时，要加入鱼子酱，在鱼腹中塞入蓼菜。在煮鳖时，要加入醢酱，在鳖腹中塞入蓼菜。汉代经学家郑玄注："凡濡，谓烹之以汁和也。""中国自先秦至汉，制肉食主要有烹煮、炮烤两种方法，用濡法制肉食，在汉代较常见。濡肉包含两个步骤：先把肉煮到可食的程度，相当于现在的白煮肉；然后再蘸调料加味，染杯中盛的就是调味的酱汁。与现代小有不同的是，汉代人习惯用较烫的调料，所以须用染炉不断地给调料加温。"[2]

辉县市博物馆藏的这件青铜染器体量不大，染杯的容量不到300毫升，整套染炉的高度也不过14厘米。但制作十分精巧，令人叹为观止。这种设计倒是很符合汉代人的生活方式。据文献记载，汉代人是分餐制，一般是一人一案。宴饮时是一人一套染炉，随吃随"染"。为什么会这样呢？从史料记载得知，汉代时所实行的生活制度，基本上是沿袭先秦时代之规矩的，而先秦时人们就餐时，讲究分餐而食，而一分餐，就必须席地而坐，席地而坐时间长了，慢慢就形成了吃饭的必备规矩。为什么这样说？因为先秦时代摆放食物的桌子，那时候叫作几案，几案没有那么高，盛放食物的器皿不仅大而且还很重，不能像现在一样坐在一起吃喝谈笑，因此为了更好地吃饭，便采取了一人一桌分餐而食的措施。这样，不仅有利于管理，而且也让每个人都能吃好饭。因此通俗地说，这件"青铜染器"，就相当于现在的小型"火锅"。

此染器的制作十分精美，四神形象活灵活现，青龙体态矫健，龙爪雄劲，龙翼展翅，似在腾云驾雾、呼风唤雨，奔腾在云雾波涛之中。白虎弓腰，张口昂首，作啸状；前腿弓，后腿蹬；尾巴卷曲，倒向前伸；一股虎啸生风之势。朱雀形似凤凰，和龙形成了相辅相成的一对。玄武中的龟栩栩如生，活像一只活龟竖立器壁。（图4、图5、图6、图7）

青龙、白虎、朱雀、玄武四大神兽，"原本是远古人类崇拜的威武而有灵性的动物神，其起源与原始星辰崇拜有直接关系。上古人们仰望天空，将群星划分为若干组团，并赋以人、物或神话的形象"。因为中国处于四时分明的自然条件下，所以很早就把春天黄昏时南方的若干星星想象成一只鸟形，谓之朱雀；东方的若干星星想象为一条

图4 青龙透雕　　　　图5 白虎透雕　　　　图6 朱雀透雕

龙，谓之青龙；西方的若干星星想象为一只虎，谓之白虎；北方的若干星星想象为龟蛇形象，谓之玄武。到了汉代，瓦当使用广泛，制造工艺日臻完善，出现了变化多端的动物图饰和各种抽象图形。新莽时期，出现了"四神兽瓦当"，是汉代瓦当的精品。四神兽即青龙、白虎、朱雀、玄武，又称"四灵纹"。汉代人相信，在房屋上安装四神兽瓦当有辟邪祈福的作用，因此四神兽纹饰瓦当非常流行，职守也有分工，分守四方。

辉县市博物馆藏的这件染炉，将四神透雕于染炉四周，其用意不言而明，期盼四神福佑人们四时吉祥，生活美满，飞黄腾达，万事如意。

三、结语

辉县市境内出土汉墓众多，是一个奇特现象。在所有发掘的古墓葬中，绝大多数都是汉墓。中华人民共和国建立后，1950—1952年在辉县进行的第一次大规模综合性考古发掘中，汉墓占大多数。近年来同样如此。庞村墓地（位于高庄乡庞村段），长180米，共发掘墓葬17座，均为西汉墓葬。张雷墓地（位于百泉镇张雷段），长380米，共发掘墓葬27座，其中西汉墓22座，东汉墓3座，剩下两座年代不详。赵雷墓地（位于百泉镇赵雷段），长900米，共发掘墓葬41座，其中西汉墓6座，东汉墓23座。这说明辉县市在汉代时期，经济发达，市场繁荣，百姓生活稳定。辉县市博物馆藏汉代青铜染炉，即是有力的证据。它不仅反映了我国汉代青铜工艺制造水平的高超，还显示出我国浓郁的饮食风俗文化。因此，这件青铜染器对于研究我国汉代社会的政治、经济和文化，都是一件不可多得的实物资料。

图7 玄武透雕

---

[1] 陈成军. 食享冬日——西汉青铜"染"器[M]//文物里的古代中国. 北京：中国社会科学出版社，2010.
[2] 钱玄注释. 周礼[M]. 长沙：岳麓书社，1994.
[3] 吕不韦. 吕氏春秋[M]. 北京：中华书局，2007.
[4] 戴圣注释. 礼记[M]. 长沙：岳麓书社，1994.

从《崔楷墓志盖》看北朝士族的门第婚*

刘 军

吉林大学古籍研究所

摘要：2017年，河北保定曲阳县下河村南出土《北魏崔楷墓志盖》。石盖上面墓志标题居中，四围镌刻着志主本人及子孙的婚媾关系。在中古门阀士族体制下，婚姻与仕宦共同构成门第流品秩序的基石。照比充满偶然性的仕进特征，基于资源权势对等原则的门第婚，更能准确地反映阀阅等第。以崔楷为代表的博陵崔氏家族在北朝实现了由士族一般高门向一流高门的跃升，终于隋唐跻身顶级贵胄"五姓七家"行列，这个复杂的演变过程变相地浓缩在志盖所载的婚姻关系上。只有把握北朝士族体制官僚的属性，才能理解门第婚"官本位"的特质。

关键词：崔楷墓志盖；北魏；博陵崔氏；门阀士族；门第婚

中古北方汉族顶级高门有"五姓七家"之说，即清河崔氏、博陵崔氏、范阳卢氏、荥阳郑氏、太原王氏、赵郡李氏、陇西李氏。定居今河北省衡水市安平县的博陵崔氏家族位列其间。作为河北著姓的典型样本，博陵崔氏研究始终是学界的热点，集大成之作莫过于美国汉学家伊沛霞的《早期中华帝国的贵族家庭：博陵崔氏个案研究》（此书初由英国剑桥大学出版社1978年出版，周一良先生在《中国史研究》1982年第1期刊发评介文章，上海古籍出版社2011年出版范兆飞先生的汉译本），对该家族及门阀制度进行了深入的探讨。2007年年底，河北省保定市曲阳县文管所在本地下河村南抢救清理北魏崔楷墓，出土边长72厘米的墓志盖一方，与寻常的志盖不同，崔楷墓志盖除中心位置的篆书题名"魏故仪同三司崔公铭"外，四周还镌刻四百余字的楷书铭文，翔实记录家族成员的婚媾关系，对判定博陵崔氏的社会地位具有重要价值。[1]尽管前辈学者对博陵崔氏的联姻网络多有梳理，但并未触及中古贵族门第婚之实质，亦未能在婚姻与仕宦、社会与体

---

* 本文为国家社科基金一般项目"中古鲜卑拓跋氏士族化进程研究"（19BZS056）阶段性成果。

图1 崔楷墓志盖

制之间找到理想的结合点。鉴于此，笔者试根据崔楷墓志盖（图1）所载配偶的世资背景，逆推博陵崔氏在北朝阀阅等级秩序中的位置，进而揭示北朝士族体制官僚之固有特性和门第婚的本质。

一、六朝贵族门第婚的基本原理

众所周知，六朝是阶级固化、流动停滞的门第社会，身份体系的建构和资源权益的配置唯门第是从。门第的划分标准大致如下：曾祖以降三代官爵世资一至三品者，为一流高门，授一品门品；世资四、五品者，为一般高门，授二品门品；世资六、七品或仅一代五品者，为次等门第，授三至五品门品；世资八、九品或未仕者，为白丁庶民，授六至九品门品。门品二品以上为士族，门品三至五品为寒士，门品六至九品为寒人，寒士与寒人合称寒素或寒庶，与高门士族相对，彼此横亘难以逾越的鸿沟，是谓士庶天隔。[2] 这种门第秩序折射到社会生活的方方面面，诸如官员仕进，一品门第五品官释褐，准许仕至三品官以上；二品门第六品官释褐，准许仕至五品官以上；三至五品门第七至九品官释褐，准许仕至五、六品官的末位；六至九品门第流外勋品胥吏释褐，准许仕至流内九品官的边缘。再如复除特权的享受，二品以上的士族门第荫庇全族免役，三至九品的寒素门第仅限本人免役。还有教育资源的分配，二品以上的士族子弟获准就读国子学，三至九品的寒素子弟只能进入太学。由此形成了不同阶层各按出身彝伦攸叙、泾渭分明的阀阅流品格局，社会成员上下对流的门径被彻底封闭。

流品主义体现的世袭垄断、自利排他的特性最符合上流精英的口味，甚至情感婚恋和家庭生活都要自觉遵循家世匹配的原则，于是出现了人们所熟知的门第婚。作为特殊的婚姻形态，门第婚归根结底强调配偶双方资源权势的大致对等，除去血统、基因遗传等自然因素的考虑，关键是要确保利益交换关系的平衡和输送平台的稳定。从文化心态看，家境相同者志向旨趣亦相类，更易忍耐琐碎日常的煎熬考验，而不致日久生厌、发生婚姻之痒。六朝贵族背景下，婚姻不是个性自由的选择，而是关乎本家族甚至所处阶层的道德、法律问题。它要求门当户对，非但良贱、士庶不婚，即便士族内部亦有姓望门第的高下差别。鉴于门第婚对身份壁垒的捍卫作用，其底线绝不容许挑战，胆敢触犯者是谓"婚姻非类"，必遭舆论的谴责乃至国法的惩治。萧齐东海士族王源与富阳寒素满璋联姻，御史中丞沈约撰《奏弹王源疏》为人所熟知，足证婚配择偶之苛刻。

当时，婚姻与仕宦并为标榜门第的招牌，《魏书》卷六十《韩麒麟附韩显宗传》载："朝廷每选举人士，则校其一婚一宦，以为升降，何其密也。"婚姻在铨量门第方面的权重甚至超过仕宦。日本学者宫崎市定《九品官人法研究：科举前史》有论："南朝大部分门地在漫长的历史中已经自然形成，同等门地之间相互通婚，因此，只要不是特殊情况一般不成为问题。但是，北魏的汉人社会遭遇特殊的情况，即处于异族的统治之下，因此，其官场荣显与否受到运气的左右，不能仅仅根据这一点来决定门地。反而是婚姻关系更能够正确地反映门地，所以特别受到重视。无论多么有名望的族人，如果错误地和寒族通婚，门地都会骤然下降，连累整个家族，因此，如果出现和寒族通婚者，全族人都会与之断交，虐待与寒族通婚者，无非是族人自防的手段。"[3]他特别列举《魏书》卷三三《公孙表传》所载事例："邃、睿为从父兄弟，而睿才器小优，又封氏之生，崔氏之婿；邃母雁门李氏，地望县隔。钜鹿太守祖季真，多识北方人物，每云：'士大夫当须好婚亲，二公孙同堂兄弟耳，吉凶会集，便有士庶之异。'"婚姻既可左右身份，反之，士族的阀阅等第亦可通过姻戚的家世间接获知，其准确性和稳定性要比仕宦履历分析法更佳。

二、北魏婚媾与门第的匹配关联

与汉族江南政权沿江淮对峙的拓跋魏，在吸收魏晋士族制度方面毫不逊色，自身的朴素主义特质被华夏文明主义因子悄然置换。恰如宫崎市定所论，汉化是必然的，但作为征服民族的胡人却可在同化漩涡中保持自己的尊严，即将自身打造为汉式的士族，主动跳脱华夷之辨的固有语境，在崭新的阀阅秩序中运用流品规则继续与汉人周旋，从而巧妙地化解种族隔阂，在民族融合的进程中变被动为主动。[4]因此，在关乎门第的婚媾方面，厉行门当户对的准则。人们通常认为，北魏士族制及与之配套的门第婚是孝文帝汉化改革的产物。其实不然，北魏入主中原伊始，胡汉一体的士族化步骤就已迈出，门第观念在前太和时代是实际发挥作用的，孝文帝厘定姓族只是既往政策的归纳总结和制度确认罢了。在贯彻门第婚方面，《魏书》卷五《文成帝纪》载，早在文成帝时即颁诏："今制皇族、师傅、王公侯伯及士民之家，不得与百工、伎巧、卑姓为婚，犯者加罪。"孝文帝的婚姻改革只是相关政策的规范运作和具体落实而已。

照比历史悠久、底蕴厚重的江南传统社会，积淀匮乏的北魏社会明显发育不良，突出表现在士族阶层对政权体制的高度依赖上，婚媾也因此打上官本位的深刻烙印，并与阀阅世资之间建立起制度性的稳固关联。限于篇幅，兹选取北朝墓志中姻戚门第清晰完备之典型事例，列表反映相互间的搭配关系。（表1）

表格信息的处理有如下要点：首先，志主及姻戚的世系，均由本人上溯三代至曾祖，这是因为士族门第的形成主要取决于晚近三代百年的积淀，追尊先祖无须太远，但也不宜过近。南朝沈约《奏弹王源疏》数落王源有辱家门，罗列其先世："曾祖雅，位登八命；祖少卿，内侍帷幄；父睿，升采储闱，亦居清显。"《魏书》卷一百八《礼志二》载，北魏江阳王元继表奏："高祖孝文皇帝著令铨衡，取曾祖之服，以为资荫，至今行之，相

表1　北朝士族婚媾与门第匹配关联

志主	三代履历	均数	门品	配偶家世	等级	页码
高道悦	曾祖三品尚书仆射，祖五品郡太守，父五品州治中	四品	二品	曾祖母辽东李氏，父三品太府卿；祖母昌黎孙氏，父三品廷尉卿；母辽西李氏，父五品给事中	二品	P160
寇演	曾祖、祖、父皆四品州刺史	四品	二品	祖母天水杨氏，父五品州别驾；祖母冯翊鱼氏，父一品太师；母京兆韦氏，父四品州刺史	二品	P163
元琛	曾祖、父皆一品王爵，祖二品征南大将军	一品	一品	曾祖母慕容氏，后燕王族；母盛洛郡君刘氏	一品	P165
辛祥	曾祖四品骁骑将军，祖五品郡太守，父五品州中正	五品	二品	曾祖母冯翊郭氏，父七品县令；祖母酒泉马氏，父五品郡太守；母武功苏氏，父五品男爵	二品	P176
李璧	曾祖三品吏部尚书，祖、父皆五品郡太守	四品	二品	曾祖母广平游氏，父五品郡太守；祖母北平阳氏，父四品御史中丞；母辽东公孙氏，父六品秘书著作郎	二品	P187
韩震	曾祖五品郡太守，祖七品绥远将军，父三品龙骧将军	五品	二品	曾祖母辽西孟氏，父五品郡太守；祖母东燕慕容氏，父七品县令；母东燕侯文氏，父三品内行给事	二品	P421

（此表出自王连龙：《南北朝墓志集成》，上海人民出版社，2021年）

传不绝。"俱以曾祖为上限。其次，衡量官爵资集以晋品令为标准。北魏太和年间虽出台前、后品员令，但针对的是现世官员的迁转，先人百十年前仕宦只能援引当时通行的晋品令，且门第计算不牵扯正从品、上下阶的细微差别，无疑适用晋令，而非精密细致的太和令。况且，南北朝评估官资，新、旧令也是并行不悖、相互参照的。故《通典》卷三七《职官十九》会在新的正从九品十八班体系后额外标注："而九品之制不废。"此九品之制即晋令九品。再次，志主累计三代官爵履历，四舍五入求取均数，再换算为对应的门第等级。兑换公式已如前述，均数一至三品者为门第一品的一流高门，均数四、五品者为门第二品的一般高门。配偶出自多门，普遍仅记父辈一代履历，折算各自的门第相当勉强，只得综合历代姻戚加以概观，方法和标准与志主相同。据此不难推导结论，北魏士族择偶讲究的门当户对，未必是官爵品秩的完全对等，而是在阀阅序列中层级位置的匹配。理论上讲，一品门第固定搭配一品门第，双方世资三品以上即可；二品门第固定搭配二品门第，双方世资四、五品皆可。

三、崔楷家族的婚媾与博陵崔氏的门第变动

诚如前述，北朝士族的婚媾与门第是紧密搭配的，因此两者之间可以互相参照，即通过门第审视婚姻，通过婚姻证实门第，这种方法能否奏效，姑且以崔楷墓志盖所载家族婚姻关系网进行验证。我们首先估测崔楷的世资阀阅，志盖铭文简记其世系："祖经，字道常。父辩，字神通。"因缺少仕宦履历，只得查阅正史家传。按《北史》

卷三二《崔辩传》，崔楷父辩官至五品郡太守，祖经追赠四品兖州刺史，曾祖琨官至五品郡太守。世资均数为五品，初步推断为门第二品之一般高门。辅以《魏书》卷五六《崔辩传》所载崔辩父子的释褐起家官，崔辩、崔景俊中书博士，崔模、崔楷奉朝请，俱固定与二品门第匹配的六品清官，佐证其士族一般高门的结论。我们知道，北魏时博陵崔氏世号"东崔"，照比清河崔氏"地寒望劣"，高阳王元雍纳其女为妃，颇多非议，可谓不虚。[5] 那么，崔楷墓志盖反映的家族婚媾等级是否与之严格照应，兹列表详述。（表2）

下表按行辈分列崔楷家族的婚媾关系，不难发现，其姻戚的官资背景俱可兑换二品以上的门第，符合士族集团内婚制的基本特征，其高门士族的身份是确凿无疑的。不过，若细究婚配双方具体的阀阅等级，对应关系却没有前述那般严整，原本作为二品之一般高门的博陵崔氏，却频繁与一品之一流高门联姻，难道流品规则于此有修正的必要？实则不然，我们知道，士族门第形成以后并非固定不动，而是伴随形势和机缘游移调整，地位的每次变化都会灵敏地反馈到婚姻层面。鉴于此，不妨将崔楷家族的婚姻关系视为足以反映其门第变迁的动态过程，从而解释其由"地寒望劣"到"五姓七家"的蜕变。应该强调的是，过往论著仅见陇西李氏、赵郡李氏、范阳卢氏的名头就断定其为一流高门，这是相当武断的。须知当时构成姓望的范围仅限五服宗亲，同祖的出服疏宗另立门户，依各自直系先辈的世资单独核算。

表2　崔楷家族婚媾情况

行辈	姓名	配偶	配偶世资	晋官品令	太和后令	门品
志主本人	崔楷	陇西李氏	司空	一品	一品	一品
志主之子	崔士元	范阳卢氏	幽州别驾	五品	五品	二品
志主之子	崔士谦	陇西李氏	吏部尚书	三品	三品	一品
志主孙女	崔市妃	赵郡李氏	齐州刺史	四品	四品	二品
志主之子	崔士约	陇西李氏	秦州刺史	四品	四品	二品
志主之子	崔士慎	赵郡李氏	彭城太守	五品	四品	二品
志主之女	崔究狩	河间邢氏	大司农卿	三品	三品	一品
志主之女	崔徽华	赵郡李氏	赵州长史	七品	五品	二品
志主之女	崔幼妃	赵郡李氏	司空	一品	一品	一品
志主之女	崔瑶□	代人元氏	吏部尚书	三品	三品	一品
志主之女	崔凤华	京兆韦氏	幽州刺史	四品	三品	二品
志主之女	崔英	赵郡李氏	光禄大夫	三品	三品	一品

（此表参考倪润安《河北曲阳北魏崔楷墓的年代及相关问题》，《中国国家博物馆馆刊》2013年第2期）

因此，同属一宗的不同房支可能分处不同的阀阅等级。表中赵郡、陇西李氏都有门第分化的情况，这是研究士族门第婚必须辨证的要点。

首先，崔楷迎娶一流高门的陇西李氏，即与自身门第不符。但虑及崔楷兄弟备受皇室器重，也就不足为奇了。《魏书》卷五六《崔楷传》载，崔楷兄景俊，蒙孝文帝赐名"逸"，"雅为高祖所知重，迁国子博士，每有公事，逸常被诏独进。博士特命，自逸始"。崔楷本人则是宣武帝党的骨干分子，攀附外戚高肇，秉承皇帝旨意防限宗室，"正始中，以王国官非其人，多被刑戮，惟楷与杨昱以数谏获免"。既是皇帝心腹，仰仗权势破格联姻符合情理，类似情况在统治集团内部屡见不鲜。

其次，崔楷诸子联姻的匹配度较为合理，配偶家世多为一般高门。唯崔士谦妻出自一流高门，估计与他本人仕至三品平东将军，达到一流高门的准入资格，同时担任行台左丞之要职有关。值得注意的是，崔楷诸子多流落关西，作为山东衣冠士族，在以作风剽悍的武川镇民为班底的关陇军政集团中甘拜下风，甚至难与关中著姓相提并论，身为外来户，处于边缘化的位置，短期内自然无法挣脱固有门第的桎梏实现升进，至于后来与关陇集团的深度整合还尚需时日。

再次，崔楷诸女的婚配普遍超越门第，与一流高门缔结稳固的婚姻社交圈。崔楷诸女与诸子流散东、西不同，她们全部嫁给东魏、北齐的权贵。崔幼妃地位尤尊，丈夫赵郡李希宗位极人臣，第二女祖娥乃齐文宣帝高洋的皇后，本人封博陵郡君，授"太姬"称号。她以外戚身份，凭借一己之力将博陵崔氏推向高峰，就此奠定一流高门的地位。倪润安先生发现，北齐时期改葬的崔楷墓，墓室面积多达6平方米，接近王爵的标准，规模仅次于帝王。[6] 另外，72厘米见方的墓志盖石也是异姓臣僚望尘莫及的最高档次。[7] 毋庸置疑，如此礼遇的获得应拜其女崔幼妃所赐。笔者联想，崔幼妃的姊妹纷纷嫁入一流高门，恐怕也离不开她的影响力。

总之，北朝崔楷家族的阀阅等第不是一成不变的，随着王朝更迭、因缘际会，明显呈现上行趋势。唐长孺先生揭示其中奥秘，门第的决定因素绝非祖先的荣冢枯骨，而是眼前的权势。[8] 博陵崔氏门第在东魏、北齐时期的升进生动诠释了这条规律，其由士族一般高门向一流高门的飞跃，集中浓缩在崔楷墓志盖记载的本人及子女婚姻关系上。只有洞悉北朝士族有别于江南士族之体制内寄生官僚的本质属性，把握中古门阀士族之流品秩序机理，借助门第婚配偶双方官爵世资之对等原则，才能敏锐捕捉门第变动的蛛丝马迹，崔楷墓志盖烦琐枯燥的婚配记录所要表达的就是这个道理。

---

[1] 田韶品. 曲阳北魏崔楷墓[J]. 文物春秋，2009（6）.

[2] 刘军. 北魏门阀士族制度窥管——以新见封之秉墓志为中心[J]. 社会科学，2018（9）.

[3][4] [日]宫崎市定. 九品官人法研究：科举前史[M]. 韩昇，刘建英译. 北京：生活·读书·新知三联书店，2020.

[5] 魏收. 魏书[M]. 北京：中华书局，1974.

[6] 倪润安. 河北曲阳北魏崔楷墓的年代及相关问题[J]. 中国国家博物馆馆刊，2013（2）.

[7] 赵超. 试谈北魏墓志的等级制度[J]. 中原文物，2002（1）.

[8] 唐长孺. 魏晋南北朝史论拾遗[M]. 北京：中华书局，2011.

大唐前左金吾卫录事参军牛丹故妻陇西李夫人墓志铭

杨华胜　王丽媛　张　寄
青州市博物馆

摘要：2018年4月从青州富贵养生苑工地征集的大唐前左金吾卫录事参军牛丹故妻陇西李夫人墓志铭，现藏于青州市博物馆。墓志中李夫人家族先人及丈夫所任官制均为唐代重要的禁卫军，墓志的出土进一步丰富了唐代军事建制研究资料，对研究青州地区的地方历史具有重要的史料价值，亦可补唐史之阙。

关键词：青州；李夫人墓志铭；唐史

一、墓志内容

该墓志为一合，2018年4月从青州富贵养生苑工地征集，现藏于青州市博物馆。志石为青石质，未著书丹者姓名。志盖方形，长宽俱49厘米，厚6厘米，四周线刻卷云纹，中间刻一盛开之莲花，上篆"李夫人铭"四字。（图1、图2）

志文正书，十七行，满行二十一字。文曰：

大唐前左金吾卫录事参军牛丹故妻陇西李夫人／墓志铭并序：

汝南周悌述

夫人李氏，其先陇西成纪人也，曾祖皇左骁卫、大将军／，曰操；祖皇右骁卫、翊府中郎将，曰护；父皇特进试太常／卿、赠兖州都督，曰太嵩。盛德之门，世禄之胄。夫人赋灵／阴德，资性柔嘉，若乃沉静，□顺聪慧，孝友，金声玉泽，蕣／荣兰茂，夫人有之。年廿七，□□所天，适左金吾卫录事／参军牛丹。遵从人之义也，凤皇之比翼于飞，琴瑟之克／谐。雅韵闻闻是穆莫馈斯恭□□□家是邦之。

媛以大／历八年五月十六日寝疾，辛于青州益都县敦义里之／私第，享年廿有八。呜呼！天道辅德，神道助慎，彼苍匪忧，／不享偕老，岂报应之理。神食其言，而修短之期事，归于／命，明征之，实蒙属惑焉。粤世三日，假葬于兹邑永固之／原，从权也。

图1　李夫人墓志盖　　　　　图2　李夫人墓志铭

铭云：/永固之原兮，突兀孤坟。万古千秋兮，霏霏垄云，彼幽魂/兮，无托望悁忽兮夫君。

译文：

李夫人的先祖是陇西成纪人。曾祖李操是皇家左骁卫大将军，祖父李护是皇家右骁卫翊府中郎将，父亲太嵩是皇家特进试太常卿，赠兖州都督。李家门第显赫，世享国禄。

夫人禀赋聪颖，善敛惠藏，本性温柔贤淑。至于恭顺聪慧、孝顺、友好、声音如金、光泽如玉，像木槿花一样光彩照人，有兰花一样的高洁品质，这些品质，夫人都具有。二十七岁，遵从嫁人之道，搬家去跟随左金吾卫录事参军牛丹。与丈夫像凤凰一样比翼齐飞，像琴瑟和谐地奏出了高雅的乐章。居家恭敬温和，祭祀事慎敬完备，谦和持家，的确是容貌品德极致的大家闺秀。

夫人于唐大历八年五月十六日染病，殁于青州府益都县敦义里家中，享年二十八岁。呜呼！天意辅佐有德之人，神明也帮助顺应天理之人。上天不讲信用，使其不能与丈夫白头到老，这难道是报应之理？神说话不算话！认为寿命长短属于天命，仔细考究，实在是骗人的。离世七日，葬于益都县的临时墓地——权宜之策也。

铭诗：永固之原啊，有你的孤坟独立。万古千秋啊，田野上空布满阴云。你无所依附的离魂啊，不要怨恨神明和夫君。

二、相关考证

墓志志文采用散文式书写方式。唐代以来，墓志铭的使用更加广泛，主要记录墓主人的生平事迹、性格品德、家庭子嗣、埋葬地点等信息，使用功能更加明显，一改魏晋时期的骈体文风，在行文方面也更加自由，以散代骈，更具可读性。

墓志的主人是牛丹之妻李氏，志文主要记述了其四方面的情况——家族、品行、婚配、埋葬。志文中未记其姓名，但是追述了李夫人的家族三代情况。李夫人品德良好，27岁嫁于牛丹，28岁即去世。根据志文中提到李夫人于大历八年（773年）去世，28岁，推得她应出生于天宝四年（745年）。志文中未记录其子嗣的情况，因此推测李氏去世时尚无后代。最后记载了她在青州去世并临时埋葬于青州的情况。

墓志虽未提及李夫人的名讳，却将其家族称之为"盛德之门，世录之胄"，从墓志中的家族谱系不难看出这一点。"夫人李氏，其先陇西成纪人也"，唐代以李姓为国姓，而《新唐书·高祖本纪》中载唐高祖李渊"陇西成纪人也"。[1]《新唐书·宗室世系》中更是详细追述了唐朝李氏的来源，源自秦朝时期李崇"字伯祐，陇西守，南郑公"，"为陇西房"，[2] 为陇西第一代李氏。李渊又追十六国时期西凉国国君李暠为其七世先祖，以彰显李氏的皇室血脉。而李夫人墓志中记录其"陇西成纪人"，也意在说明其为皇族后裔。

李夫人家族还是一个军事世家。其曾祖李操任左骁卫大将军，祖父李护任右骁卫翊府中郎将，这些都是唐代中央直属领导下的军事职务。虽然李夫人的父亲、祖父、曾祖父目前均未在唐书中查到，但是根据三代人的官职可见其家族一斑。

唐代时期，中国进入大发展阶段，经济、文化繁荣，政治、军事方面，在承袭隋制的基础上，建立了一套完备的等级制度。政治上实行"三省六部制"，军事上实行"卫府制"，设十六卫——左右卫、左右骁卫、左右武卫、左右威卫、左右领军卫、左右金吾卫、左右监门卫和左右千牛卫，"龙朔二年二月甲子，改百司及官名"[3]，基本将十六卫的名字确定下来，其长官直属皇帝管辖，是禁卫之军，专戍京师。每卫都设有上将军、大将军、将军、长史、录事、参军、中郎将等军事官员。李夫人曾祖李操任大将军，应为正三品。祖父李护任右骁卫翊府中郎将应为从四品。父亲李太嵩为文官，特进试太常卿为正二品。

李氏丈夫牛丹所任左金吾卫一职由来已久，根据《通典》记载："秦有中尉，掌徼循京师。汉武帝太初元年，更名执金吾。"金吾，即金乌，是中国古代传说中的神鸟，辟不详（祥），以"执金吾"作为官名，可见其重要性。"魏武秉政，复为中尉。晋初罢直。至后周置武环率、武候率，下大夫各二人。隋置左、右武候府，大将军一人，将军三人，掌车驾出入，先驱后殿，昼巡夜察，执捕奸非，烽候、道路、水草所宜。巡狩师田则掌其营禁。炀帝大业三年，改为左、右武候卫，所领军士名佽飞。唐初又为左、右武候府。龙朔二年，改为左、右金吾卫。"考清代黄本骥《历代职官表》，释云：左、右金吾卫为唐代十六卫之一，置上将军、大将军各一人，将军各二人，掌京城巡警，与其他各卫略有不同。金吾卫所属有左、右街使，分掌六街之巡警，每日按鼓声启闭坊市门。《旧唐书》中记载金吾卫主要有大将军各一员、将军各二员、长史、录事参军、仓兵骑胄四曹参军、司阶、中候、司戈、执戟、翊府中郎将、左右郎将、兵曹、校尉、旅帅、队正、副队正等职务。牛丹担任的正是左金吾卫录事参军一职。

牛丹之职既然主要负责京城地区的安全，那么缘何李夫人是在青州的家中去世的？牛丹应是曾任左金吾卫录事参军一职，墓志铭可说明这一问题：大唐前左金吾卫录事参军牛丹故妻陇西李夫人墓志铭。后来可能在青州担任其他职务，但在青州府志有关职官的文献中未查得牛丹之名，或可为研究青州唐代的职官提供新的资料。

唐初，沿袭隋代的地方行政建制，实行州、县两级制。隋朝设青州总管府，领齐郡、北海郡、高密郡、东莱郡。隋炀帝大业三年（607年）改州为郡，青州改为北海郡。唐高祖武德二年（619年），将北海郡改为青州；唐玄宗天宝元年（742年），复改青州为北海郡；唐肃宗至德元年（756年），又改北海郡为青州。青州下辖益都、北海、临朐、临淄、千乘、博昌、寿光7县。县内自秦以来，就实行乡里制，《通典》载："大唐令：'诸户以百户为里，五里为乡，四家为邻，五家为保。'"[4]根据《元和郡县志》载青州在开元年间户数为"户五万五千一百三十二"，合110个乡，550多个里。但目前所见记载几乎都只到县一级，未对县下辖的乡里进行记载。墓志中"媛以大／历八年五月十六日寝疾，卒于青州益都县敦义里之／私第"，敦义里为在青州出土唐代墓志中首次发现，这为研究青州唐代的地方行政制度提供了重要的资料。

青州市境内目前见于著录和收藏的唐代墓志有21方，《光绪益都县图志》《益都金石记》收录11方：大历十三年李国清墓志、贞元二十年高彦墓志、太和九年刘夫人辛氏墓志、咸通三年唐节度副将吴清墓志铭、咸通九年辛仲方墓志、乾符五年成君信墓志、乾符六年耿庸墓志、景福元年清河张夫人墓志、唐故居士天水赵琮墓志铭、郑传古墓志、唐蒲台尉过讷墓志铭，青州市博物馆藏11方，其中已见于著录1方。

唐宫诚墓志提到了广固之南里、刘夫人辛氏袝葬于青州益都县永固乡广固之里，均未提及准确的名称。郑少雅墓志提到了殷邓里，耿庸墓志提到了淄水里，加上李夫人墓志中提到的敦义里，唐代墓志中共出现了3个里的名字。墓志提供最真实、最原始的资料，这很好地补充了文献记载中乡里名称的缺失，有助于研究唐代青州的乡里分布。如淄水里应该分布于淄水流域附近，广固之里应位于十六国时期慕容德建立的南燕国都城广固城附近，虽然南燕国早已覆灭，广固城也被毁，但后人仍习惯以此记录方位。

三、墓志价值

初唐时期，社会安定，经济渐趋繁荣。太宗李世民酷好书法，遂重金收集天下善书者遗迹，藏于内府。同时效仿北周，置国子监六学，书学乃其中之一，又设置书学博士。官员铨选，身、言、书、判四才，楷书遒美为其先决条件。因此唐太宗此举大大促进了书法艺术的发展。初唐书家代表有欧阳询、虞世南、褚遂良、薛稷等。如果说隋代结束了南北朝时期的"随意改写，五体并行"的局面，那么唐代重要贡献是楷书真正的形成。

墓志作为书法的载体，是一个时代书法艺术的见证，直接反映了书法面貌。此墓志铭铭文除志盖"李夫人铭"为篆书，志文除"志、讬、望"三字为行书外，其余皆楷法，结字初看较平庸，细审之，似取法初唐大书法家虞世南，外柔内刚，笔致圆融冲和，行笔不温不火，亦有可取之处。

墓志中李夫人家族先人及丈夫所任官制均为唐代重要的禁卫军，墓志的出土进一步丰富了唐代军事建制研究资料。

汝南周悌生平及与李氏之夫牛丹之交游待考。但此墓志的出土，仍对研究青州地区的地方历史具有重要的史料价值，亦可补唐史之阙。

---

[1][2] 欧阳修，宋祁. 新唐书[M]. 北京：中华书局，1975.

[3] 刘昫. 旧唐书[M]. 北京：中华书局，1975.

[4] 杜佑. 通典[M]. 北京：中华书局，1988.

论娘惹瓷器的兴衰

白曲紫坤
郑州大学考古学系

摘要：娘惹瓷器是19世纪60年代至20世纪30年代在景德镇生产并外销至海峡殖民地的粉彩瓷。通过分析娘惹瓷器的演变历程及特点，探寻娘惹瓷器的兴衰与土生华人族群的关系。首先，阐述"峇峇娘惹"概念的界定及族群缘起；其次，梳理娘惹瓷器的发展历程，总结娘惹瓷器的特点，从颜色、图案器型等角度详细分析；最后，结合近代土生华人族群的产生与发展，讨论娘惹瓷器兴起与衰落的原因。

关键词：娘惹瓷器；峇峇；娘惹；土生华人

"峇峇娘惹"（Baba Nyonya，亦做 Nonya）是15世纪以后移民并定居在马六甲、新加坡等地的华人后裔。他们是华人与当地土著的后代，男性称为"峇峇"，女性称为"娘惹"。"峇峇娘惹"又被称为"土生华人"（Peranakan）或"海峡华人"（Straits Chinese）。娘惹瓷器（Nonya ware，亦称 Peranakan porcelain）是一种粉彩瓷器，产于江西景德镇，在19世纪60年代至20世纪30年代由海峡殖民地土生华人订制并广泛使用。订购瓷器的买家通常是娘惹，因此称之为"娘惹瓷器"。近年来，学术界展开了对娘惹瓷器的讨论，研究视角集中于娘惹瓷器器型装饰[1]、文化内涵和特征的分析[2]；关于土生华人的研究，集中于族群关系研究[3]、族群历史研究[4]、身份认同研究[5]；以及从博物馆展览视角讨论国家认同与族群认同[6]等。较少通过近代土生华人族群的发展历程讨论娘惹瓷器的演变，因此，需要在总结娘惹瓷器演变历程及特点的基础上，从近代土生华人族群意识及族群关系入手，剖析娘惹瓷器兴衰的原因。

一、"峇峇娘惹"族群的源起

1405—1433年，郑和七下西洋，其中五次驻节满剌加（马六甲），郑和随员费信在《星槎胜览》中记载，"（满剌加国）男女椎髻，皮肤黑漆，间有白者，唐人种也"，"（永乐七年）建碑封域，为满剌加国"。[7]证明在此之前，马六甲地区就已有华人的身影。由于马六甲地区独特的地理区位以及盛行季风的影响，许多商人在此长期定居进行贸易往来。许多历史学家认为，中国商人与当地女性的婚姻促使了马六甲最早的峇峇娘惹社区的建立。[8]

随着1824年《英荷条约》的签订，马六甲、槟城、新加坡三大地区华人数量迅速增加。1817年，马六甲的华人人口只有1006人，1826年增长至4125人，1860年达到13456人。槟城在1786年之前未见华人移民，19世纪30年代初期，当地华人占据总人口的22.5%；1858年，就占据了总人口的41.4%。新加坡华人人口增长最为显著，1836年新加坡华人人口为13749人，1849年就增长至27988人，1860年华人人口就达50043人。[9]由此可见，在19世纪中叶，华人就已经在海峡殖民地建立起庞大稳定的社会族群了。这一时期，华人与土著民通婚的现象日渐普遍，在多元文化不断交流融合的背景下，形成了一支独特的海外华人文化，也造就了峇峇娘惹族群独有的娘惹瓷器。

二、娘惹瓷器的演变与特点

道光时期（1821—1850年），就已经有大量精美的中国瓷器出口海峡殖民地。娘惹瓷器始于同治时期（1862—1874年），在20世纪30年代逐渐停止生产。它在器型、颜色、用途等方面都与中国内销瓷有着极大的差异，但同时保留了诸多中国文化元素，是一种独特的东南亚外销瓷。

（一）娘惹瓷器的演变

娘惹瓷器前后风格变化不大，但就工艺水平而言，可将其分为早期和晚期两个阶段。早期始于同治年间（1862—1874年），在光绪（1875—1909年）中后期发展迅速并达到了巅峰。中华民国成立以后，娘惹瓷器进入晚期阶段开始衰落，直至20世纪20年代末30年代初，娘惹瓷器逐渐停产。由于娘惹瓷器的进出口史料较为匮乏，也未见景德镇、广州等地出土相关器物或残片，娘惹瓷器开始与结束的具体年代无法准确断定。

早期瓷器整体质量较高，胎体较薄，用釉精细，粉润柔和，器型精致，特别是同治时期的绿釉，鲜艳明亮，有着玻璃般的半透明性和流动性，图案与装饰灵动，富有生命力。从现存数量来看，早期瓷器的数量较多，尤以光绪年间生产出口的数量最多，在带有款识的瓷器中，也以光绪时期的款识为主。

晚期瓷器质量变化很大，工艺水平明显下降，做工粗糙生硬，釉质大不如前。釉面不够平整，甚至还会出现麻釉，出现胎壁过厚、不透明的现象，呈现类似油漆的质感。图案与装饰变得陈旧机械，只是对以往产品的简单复制，失去了早期瓷器特有的优雅和流动。20世纪20年代至30年代，品质低劣的娘惹瓷器广泛存在，可见此时娘惹瓷器的工艺水平出现大范围大幅度的下降。

（二）娘惹瓷器的特点

娘惹瓷器最显著的特点是主要用于盛大节日、庆典、宴请等场合，"……自道光至光绪间，景德镇烧造之客货细瓷，遗留在华侨故家者极富，尤以同光二代之五彩瓷占多数，因过去华侨富有之家，多备各种细瓷，置于家中，为逢任何庆典请宴时，用为馈器，以表豪华……"[10] 其中，婚礼是峇峇娘惹族群最为重要及盛大的节日。土生华人的婚礼仪式十分复杂，通常会持续12天。土生华人会订制豪华家具以及大量的娘惹瓷器，尽可能奢华地布置婚礼、装饰新房。富有的土生华人通过婚礼彰显财富。娘惹瓷器在传统土生华人婚礼中起着非常特殊及重要的作用，人们通过娘惹瓷器的数量与质量来评判家族的地位与实力。其中，茶具、kamcheng 与 chupu 是娘惹婚礼中最重要的、最具有特殊功能的瓷器。它们内外均施釉，装饰大多象征着婚姻美满或长寿吉祥，通常用来盛放水或食物。除此之外，还有婚礼盆、肥皂盒、小碗等盥洗用具，用来盛放娘惹的发油、化妆粉以及香炉、成对的花瓶、烛台、大型金鱼缸、分层的食品容器、香水盒、蜜饯托盘等较为少见的娘惹瓷器。

娘惹瓷器还体现了中国文化与马来文化的交融。从颜色上看，与当时中国的内销瓷相比，娘惹瓷器最大的特点就是颜色鲜艳、图案华丽。娘惹瓷器所使用的釉彩几乎都是明亮、温暖的颜色，显示出了浓重的马来西亚风格。其中最常见的色彩组合是绿色与红色，瓷器表面或边缘的绿地上通常会用各种各样的粉色或淡紫色进行装饰。

从图案上看，"凤凰牡丹"是娘惹瓷器最常见

图1 茶壶[11]

的图案，是极具中国特色的文化要素。凤凰象征幸福、吉祥，同样也象征忠贞的爱情，牡丹则象征财富、繁荣、温暖与女性美。凤凰和牡丹是清代陶瓷的典型装饰，这些图案反映着娘惹们对爱情及婚姻生活的憧憬。凤凰牡丹的频繁使用体现出土生华人对中国的向往和对华人身份的认同，寄托着他们的思乡祭祖情怀，包含着购买者的文化移情。

从器型上看，除了中国传统瓷器常见的盘、碗、碟等，还有一些造型独特、体现浓厚马来西亚风格的用具。

茶具。茶壶大小、形状种类多样，较为常见的有圆柱形茶壶、斛形茶壶和梨形茶壶，还有扁球形的小茶壶。茶壶通常都有配套的托盘和茶杯。敬茶是土生华人婚礼中最为重要的仪式，它标志着家庭通过婚姻接受了新成员。茶通常是用红枣和桂圆制成的，新婚夫妇通过向父母和长辈敬茶以获得祝福，长辈通过杯子、茶碟和汤匙等茶具饮茶。

Kamcheng，闽南语中指"有盖的罐子"。盖

罐是娘惹瓷器中最为常见也最有代表性的器物。通体施釉，大部分有开光作为装饰。罐身通常有四个兽形器系，两两对称，方便穿铜环使用，盖子上用狮子或其他兽类作为把手。盖罐多用来盛水，或盛装藏红花饭、酱菜等土生华人的特色食物。在土生华人婚礼期间，盖罐会装满各种各样的特色美食和蜜饯，放到新娘新郎的婚房中，这也是它最重要的礼仪功能。

Chupu，又称 Himcheng，和合器。由盖和罐组成，通体施釉，器壁较薄，没有系。和合器的盖是它最鲜明的特色，盖顶的把手形似倒置的小酒杯，将盖拿起倒置可当作一个高足碗使用。和合器通常用来盛装寓意幸福的精美佳肴，如燕窝汤、甜汤圆、椰浆饭等，象征着婚姻幸福圆满。

可以看出，娘惹瓷器主要用于节日场合，尤其是婚礼。在婚礼上，娘惹瓷器需要在外摆放，以示宾客。大量的娘惹瓷器可以显示家庭财富与排场，因此娘惹瓷器也被视为家族地位与财富的象征。娘惹瓷器反映的多元文化特征也体现出土生华人族群复杂的文化内涵。

三、娘惹瓷器的兴衰与土生华人族群

娘惹瓷器虽然只有不足百年的历史，但是反映了19世纪中叶至20世纪上半叶海峡殖民地土生华人的政治、文化面貌。这一时期土生华人族群的政治、经济地位极大地影响着娘惹瓷器的演变发展。

（一）产生与发展：土生华人族群意识的形成

19世纪上半叶，许多土生华人凭借着辛勤的努力、坚韧的毅力以及敏锐的商业嗅觉积累了大量的财富，他们在锡矿开采、橡胶种植等贸易、农业领域获得显著成就，并发挥了巨大的公众影响力。随着海峡殖民地的建立、殖民文化的渗入，土生华人的生活发生了改变。土生华人意识到他们需要和殖民者保持良好的关系，以维持并发展他们现有的财富与地位。同时他们还意识到需要掌握殖民者的语言，这样有利于在殖民机构中谋职。正因如此，峇峇们才可以充当殖民地官僚机构和当地居民之间商业往来的中间人。这使得峇峇们融入了海峡殖民地的政治生活中，峇峇们也因此获得了一定的政治地位，一些人还成了重要公众人物，建立了有影响力的商会、行会等。物质财富的积累与社会地位的提高，都为土生华人订制娘惹瓷器提供了政治经济基础。

19世纪中叶以来，大批福建、广东人为了谋生"下南洋"来到海峡殖民地。土生华人以贬义的sinkeh即"新客"一词去形容这一时期的华人新移民。峇峇娘惹们希望将自己划分为已经在此

图2　盖罐[12]　　　　图3　和合器[13]

居住了好几代，适应了当地文化，获得了足够财富以及较高社会地位的群体，和普遍从事社会底层职业、做苦工做劳力的新客相区分。而高价值、高工艺的技术与炫丽华贵的娘惹瓷器就是土生华人群体凸显自身独特性及其社会影响力的一种方式。[14] 因为新移民大多因家境贫寒而背井离乡，昂贵的娘惹瓷器是他们无法负担的开销。可以说，华人新移民的出现促使了土生华人族群意识的产生与土生华人族群的形成，娘惹瓷器成为土生华人在公众场合展示自己的财力与社会地位、和华人新移民区分开来的一种手段。

尽管土生华人"在语言和物质文化方面马来亚化，在政治效忠方面欧洲化"[15]，但他们仍然在坚守中国古代传统。大多数土生华人家庭会严格遵守婚礼、寿辰、葬礼的习俗，同时也庆祝中国传统节日。在土生华人家中都可以找到祭拜祖先的地方，桌上供奉着祖先的牌位。尽管土生华人日常习惯穿当地的衣服来适应炎热潮湿的气候，但在婚礼上，他们仍然坚持新婚夫妇穿着从中国特别订购的清式服装。在这种文化认同情怀下，娘惹瓷器的凤凰牡丹、花卉、鸟类、昆虫等具有鲜明中国特色的图案与装饰，满足了土生华人对遥远大陆的文化想象。

19世纪中叶，一部分土生华人积累了大量的物质财富，取得了较高的社会地位，这也使得他们产生了炫耀心理，他们需要可以彰显身份、展示财富，并与华人新移民相区分的标志性物品。随着土生华人族群意识的产生以及土生华人族群的形成，娘惹瓷器应运而生，肩负起了土生华人社交和礼仪生活中对外展示的重要使命，这也使得娘惹瓷器为海峡殖民地土生华人所独有。

（二）衰落与停滞：与其他华人移民群体的互动

晚清民国以后，娘惹瓷器开始衰落，至20世纪20年代末30年代初，娘惹瓷器逐渐停产。第一次世界大战加剧了世界经济的崩溃，生产力遭到了严重破坏。第二次世界大战期间，日军占领了马来半岛，战乱使许多家族企业破产，一些土生华人被迫出售财产以求生存，土生华人的财富遭到削弱。同时，华人新移民也冲击着土生华人的社会地位。在新移民中出现了一群雄心勃勃的企业家，他们开拓进取，具有竞争精神，不满足于从事社会底层职业并积极寻求改变。于是，第一批华人新移民凭借着自己的努力，逐渐掌控了海峡殖民地南部海域的广阔商业网。而传统土生华人家庭出身的峇峇不愿意从事体力劳动或其他劳苦工作，这也使得土生华人社会活动参与度有所限制，社会影响力也随之下降，土生华人的身份和利益逐渐边缘化。随着20世纪50年代全球大宗商品价格的暴跌，土生华人的物质财富和社会地位遭到极大削弱，娘惹瓷器也就失去了销售的土壤。

土生华人族群身份的建构是19世纪中叶以后与华人新移民对立的产物，是主观划分的"我者"与"他者"。随着英国殖民统治的结束，马来西亚与新加坡相继走上独立建国之路，原有的政治格局被打破，土生华人与其他华人移民都被视为"华人"看待。马来西亚华人为了能够在以马来人为主的政治议程中争取自身的权益，在华人群体之间寻求联合，组建了马来西亚华人公会(Malaysian Chinese Association)。1955年，马来人、华人和印度人三大族群领袖建立联盟。[16] 这表明了不论是土生华人，抑或是华人新移民群体，又或是其他华人地缘关系群体，都在由独立的状态向着更加宽泛的马来西亚华人族群方向迈进。1965年，新加坡成立共和国，划分华族、马来族、印度族以及其他种族为四个主要民族，土生华人不再是单独的政治体，它与其他华人移民群体平等地作为同一个"华族"内部的不同群体而存在。在这个过程中，土生华人族群融入宽泛的华人族群，殖民统治时期的政治特权、社会地位都不复存在，土生华人文化也随之没落，娘惹瓷器也就成为一种历史的、凝固的艺术，以一种温和怀旧的文化遗产的形式保留了下来。

20世纪初，"（土生华人）子孙多读洋文而洋化。此时东西洋瓷亦充斥市上，其祖父所遗之中国细瓷，不合时髦，多贱卖与收买弃物负贩者……"[17]娘惹瓷器成为一种"过时"的物品，不再被年轻一代土生华人接纳。20世纪上半叶，随着土生华人经济实力的下降，家庭财富的削弱，政治地位的改变，土生华人族群与其他华人移民族群的隔阂逐渐被消减，最终被同化为共同体而存在。加之当时战乱不断，尤其是中国抗日战争爆发后，景德镇窑炉和瓷器遭到了巨大破坏，许多陶工也过着颠沛流离的生活，瓷器质量明显下降，作为家庭财富与社会地位象征的娘惹瓷器也就逐渐停止了订购与生产。

综上所述，峇峇娘惹文化是中国文化在南洋与其他多民族文化相融合而形成的一种文化，它的发展深受土生华人历史的政治地位与经济实力的影响。新加坡建有东南亚最著名的土生华人博物馆，展览介绍了新加坡土生华人的起源、公共生活、艺术、手工艺制品、宗教、饮食文化等。展览选择了土生华人身上"传统""民族"的特质，突出了娘惹及其家庭，塑造了温和、怀旧、传统的娘惹形象，因为这是不敏感又有情怀和商业价值的"过去"；淡化了峇峇背后的政治文化建构，因为峇峇形象代表了土生华人一直以来在各种势力之间争取话语的政治诉求。但这也许是新加坡政府希望展现的国家形象：一个多元文化融合、多民族和谐共处的文明共同体。

---

[1] 熊寰. 娘惹瓷[J]. 中国陶瓷工业，2006（2）.

[2] 张茵夏，陆芳芳. 从娘惹瓷看马来西亚华人文化转型[J]. 佛山陶瓷，2022（7）.

[3][16] 林绮纯. 马来西亚族群政治的历史剖析[J]. 世界民族，2022（6）.

[4] 张程程. 马来西亚"峇峇娘惹"族群之兴衰——一个华人族群兴衰的启示[D]. 大连：东北财经大学，2011.

[5] 赖康豪. 新加坡峇峇的华人身份认同的研究[D]. 泉州：华侨大学，2016.

[6][14] 关昕. 移民、族群与国家：新加坡华人主题博物馆的建构与想象[J]. 民族艺术，2019（2）.

[7] 冯承钧. 星槎胜览校注[M]. 上海：商务印书馆，1938.

[8][12][13] Kee Ming Yuet. *Peranakan Chinese Porcelain* [M]. Hong Kong: Tuttle Publishing, 2009.

[9][11][15] The Southeast Asian Ceramic Society West Malaysia Chapter. *Nonya ware and Kitchen Ch'ing* [M]. London: Oxford University Press Pte Ltd, 1981.

[10][17] 韩槐准. 南洋遗留的中国古外销瓷[M]. 新加坡：青年书局，1960.

口碑并寿：康百万庄园石刻研究

康定宾
巩义市文化广电旅游体育局

摘要：在官私文书缺乏记载的背景下，康百万庄园现存石刻成为探究其家族史事、深挖豫商文化的关键史料，且较之文史资料、口述史料、民间故事等更具史源学价值。通过碑刻的整理和解读，原有讹误得以订正，新说得以确立，诸多家族本事和大族人际网络等由此彰显，新时期康百万庄园碑刻功能发挥的路径亦得明确。

关键词：康百万庄园；石刻；家族；景观；功能

康百万庄园是全国重点文物保护单位，享誉国内的旅游景区。庄园原主人康百万家族的财富故事更是广为流传，被视为豫商典范。然而，目前流行的康百万家族兴衰史掺杂着不少后人口述、民间传说的成分，涉及其定居、分家、发家、渐衰、中兴、败落等多个历史时期。若以此种叙述为基本参照，比勘《康百万庄园兴盛四百年的奥秘》《康百万家族与庄园》《史话巩义》等书籍记载，史事重建和细节再现皆类蹈空。转变思路，充分利用康百万庄园现存的石刻文献，进行多角度多层次的释读，正是拨开历史迷雾、再现康家家族史事的有效路径。

一、碑垂永久：康家石刻概况及重要价值

康百万庄园现存石刻主要分布在门前广场区、上院主宅区、下院广场区和康氏宗祠区，分为碑刻、诗文石屏两类，其中包括德泽碑、遗思碑、神道碑、墓碑等碑刻数十通，纪事性诗文石屏十六块，碑楼三座。其价值主要体现在以下三个方面：

（一）景观价值。从展陈保护的角度看，这些形制多样、分布集中的石刻已经构成庄园整体建筑的重要部分，承负着景观组合、文化宣扬的功能，是现今庄园常规游览路线上的亮点。

（二）艺术价值。纪事性诗文石屏包含草书、隶书、篆书、行书等多种书法，书者有清代高官刘毓楠、书画家薛成荣、画家王承枫等，书法珍品众多。康霖三碑楼设计精妙，雕刻绝美，形制与内容绝佳，实为中原地区罕见。

（三）历史价值。从康氏始祖碑（1781年撰刻）

到康建勋德荫广被碑（1939年撰刻），近160年间的康家人物、史事、地方大族与乡里关系、河洛地区人际网络与家族离合等内容均可由此一窥。

在康家历史人物私人文书缺乏、志书史传等官方记载极少的情况下，康家石刻在研究康氏家族这一豫商代表及其发展环境方面显得至为重要。以康百万家族代表人物康应魁卒年问题为例，《史话巩义》载："康应魁，字斗方，乳名老木，生于清乾隆三十八年（1773年），卒于清咸丰三年（1853年）。"又载"咸丰三年，78岁的康应魁无疾而终"。[1]《康百万家族与庄园》载："最大一次救济灾民是在鸦片战争后的两年（1845年、1846年）……这一年应魁已是75岁高龄。"又载："康应魁经历乾隆、嘉庆、道光三朝，到78岁时无病而终。咸丰三年，他的嗣子道顺、道平将他埋葬在牛圈新阡。"[2]康应魁长子康道顺同门、曾为康家塾师的赵凤鸣所撰《康应魁墓表》载："公生于乾隆三十八年九月初一日，卒于道光三十年十月初四，享寿七十有八。咸丰壬子春，公嗣君子龙，将葬公于邙岭新阡，而属表于余。"比对可知，关于康应魁卒年，前两说或明显有误，或表述不清，且远不如墓表所载翔实具体。

有论者指出，康百万庄园现存木制匾额众多。然而从康家现存木制匾额整体情况看，其研究价值仍无法和石刻文献相比。在系统阅读康家碑刻过程中，发现木制匾额内容、匾额题序与相关石刻具有高度重合性。询之当年主理康百万庄园布展工作的文物专家，原来现存木制匾额几乎全为后来重制，其依据为当年叶岭村一位老人的笔记和康家碑刻。因此，从文物、史源、史料角度看，康百万庄园现存石刻应至少和后人口述并列，成为探究康百万家族史事的主要史源，其在订正补充康家史事旧说、拓展豫商研究范围、丰富河洛地区历史认知等方面的作用尤其突出。

二、碑以载事：现存石刻所见康家家族史事

据乾隆四十六年（1781年）巩义籍候选知县张其章撰《康氏始祖朴吾公墓碣》载，康家始祖于明朝永乐年间，奉母赵氏自山西省洪洞县迁巩，此后开枝散叶，数代以后康家子孙有成就者众多。结合《康应魁墓表》、康无逸孝廉方正德泽碑、康鸿猷德泽碑，我们基本可以还原康百万家族世系。

然而，现存石刻的制作时间主要集中在清朝中期以后，导致纪事内容上呈现出明显的"详近略远"特征。细致梳理后，十四世康应魁至十八世康庭兰的个人主要事迹和家族乡里关系等史事逐渐清晰，现分述如下：

（一）资助教育。康家发家以后，极其重视教育，秉持"传家有道还是读书"传统治家观念。植根于此，康家曾多次资助乡里教育。道光年间，十四世康应魁独自捐资，修整孔庙，"输金万余重修黉序"（《康应魁墓表》）。十六世康无逸立志设立义塾，在其子康建德处实现。"念先君子欲设立义塾，以广教育，而有志未逮，乃仰承先志，施地数十亩，为立学延师之费，即今之育英学校借款也。"（康建德德泽碑）

（二）赈济灾民。1846至1847年适逢灾荒，"里中不给者五百余家"，十四世康应魁"著亲族按实造册，计口授粮，经冬历春几半载，赖以生

活者甚众"（康应魁赒饥碑）。十六世康无逸"于戊寅豫省奇荒，输银三千两救人疾苦"。1913年，巩义发生旱灾，十七世康建德首倡义举，出粮赈济乡民，引发本地富户联动响应。山东发生灾荒时，他捐出巨资（康建德德泽碑）。1929年，十八世康庭煜出资赈灾，并负责移送灾民至东北（康子昭神道碑）。

（三）护卫乡里。咸丰年间，捻军过洛，十五世康道平组织乡中数百人保护村庄，自置军器、粮饷。鉴于捻军往来无常，他和乡中耆老议定建寨自卫，购地数十亩，组织人员，配备武器，力保一方平安（康道平德泽碑）。1877年，巩义发生灾荒，盗匪蜂起，康庭兰搜集家族资产，供应地方政府运转、供给官方武装后勤，得以顺利渡过危局（康庭兰输财靖难碑）。光绪末年，地方匪起，十七世康建璧"即召集乡团，首倡义举，纪律整肃，闾阎赖以相安"（《康建璧墓表》）。1925年夏，十八世康庭煜四处联络同志，筹办孝义兵差局黑石关交际处，招待往来军民，保护乡里（康子昭神道碑）。

（四）敬贤重古。1788年，康新民将早已没入土中的宋代昭孝禅院碑掘出，重新竖于高地，供人瞻仰。十七世康建璧因知唐代诗人杜甫葬在邙岭，"恐年久淹没"，于是"竖碑于道左，以彰先贤"。其人崇敬杜甫，改所住窑洞额为"仿成都草堂"，以表效仿杜甫情操之意。村中观音堂年久失修，香火渐废，他赠地数十亩，维持寺观正常运转（《康建璧墓表》）。

（五）悬壶故里。十七世康建勋以济世活人为怀，长年钻研医书，志在博采众家之长，终在小儿一科获得心得。"遐迩来就医者，不计亲属，不计早暮，必为尽心诊治。"其义行为乡人敬重，得到世人认可。时任河南省民政厅厅长张钫称他"情深施济"，乡人赠送"爱人以德"匾额（康建勋德荫广被碑）。康汉章"善治痘疹，值天行痘时，延之即往，不俟再招，按日眕视，无亲疏贫富必周"。出诊时自备干粮，不轻易在患者家中饮食。遇到家贫患者，便免诊金、赠汤药（康汉章世泽碑）。

（六）捐资治河。"值祥符、中牟两次河工"，十四世康应魁"乐输己财，亦无吝色"。（《康应魁墓表》）《康百万家族与庄园》记载此事道："道光二十一年六月，祥符、陈留、通许等五府二十三州县受灾。道光二十三年六月，发生特大洪水，多地受灾。当时道光下令堵口，堵口经费严重不足，但圣旨不能违犯。东河总督朱襄堵口不力被撤职查办，九月十六日离任……新任总督慧成赴任，堵口任务正处在紧张阶段，几万军民每日生活费用浩大，慧成会同河南各府县乡绅协商。应魁当时已是古稀之年，派道平赴会。东河总督又派专员到康店去看康应魁，应魁了解堵口正处在关键阶段，立即写信告诉道平捐银数万两，加快了堵口工作，使慧成非常感动，写信感谢。"此说至少有三处错误。其一，据《再续行水金鉴》载，朱襄是从江苏淮扬道任上接替因疏防漫口受惩的前东河总督文冲的，时在道光二十一年八月九日，即1841年9月23日，而1841年8月祥符决口时东河总督仍为文冲。其二，道光二十二年九月，即1842年10月，清廷令慧成署东河总督，则1843年中牟决口时东河总督已不是朱襄，而是慧成。其三，"东河总督朱襄堵口不力被撤职查办"一说有误。按《黄河大事记》载，"朱襄卒，九月十六日以兵部左侍郎慧成署河东河道总督，至十一月七日实授河督之任"。[3]

值得注意的是，康家石刻内容时常流露出朴素的因果观、身教与言教并重等认知倾向。十四世康应魁赈济灾民后，"当事者，据实以报，奉旨加公直隶州分州衔，议叙其长嗣廪膳生子龙，补遂平县教谕，后议晋山东试用知县。次嗣道平，都阃府职。三道兴，入武库。郡太守萧公，亲赐匾额，曰'义赒仁里'"。父子四人均受官方认可，康氏家族亦有荣光，所谓"报施之厚如此，诚当之而无愧矣"。（《康应魁墓表》）十六世康无逸欲设立义塾，未成而身死，其后代十七世康建德继承先辈遗志，"幸其嗣君鸿猷、鸿宾……岁辛卯入地于家庙五十亩，以为义塾请师费用之资……轮流经理，以慰乃父之心"。父子两代，终成其事，所谓"修德必获报"。（康无逸孝廉方正碑）康建德去世后，撰其碑文者注意到先辈后辈间的传承关系，在叙说康建德义举前，先追溯康应魁、康道顺、康无逸等前辈善行，继而感慨"识者观其种种义举，益叹其世德之渊源有自"（康建德德泽碑）。

三、碑以传名：石刻景观的制作及其现实意义

作为追思先人、勒石纪功的德泽碑、墓表等石刻撰述有其相对固定的套路，且往往存在强调传主生前品德与功业、为尊者讳的情感偏向。具体反映在康家石刻，就是撰述方面呈现出鲜明的"内少外多"特征，即展现康家家族内部事务少、叙述康家人物居乡义举多。但无论叙述多寡，石刻景观制作本身就是一件"综合内外"的事务，需要康家人主观有意、请人撰文与书丹、聘人雕刻与建筑、供人瞻仰与凭吊等环节。

当然，康家人物的义举有其受到传统儒家教育、河洛文化影响的成分，但不必就此将他们的行为完全理想化。以记叙十五世康道平保护乡里的十六块石屏诗刻为中心，探究官方—乡绅—民众三方紧密配合、频繁互动的过程，康百万家族人物多行义举、勒石纪念的多重现实意义亦将显露无遗。

1861年捻军战至洛阳，引发乡里恐慌，康道平组织练勇、修建金谷寨，终保地方平安。此事在康道平德泽碑中叙述较详，兹引如下：

> 咸丰辛酉秋八月，捻匪东来抵城皋，各村并力防御。公鸠村中练勇数百人，自备军器、粮饷往焉。不意贼由三家店入，进逼黑石渡，是时洛偃诸团，俱营于洛之西，凡一切糗粮刍茭，公悉为经纪。数日贼遁去，时贼往来无常，公与里中父老议结寨自保，爰是相度形势，得村南金谷之中峰。亲自备价，置地数十亩，同众修理，不数月而竣。凡寨中所需军器、火药，周弗置造完备，统计前后所费七千余缗。明年秋，贼复自龙门入，蔓延王境，寨中数百户恃寨堵无恙。[4]

1861年捻军战火将至之时，地方大族和一般民众均面临生命财产威胁，康道平保护乡里其实就是保全康家。1868年捻军起义彻底失败后，金谷寨于当年农历十月为康道平竖碑彰功。考虑撰文、书丹、雕刻等环节费用时，则起意立碑的时间只能更早。此后，康道平建寨卫乡成为康家石刻景观制作的重点，其成果具体表现为十六块石屏诗刻。（表1）

从题序和落款看，16篇诗文的创作集中在同治九年（1870年）、同治十年。从籍贯看，19位创作者以河南人居多，但不乏河北、贵州、湖北等外省人士。表明在捻军覆灭后，康家开始了建寨卫乡纪念石刻文本的征集工作。其征集对象，主要是在巩义及其周边地区有过宦历的清政府官员。诗文征集过程构成建寨卫乡本事宣扬传播重要一环。因此，除本身熟识者赐墨外，更需广泛交际，获取更佳传扬效果。刘毓楠自谓："庚午昜月朔，闻坦园二兄大人懿行，诗以美之"。孙钦昂写道："康坦园先生，巩人，友人述其义行，诗以纪之。"高泽称说："同治庚午仲春，友人自洛中

表1 石屏诗刻基本信息表 [5]

编号	撰者	籍贯	身份	年代	诗序及落款
1	刘毓楠	祥符	咸丰二年进士，礼部主事迁郎中，后迁江南道御史	同治九年	庚午昜月朔，闻坦园二兄大人懿行，诗以美之
2	孙钦昂	荥阳	咸丰丙辰年进士		康坦园先生，巩人，友人述其义行，诗以纪之
3	仓景恬	中牟	道光十五年进士		咸丰辛酉壬戌间，捻匪迭次窜扰巩洛，势甚鸱张，人心恐惧。坦园二兄捐资筑寨于金谷之中峰，居民得以安堵，诗以纪之
4	德 林	燕山	曾为河南知府	同治十年	岁庚申，余守是邦，勘地至巩邑，建老犍坡。请命方伯，即以巩名。山南尚有蹊径三处，未及设防，匆匆卸篆。康坦园义士于明年独任筑寨御贼，事后乡人感其义，寿诸珉，余故欣志云耳
5	许 静	汝州	曾为开封府训导		坦园先生筑圩卫乡里，作诗纪事
6	路 璜 王承枫	毕节磁县	道光乙巳年进士，历官卫辉、商城、洛阳等县知县 曾官内黄知县		坦园二兄懿行
7	高钊中	项城			咸丰辛酉，亳匪西窜巩洛，坦园先生筑堡御患，乡间德之，因歌以纪其事，即希鉴正
8	汪日旸				坦园二兄义行昭著，歌以颂之
9	傅寿彤	贵筑	曾任南阳知府、河南按察使	同治九年	康君坦园，平生好义。尝纠集多人，御贼于虎牢。并为寨蔽乡里，里中人德之，属为诗于石，以志不朽
10	薛成荣	邗江	道光间迁至开封	同治十年	同治辛未年阳月，奉扬坦园二兄大人盛德，即希两正
11	蒋继庆	睢州	咸丰九年举人，选户部主事，后供职户部，归主太康书院		俚言恭颂坦园先生义行，即请郢政
12	李嘉乐 周思濂	光州 仪封	同治进士，官历丰富 官礼部主事	同治九年	庚午仲春，余北上过汴，友人为述坦园二兄大人之义行，诗以歌其事，即请斧正
13	高 泽	大梁		同治九年	同治庚午仲春，友人自洛中来，述及巩邑康坦园先生义行，乡人感之，征诗勒石，以志弗忘。率成四言，以备辐轩之采云
14	顾嘉蘅	宜昌	道光二十年进士，授翰林院编修，任河南知府近二十年	同治九年	同治九年长夏月上浣，题于两湖会馆万柳园之可谈风月小轩。坦园二兄先生雅正
15	李瀛山 牛 瑄	西亳	道光十五年举人，官新郑县教谕		俚言恭颂坦园康先生义行，即乞郢政
16	段晴川	古温	道光十七年拔贡，授京官，补兵部主事，充军机章京	同治九年	坦园二兄义行可风，诗以赠之。庚午闰小春月，古温段晴川并书

来，述及巩邑康坦园先生义行，乡人感之，征诗勒石，以志弗忘。率成四言，以备轺轩之采云。"创作者本身不详其事，为"友人述其义行"。

除康家人物四处活动外，其姻亲、友朋借助自身人际网络亦提供了帮助，其中尤以牛瑄为代表。顾嘉蘅诗曰："峰高金谷巩金汤，氾水渊源为表扬。"后夹注"谓牛荔庵太史通家世讲"。作为康家姻亲的牛瑄，发挥同治四年进士、翰林院编修的身份优势，有效扩大了康家对外宣传的范围。

征集活动结束后，康家人审时度势，决定将十六篇诗文分别刻在长2.1米、宽0.5米的青石石屏上，统一镶嵌于康家庄园住宅区西北角的一孔砖砌窑洞墙壁。自此，十六块诗文石屏和康道平德泽碑一并进入康家石刻景观群之中，成为讲述康家过往义举的物质载体。

问题的关键是，建寨卫乡相关石刻的阅读者或欣赏者究竟是谁？康道平德泽碑由金谷寨所立，其高度、大小、雕刻等形制和内容并无特别之处，在其他太平军、捻军战火波及处较为常见，且立于公共场所，民众或一般读书人可以读到。但十六副行书、草书、隶书、篆书相别的诗文，无论是制成石屏还是建成碑廊，均置身康家庄园内部，则非与康家往来者不能至。[6]

结合刘毓楠、仓景恬、高钊中等有平定太平军、捻军的请愿、献策、参战经历，和诗文创作者都有官方背景的情况，他们对捻军覆灭的体认理应更加强烈。在捻军覆灭后不久，康家人即联合友朋、姻亲等联合开展诗文征集，在乡里和官场传播康道平建寨卫乡的义举，正是再获乡里声名和官方认可的良机。反映此事的石刻景观制作完成后，康家义举也仍有传播途径。于康家座上宾而言，现场瞻仰即可重温昔年旧事。于异地友朋而言，石屏拓本更能脱离石刻本身而随身携带、赠送、把玩。

概而言之，经历起意纪念、请人撰文与书丹、聘人雕刻与建筑、供人瞻仰与凭吊等环节的义举本事，其意义得以由实转虚、由一而多。

如今，一般游客在阅读康百万庄园石刻时，常为碑阳繁复的名衔所震撼。其实康家子弟科举正途出身者极少，碑阳所载多数为朝廷封赠赐赏的爵号与虚衔，是对康家良行义举的褒奖与回报。这些留存数百年的石刻景观，至今仍在诉说康家昔年旧事，亦明白展露出康百万家族发扬义举本事、获得乡里与官方认同的惯用模式。

四、碑以传承：康家石刻的角色定位与功能发挥

数百年风云变幻，十余代接力营建，康氏家族最终留下了巩义八大庄园之首、全国三大庄园之一的康百万庄园。在官私文书均缺乏相关记载的背景下，康家现存石刻文献注定成为研究豫商代表康氏家族史事、中原建筑典范康家庄园的重要史源，具有较高的历史价值、科技价值、艺术价值和景观价值。那么，在新时代高质量发展的现实语境下，究竟该如何精准定位康家石刻的现代角色，又该如何全方面地发挥其独特作用呢？

（一）加强研究，充分提取历史信息。通过历史学、文物学、景观学的跨学科综合分析，探明石刻所载康家家族史事、中原建筑营造技艺、地方大族人际网络等史实，为准确认识、传承、推介豫商奋斗史、中原科技史等奠定坚实基础。

（二）整理出版，主动融入学界主流。系统整理庄园现存石刻，分批次、有计划推出《康百万庄园丛书》，设计拓片合集、照片合集、建筑构造工艺、家族史事等四个重点突破方向，适时向学术界公布原始史料。同时，通过组织举办"河洛庄园文化学术研讨会""康百万庄园现存石刻图文成果发布会"等学术交流会议，搭建学术平台，组建研究团队，倡议、助推、引导形成河洛庄园文化研究潮流。

（三）科技支撑，提升展示宣传能力。一方面，建立康家石刻编号管理制度，将石刻本体、石刻拓片、石刻照片等配置统一有序的二维码，在移动设备终端一码获取石刻基本信息（高度、宽度、厚度、立体形象等）、位置信息（在庄园位置、与周边建筑相对位置等）、历史信息（人物、事迹等），实现常规旅游、石刻研究、文创产品中石刻元素的"一码释读"，呈现"轻轻一扫，如在眼前"的视觉效果；另一方面，充分利用新兴媒体，通过小视频、云展览等方式，抓住当下群众的信息接收偏好，通过石刻所载历史故事散发的文化魅力、历史韵味吸引关注，持续扩大影响。

（四）活化利用，创新功能发挥途径。在现今庄园常规参观线路中，父子双碑楼、石屏窑、碑刻展示区依次出现，且融在庄园整体解说词中。在活化利用方面：一是要针对深度游游客，定制石刻专题参观线路，既满足一般游客整体了解的需求，又符合历史迷、古建筑迷等群体品味；二是利用庄园宣教活动，将文物拓印体验和石刻展示利用相结合，增强活动趣味性、互动性；三是在文创产品研发过程中，巧用石刻精美图文，通过截录、放缩、组合、拓印、装裱等技术手段，制作寓意良好、品味高雅的纪念文创产品。

（五）立足本位，讲好郑州文物故事。康家石刻作为庄园整体建筑中的亮点，应和庄园其他建筑互相配合，发挥其作为全国重点文物保护单位、国家4A级旅游景区的应有作用，有特色、有趣味、有水平地讲好庄园故事，做好郑州市构建全国文物分布密集型城市全域文物保护利用示范区的排头兵、先锋官。

（六）用势借势，把握时代发展机遇。康百万庄园面临洛水、北望黄河，是黄河河南段的一颗文化明珠。在河南省、郑州市倡扬黄河文化、河洛文化、豫商文化、运河文化的时代背景下，作为多种文化交融见证者的康百万庄园更需全面提升公共文化服务水平，着力增强展现历史文化韵味、延续郑州城市文脉的能力。就实践层面，康百万庄园应该在文物保护、古建筑开发利用、文旅深度融合方面积极探索，主动把握时代发展机遇，以庄园自身特色化发展带动地域社会高质量发展，成为建设中原文化的特色城市、国家中心城市的重要文化地标。

---

[1] 王振江，孙宪周. 史话巩义 [M]. 郑州：中州古籍出版社，2007.
[2][3] 贺宝石，康靖. 康百万家族与庄园 [M]. 大连：大连出版社，2004.
[4] 刘于礼. 河南黄河大事记（1840—1985年）[M]. 郑州：河南黄河河务局，1993.
[5] 据康百万庄园"书法珍品窑"十六块诗文石刻整理而成.
[6] 康道平德泽碑现位于康百万庄园景区内部，是统一管理使用零散碑刻的政策原因，竖碑时当在金谷寨或当时的公共空间，以便供人瞻仰；十六篇诗文据说原意是建成碑林或碑廊，但后来刻成石屏.

保护革命文物　传承红色基因
——河南博物院革命文物的保护与利用

宋　锐
河南博物院

摘要：习近平总书记对革命文物工作极其重视，要求切实把革命文物保护好、管理好、运用好。近年来，河南博物院在革命文物的收藏与保护、展示与利用方面做了大量积极的工作，同时也引发了我们对革命文物保护利用方面的问题与思考。

关键词：革命文物；收藏与保护；展示与利用；问题与思考

2021年3月30日，全国革命文物工作会议在北京召开，习近平总书记对革命文物工作作出重要指示，强调"切实把革命文物保护好、管理好、运用好"。2021年年底，为贯彻落实习近平总书记关于革命文物工作重要指示精神，国家文物局、财政部联合印发《关于加强新时代革命文物工作的通知》，就切实保护好、管理好、运用好革命文物提出具体要求。

一、河南博物院革命文物的收藏与保护

河南博物院创建于1927年，是我国成立较早的博物馆之一，2009年入选首批中央地方共建国家级博物馆。河南博物院现有馆藏文物17万余件（套），是中原腹地最大的综合性博物馆，是收藏、研究、展示中原文物，保护、传承和弘扬中华优秀传统文化的神圣殿堂。河南博物院收藏的文物，上迄实证我国百万年人类史、一万年文化史和五千多年文明史的各类历史文物，下至传承红色基因、镌刻红色记忆、彰显红色初心的革命文物，还有承载民族复兴、见证人民幸福中国梦、凝结社会主义先进文化的现当代文物。

目前，在河南省已公布两批革命文物名录中，可移动革命文物共7756件（套）。其中，河南博物院藏革命文物数量达5691件，包括一级品56件（套），二级品202件（套）。河南博物院院藏

革命文物资源题材丰富、内容深厚、形式多样，集中反映了中国共产党领导的民族伟大复兴实践之路，展现了新时代中国特色社会主义内涵。

如1923年3月由北京《工人周刊》社出版的《京汉工人流血记》（图1），1925年9月由萧楚女创办的中共豫陕区委机关刊物《中州评论》（图2），1927年贺龙、周逸群签发的《国民革命军独立第十五师布告》（图3），鄂豫皖苏维埃政府银行发行的布币，群众为红二十五军送饭用的水桶（图4），抗战时期刘少奇送给王国华的公文包（图5），彭雪枫亲自领导创办的《拂晓报》（图6），刘邓大军渡黄河用的葫芦（图7），吉鸿昌烈士就义时穿着的血衣（图8），焦裕禄在河南医学院第一附属医院的病历（图9），等等。

近年来，河南博物院着力做好对革命文物的有效管理与保护。通过开展对革命文物资源的专项整合，使革命文物能够分门别类，得到有序保护。做好革命文物的存档立卡与妥善安置，排查对文献资料、红色故事等的遗漏，减少对革命文物的损坏。持续开展院藏革命文物保护修复工作，对于存在严重破损，处于濒危状况的革命文物，及时进行抢救性保护修复。

二、河南博物院革命文物的展示与利用

近年来，在对院藏革命文物有效保护的基础

图1 《京汉工人流血记》 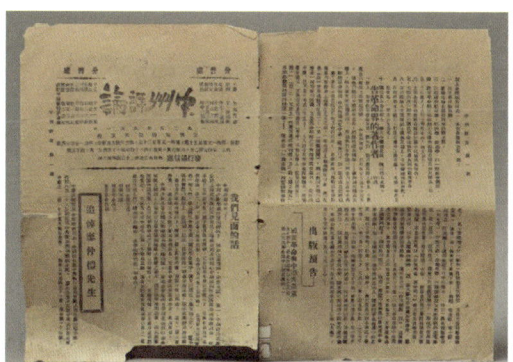　　图2 《中州评论》 　　　　　　　　　　图3 《国民革命军独立第十五师布告》

图4 送饭用的水桶 　　　　　图5 公文包 　　　　　　　　　　　　图6 《拂晓报》

图7 葫芦　　图8 吉鸿昌烈士就义时穿着的血衣　　图9 焦裕禄病历

上,河南博物院通过研究阐释、展览展示、社会教育等多个途径,有效发挥利用革命文物爱国主义教育功能,让革命文物在新时代焕发出更为鲜活的生命力、影响力。比如将革命文物与重大历史事件、重要历史人物的纪念活动及节庆活动相结合,举办革命文物主题展览,加强宣传革命文物的历史内涵与时代意义,让革命文物回到大众视野与人们生活之中。利用声、光、电等高科技手段,丰富革命文物的传播方式,搭建线上线下传播渠道,增强表达效果,把沉淀在历史中的革命文物以新的形式展现出来,不断丰富传播方式,拓展革命文物的内涵。

（一）重要展览

2001—2015 年,河南博物院就曾以馆藏近现代文物为基础,在主展馆东临展厅推出大型近现代革命史专题陈列"中原丰碑",并列为当时的常设展览之一。展览按时间顺序分为"苦难与抗争——旧民主主义革命时期""曙光初照——建党及大革命时期""中原星火——土地革命时期""同仇敌忾——抗日战争时期""走向光明——解放战争时期"五个部分,全面表现了从1840 年至1949 年间河南人民进行的革命斗争、丰功伟绩及英雄丰碑。

2019 年 11 月至 2020 年 5 月,在新中国成立 70 周年、"不忘初心,牢记使命"主题教育活动如火如荼开展之际,河南博物院推出大型展览"人民呼唤焦裕禄"。展览分为"榜样的足迹""精神的丰碑""人民的呼唤"三个部分,以院藏焦裕禄文物为依托,结合图片、场景和多媒体等,多角度、全方位展示焦裕禄一心为民、鞠躬尽瘁的光辉形象。让广大干部群众在走近焦裕禄这个伟大灵魂的时候,能感受到他投向我们这个时代的灼热目光。

2021 年 4 月 17 日,由河南省委宣传部、省文化和旅游厅、省文物局主办的"出彩中原——河南红色文化陈列展"在河南博物院启幕。这是继 2020 年 9 月河南博物院主展馆恢复开放后推出的又一大型常设展览。展览以时间为线索,分为"打破旧世界""建设新家园""走进新时代"三大部分,揭开近现代河南波澜壮阔的历史画卷。约 1000 平方米的展览空间中,260 件（套）文物、100 余件文献、600 余张历史照片,结合视频多媒体、电子沙盘、场景复原等多种形式,全景呈现河南建党、鄂豫皖革命根据地、竹沟抗战、挺进中原、社会主义国家建设探索和改革开放等重大历史进程、历史事件和历史人物。展览立足河南红色资源，着重诠释了大别山精神、红旗渠精神和焦裕禄精神的实质内涵，带领公众了解在中国共产党的领导下，河南人民救亡图存、建设河南的伟大历程和改革开放取得的辉煌成就。与展览相配合，"学党史，助力中原出彩"有奖知识竞答活动在河南博物院同步启动。

2021年6月12日，文化和自然遗产日河南主会场活动在河南博物院举行。"见证红色中原——河南省革命文物工作汇报展"同时在河南博物院东配楼开幕。展览分为"基础篇""保护篇""展示篇""利用篇""传播篇"和文创产品展示等几大部分，梳理了"十三五"期间河南革命文物工作，展示主要成果，传承革命精神，继续谱写"十四五"河南革命文物事业新篇章。这是河南省文物系统庆祝中国共产党成立100周年系列活动之一。

（二）社会教育

1999年，河南博物院被命名为全国科普教育基地；2000年，河南博物院被中宣部命名为全国爱国主义教育基地，是国务院公布的第二批爱国主义教育示范基地之一。截至目前，河南博物院已与国内40多所高校签约共建爱国主义和素质教育基地。先后入选或获得"全国优秀科普教育基地""全国人文社会科学普及基地""全国中小学生研学实践教育基地""河南省社会科学普及基地""河南省革命文物协同研究基地"等名单和荣誉称号。

近年来，河南博物院有计划、有目的地针对社会群众，特别是面向未成年人和在校大学生群体开展了一系列的科普和爱国主义教育实践活动，发挥博物馆在科普和爱国主义教育基地工作中的特殊优势。2010年至今，先后接待观众900多万人，受到社会各界的一致好评。例如，通过优化讲解导览、设计研学课程和研学旅行线路、开展专题讲座、参与志愿服务、文化宣讲进校园等方式，面向青少年开展社会主义先进文化、革命文化和中华优秀传统文化教育，丰富青少年文化生活，提升青少年精神素养，推动青少年在感悟社会主义先进文化、革命文化和中华优秀传统文化中增强文化自信。

2000年，河南博物院创新教育形式，成立了"中原历史文化宣讲团"，围绕革命主题、红色主题展览，以讲解员、志愿者为主体开展定时、定点专题展厅讲解的同时，充分发挥爱国主义教育示范基地作用，依托专家、讲解员、志愿者，围绕常设及临时展览开展主题教育活动，通过讲座、小品、情景剧、朗诵、互动问答等形式讲述近代历史和英雄故事。同时，"中原历史文化宣讲团"还走出河南博物院，走进了部队、机关、学校等开展公益性主题宣讲活动百余场，受教育人数达30多万人次。宣讲内容从灿烂辉煌的古代文明到近代可歌可泣的英雄事迹；宣讲形式有讲座、小品、情景剧、朗诵、舞蹈、互动游戏等。通过生动活泼的节目形式，传播河南悠久厚重的历史文化，弘扬爱国主义精神。

三、革命文物保护利用的问题与思考

保护革命文物，是习近平总书记念兹在兹的大事。党的十八大以来，习近平总书记在各地考察中对革命旧址、革命博物馆纪念馆考察30多次，对革命文物保护利用做出重要指示批示20多次，提出的新思想、新要求，为革命文物保护传承工作打开了新思路。

近年来，为了让革命文物"活"起来，让红色基因得以代代传承，各地有许多生动实践，取得了显著成效。对标新时代革命文物保护利用新要求，我们的革命文物保护利用工作还存在一些瓶颈制约亟待破解。比如，如何深化革命文物价值挖掘，推动区域性革命文物资源整合，创新革命文化弘扬与传承模式，提升革命文物公共服务水平和社会教育效果，激发红色文化资源开发的内生动力，等等。这些都是我们在工作实践中思考的问题和未来努力的方向。

（一）加强可移动革命文物多维数据采集，以合作共建、开放共享理念，打造可移动革命文物数字化保护利用平台，依托文物高清数据的采集、加工、存档、交换和融合，对文物数据进行动态管理和整合利用，构建革命文物标本库、基因库、素材库，形成一体化的革命文物数据资源集群。为可移动革命文物数字化保护、数字化研究、数字化传播、数字化体验提供标准化的数据服务。

（二）发挥革命文物资源优势，加强与教育部门沟通合作，推动革命传统教育进学校进课堂。利用可移动革命文物数字化保护利用平台发展云展览、云直播、云视频、云教育等新形式，生动传播红色文化，并接入教育资源公共服务体系和高校思想政治工作系统。建设学校思政课实践教学基地，用活革命文物，做好青少年的"大学校"。

（三）坚持开放共享原则，营造开放包容环境，通过互联网传播、社会参与、跨界合作、志愿服务等形式，吸引更多社会力量关注并参与到革命文物保护利用工作中。

（四）依托文旅融合战略，大力发展高质量红色革命文化主题研学、游学活动，打造"红色移动课堂"和文化创意品牌。设计符合青少年认知特点的教育活动，多元传播革命文化，引导正处在人生观、价值观、世界观形成期的青少年树立崇高理想。提炼馆藏革命文物资源，做好红色文创产品开发，利用红色文创产品讲述红色故事。提升文创产品的"实用性"和"体验感"，放大红色革命文化的传播效益。

藏在六张玻璃底片中的一段历史
——20世纪20年代河南博物馆建筑与陈列

牛爱红
河南博物院

摘要：位于河南省开封市龙亭区三胜街31号的河南省博物馆旧址，作为近现代重要史迹及代表性建筑，于2019年10月被国务院确定为全国第八批重点文物保护单位。这座有着一百余年历史的建筑，是河南博物院的发源之地。河南博物馆后经迁址、更名，旧址已难窥原貌。幸而有六张拍摄于1931年的玻璃底片，记录了当时河南博物馆的馆区面貌。本文通过玻璃底片所呈现的影像，对照1931年的馆址全图，以及史料中有关建筑、陈列展览的记录，重现近百年前河南博物馆的历史面貌、展厅布局以及陈列展览状况。

关键词：河南博物馆；旧址；建筑；陈列展览

开封，历史悠久、底蕴厚重，素有"八朝古都"之称，曾是河南的政治、经济、文化中心。在这座古城，至今还保存有一批风格各异、中西合璧的历史建筑。其中，位于今龙亭区三胜街31号的河南省博物馆旧址，作为近现代重要史迹及代表性建筑，于2019年10月被国务院确定为全国第八批重点文物保护单位。

这座有着一百余年历史的建筑，是河南博物院的发源之地。随着省会由开封迁至郑州，河南博物馆亦随迁，经过多年风雨，其旧址建筑已与初建时大相径庭。幸而，有六张拍摄于1931年的玻璃底片，记录了当时河南博物馆的馆区面貌。根据玻璃底片所呈现的影像，对照1931年的馆址全图，以及史料中有关建筑、陈列展览的记录，可以重现近百年前河南博物馆的历史面貌、展厅布局以及陈列展览状况。

一、河南博物馆旧址建筑的历史沿革

河南博物馆旧址所在地，原为三圣庙街（今三胜街）清政府河道总督衙门（俗称河台行辕），其中的中式建筑由河东河道总督许振祎[1]在1890年营造，现在已经荡然无存，只有玻璃底片上留下了其影像。1902年河道总督衙门被裁撤后，此

地即作为仕学馆，用于培养人才。1907年又被改建为"河南法政学堂"（后改称"公立河南法政专门学校"[2]），这是河南省第一批高等学校。1909年，因为学堂学生增加，官方又购置了后院西北隅民房扩大了校址，添建南、北、西三座西式二层讲楼，每座上下层均为通间大教室。1914年花费"实银五千五百元"[3]，在楼房东面建造西式大讲堂（图1），并在房屋正中用间隔墙划分为礼堂、教室各一间。第二年接着改修了大门、二门及办公室32间；后院添建休息室3间、夫役室1间；后门增设围墙一道，此时的学校内共有校舍135间，其中教室七大间，可容1200人。[4]

1927年7月，中州大学、农业专门、法政专门三校被合并改组为河南省立中山大学（1930年8月更名为河南大学），原址即由河南省教育厅指拨为河南博物馆馆址。[6]

因原有建筑过于老旧，不适合博物馆陈列展览使用，且有道路训练班、军法学校、民众师范院、开封第一中学等多家单位占用房舍办公，河南博物馆筹备委员会自接收馆址后，就开始"一面鸠工修建房屋，一面从事搜集物品，庶可早日开馆，任人浏览，以副钧府提倡教育开通民智之至意"。[7] 但到1928年5月却由于"筹备经费未

图1 公立河南法政专门学校大讲堂[5]

拨专款，不能进行"[8]，河南博物馆改组为河南省民族博物院。

1928年6月25日河南省民族博物院以《呈省政府请明令确定院址以便进行由》上书冯玉祥主席，言明第一中学尚未归还所占博物馆东院房屋，请省政府"令饬第一中学克日他迁，将法专校址克日交割让出，统归职院管理以便改造而利进行"[9]。经省政府下令，8月1日由副院长何日章收回东院房屋[10]，经改造修理后用于陈列石刻类文物。

申请收回房舍的同时，河南民族博物院还进行了一系列房屋清理改建工作：对整个院区进行规划设计，拆修大门及东西屋，将大门撤后一丈余；拆除办公室南院房屋，以其空地设置大地球仪一座，并新修地球仪亭一座；修理东院南北屋26间，并修建两座八角亭；在东偏院房屋内改设中国各省部；将西院中院南屋向北推进修理让宽街道；修理后院南、北大楼上下层；拆修房屋20余间。在院景的布置方面，院长陈维新提议购置槐、柳树苗，进行绿化建设，在院之东南隅房屋及空地进行景观设计，并将所收集各城门大炮分别筑台陈列。

1930年12月，河南省政府、教育厅先后下达训令，将古物保存委员会归并于河南省民族博物院，并将该院更名为河南博物馆。聘请关百益为馆长。关百益到任后，先向教育厅申请收回在民族博物馆时期，由原民众师范院借用的东北隅房舍，即原法政专门学校之大讲堂，言称此房舍与其他陈列室相联接，适合陈列古物，便于观瞻管理，而且民众师范院已迁往百泉，自应收回陈列古物。

河南博物馆得到准许收回大讲堂后，立刻招

揽木、泥、油、铁各项工人，订立合同，着手修理。经两月之久方告竣工，"房舍乃顿改旧观，焕然一新"，可作为古物陈列室之用。除了修缮房屋外，在院景的布置方面，关百益还专门雇用了花匠二人负责园艺事宜，并在古物院添筑露天台1座、荷池1方、养鱼池2方，各院添植松树37株，并筑花坞1所。我们可以从当时报刊登载的河南博物馆古物陈列室照片一窥究竟。

经过治理的院景有了极大改善："本馆以前，院中向无布景，极感枯燥。前门外及办公院，有旧式铁炮四十余尊，皆筑台架设，如对大敌，殊煞风景。及改组后，一律改植直立，前门外大炮，用大铁链联之，院中较小之炮，用圆铁棍联之，作栏杆式，一转移间，便与前情景不同。并于办公院地球周围，广植花木，设置石桌石墩，以资点缀。办公室之前后，添置高五尺之竹篱，标示游览界限。更于楼房院中央花池之上，植立太湖石，旁种花竹，四周皆设长椅，为游人休息之所。至古物院及石刻院，皆拟依势布置景物，藉增各界游观者之兴趣。"[12] 可谓是营造出了"绝怜人境无车马，信有山林在市城"的美景。

二、河南博物馆旧址建筑布局及展厅位置

河南博物馆旧址经历次修缮，在关百益任馆长时期达到最大规模。整体布局坐北朝南，南临法院街、东临磨盘街、北临善良街。馆址面积共约十亩零七分又五方丈九十五方尺，房屋共计大小132间。[13] 由此可知当时馆址整体占地面积为6717.3平方米，目前保留下来的建筑面积为1967.13平方米，还不到当时的三分之一。

整个馆区大致分为前、后两个院落，前院为清代河道总督衙门时期修建的一层中式建筑，后院由河南公立专门法政学校时期扩建的西式二层建筑和大礼堂组成。

河南博物馆大门（图2）坐北朝南，位于法院街，两座方砖立柱上横跨拱桥形铁制门额，上书"河南博物馆"五个大字。院墙为十字形海棠漏窗装饰于立柱之间，立柱上安有路灯。大门前屹立二尊石狮，路边的旧式大炮用铁链联结，形成装饰护栏。

从大门为中轴进入院内，第一进院落东西两边房屋分别为会客室、招待室。建筑形式为中式硬山顶砖瓦房，门窗配雕花木格，里面贴白纸，明亮又挡风。

迎面为照壁，照壁后为第二进院，有正厅和东西厢房，是第一陈列室，展示河源奇石。

正厅后有通道至第三进院，有东、西、北向房屋，为第二、三、四陈列室，陈列古今中外民族模型。

中轴线西侧为西院，有两进院落。第一进为办公区域，前后有五尺竹篱，以标示游览界限。

图2　河南博物馆法院街大门

办公院内广植花木，还摆放有石桌石墩、盆景花卉，美观大方。（图3）

第二进为休闲区域，院中树木林立，砖石铺路，旧式铁炮用圆铁棍联之作栏杆装饰于两旁，前置木制休息座椅，道路尽头为六角攒尖式玻璃亭，大地球仪陈列其中。（图4）

中轴线东侧为东院，东西长40米，南北宽20米，面积为800平方米。南北对应有房25间，东、西两头各有方亭1座，是第十三、十四、十五、十六陈列室所在地，陈列历代石刻。

沿中轴线走到头便进入了后院，后院位于馆区北部，即现存的四座西式建筑，由南楼（图5）、西楼（图6）、北楼和大礼堂（即古物陈列室，图7）形成四面合围的建筑群。这一组建筑皆为仿欧式建筑风格，房屋高大宽敞，门窗开阔明亮。

南楼、北楼面阔五间长18.29米，进深分别为14.16米、14.12米；西楼面阔六间长20.53米，进深两间12.79米；三座楼房高度均为10.5米，上下二层靠庭院一侧为拱券柱廊，其间有木制护栏，门窗也为拱券式，装饰有西式花瓣式窗棂。三座楼上下六间房屋均为通体大通间，面积约270平方米，分别为第五、六、七、八、九、十陈列室，展览服饰、杂品、偶俑、植物、动物等展品。

古物陈列室面积约450平方米，为单层砖木结构建筑，高8.44米，面阔五间15.83米，进深五间28.45米。由法政专门学校时期拍摄的照片我们可以看到建筑侧面的状况，四面皆有窗户，房顶斜面上开有采光和通风的老虎窗，门窗上方三角形框内装饰有浮雕花卉图案。东、西两面有外廊。西向外廊与房同宽；东向外廊长出房屋，在南北两端形成方亭，亭下有台阶和偏门。走廊由高大的科林斯廊柱支

图3　办公院 　　　　图4　大地球仪亭

图5　南楼和西楼拐角处 　　图6　西楼的南立面 　　图7　古物陈列室

撑，柱头形如倒钟，四周饰以毛茛叶纹装饰，铁艺护栏相隔其间。东侧房顶有古希腊三角形山花装饰其上。整个古物陈列室从中间用隔墙分为东西两室，西面为第十一陈列室殷墟甲骨部，东面为第十二陈列室古物部。随着时代变迁，古物陈列室外观（图8）已发生较大变化，但从内部空间我们还可以看到陈列室（图9）宽敞明亮的面貌。

南楼、西楼、北楼和大礼堂整体平面接近"凸"形，中心为天井庭院，四栋建筑面向天井院一侧均有相互贯通的外廊连接。庭院内树木高大，花池内植立太湖石，旁种花竹，各种盆栽环台而置，乃中式园林与西式建筑的有机结合，形成中西合璧的独特风格。

古物陈列室东面当时还有一组中式平房，为第十七陈列室经卷部所在地，陈列白云寺历代藏经；还设有图书室、植物室、游艺室等。

三、河南博物馆旧址陈列展览内容

河南博物馆1931年1月奉令改组后，在馆长关百益带领下，进行了接收古物保存委员会和民族博物院之文物、确立理事会管理制度、赴沪购置各种参考书籍及器具、改制徽章与移运古物等一系列工作，而改善陈列更是其中的重中之重，将陈列布局进行了大规模的整改。

至1932年9月，《河南博物馆概要》记录对外展览的陈列室已达19个，分布于馆区各个院落。（表1）

表1 1932年河南博物馆陈列展厅分布情况

陈列室	位置	陈列内容
第一陈列室	岩石部（二门内正厅）	陈列河源奇石
第二、三、四陈列室	民族部（正厅后院）	陈列古今中外民族模型
第五陈列室	服饰部（南楼下）	陈列各处服饰及袁氏遗物
第六陈列室	杂品部（西楼下）	陈列相国寺遗物
第七陈列室	偶俑部（北楼下）	陈列陶俑及各种佛像
第八陈列室	植物部（北楼上）	陈列植物标本
第九陈列室	临时部（西楼上）	此部供临时陈列之用
第十陈列室	动物部（南楼上）	陈列动物标本
第十一陈列室	甲骨部（大堂后面）	陈列殷墟甲骨文字
第十二陈列室	古物部（大堂正面）	陈列新郑及洛阳铜器
第十三、十四、十五、十六陈列室	石刻部（东偏院）	陈列历代石刻
第十七陈列室	经卷部（东偏院内）	陈列白云寺历代藏经
第十八陈列室	仪器部（西偏院）	陈列大地球仪
第十九陈列室	特别陈列部（馆长室）	陈列登封玉如意（此部非遇特别展览时不陈列）

图8 古物陈列室现状

图9 大礼堂内部现状

结合当时留存下来的影像资料和相关史料进行梳理研究，可以了解到当时各个陈列室的位置及陈列内容。

整个馆区132间房屋，共设19个陈列室，分为岩石部、民族部、服饰部、杂品部、偶俑部、植物部、临时部、动物部、甲骨部、古物部、石刻部、经卷部、仪器部、特别陈列室等，展出多种文物类别。具体列表如下，序号按当时留存史料上的序号保持一致，在地图上（图10）作相应标注，并以此为序逐一介绍。

第一陈列室：岩石部（二门内正厅），陈列河源奇石。

由河南博物馆大门进入馆区，有二进院落，第一陈列室在二门内正厅，共十架立柜，二架屏风，一座玻璃亭，陈列着1109块河源奇石，为甘肃警务处长王宗祐所赠送。这些石头形状不一，色彩各异，极为美丽。

第二、三、四陈列室：民族部（正厅后院），陈列古今中外民族模型。

位于正厅后院北、东、西三室，共19间房屋，陈列古今中外民族模型。按中国古代人物、中华民族、世界人种、世界民族等分类陈列。共计模型41具。

第五陈列室：服饰部（南楼下），陈列各处服饰及袁氏遗物。

服饰部位于南楼一层，陈列各地服饰及袁世凯遗物。陈列室面阔五间长18.29米，进深14.16米，面积267平方米。室内共设18个立柜、6个长柜、18个平柜，共展示陈列品561件。其中有大总统礼服、燕尾礼服、陆军刀带、外交官帽、祭服、祭冠等60余件。另外还有瑶族、回族等民族服饰；国货花边、牙粉、香膏、药品等生活用品；琴、瑟、宝剑等陈设用品。

第六陈列室：杂品部（西楼下），陈列相国寺遗物。

杂品部位于西楼一层，

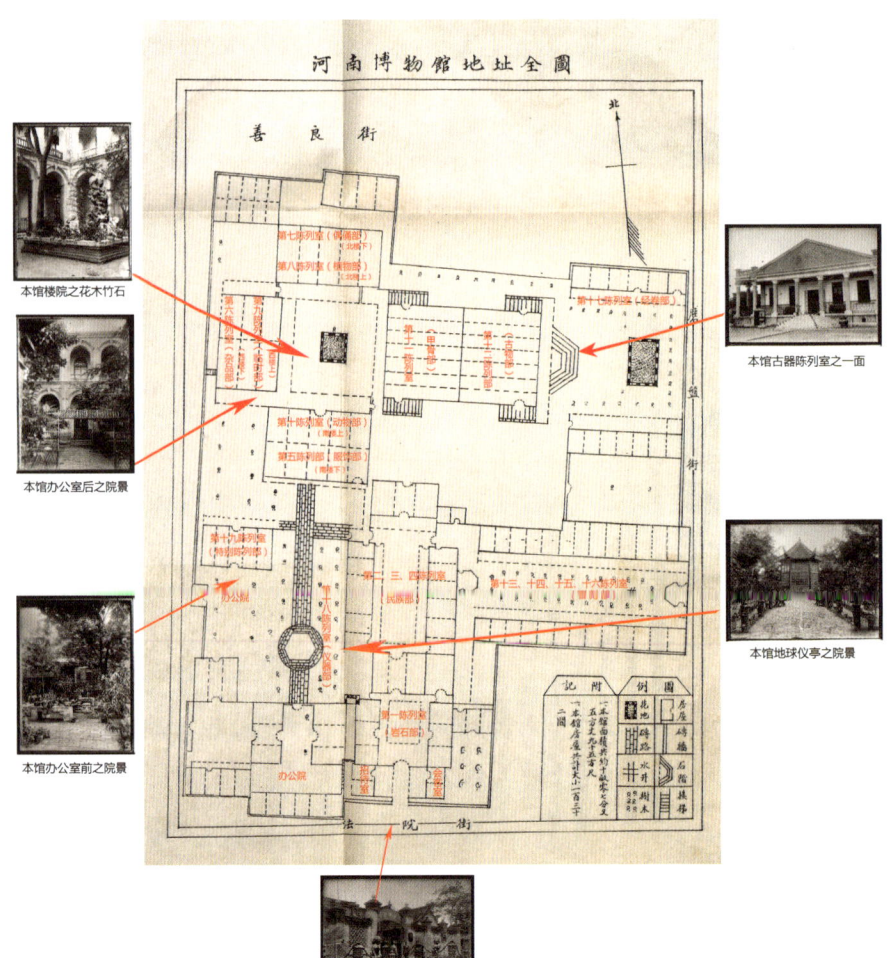

图10　1931年河南博物馆地址全图及陈列展览位置图

陈列相国寺遗物。陈列室面阔六间长20.53米，进深两间12.79米，面积262.5平方米。室内八个玻璃柜陈列着各种瓷器、铜像、木刻如意、大孔雀明王经、佛签全卷等；五个木台陈列着瓦楼、各种花盆、香炉、瓷炉、天然木笔筒、绣花战坎、树根刻像等展品；墙上还悬挂展示有徐世昌对联、扇面、荣庆兰花卉中堂等字画。共计177件陈列品。

第七陈列室：偶俑部（北楼下），陈列陶俑及各种佛像。

偶俑部，位于北楼一层。陈列室面阔五间长18.29米，进深14.12米，面积267平方米。室内12个立柜分别展示独角兽、三彩武人、三彩骆驼等陶器；8个平柜陈列仿钧瓷瓶、五彩方瓷瓶、黄绿瓷房兽、小铜炉等；另有木台11个，摆放不列号陈列品。共有展品325件。

第八陈列室：植物部（北楼上），陈列植物标本。

植物部位于北楼二楼，陈列新制植物标本496件。"博物馆在战前曾派植物学专家前往太行、伏牛、嵩山、大别等山及黄河流域诸省采集双子叶、单子叶植物千余种，分门类装置于镜中垂竖于壁前，远望宛然天然图画，据赵主任云，河大植物系教授，每隔数日必来此室考究一番。"[14]

第九陈列室：临时部（西楼上），此部供临时陈列之用。

第十陈列室：动物部（南楼上），陈列动物标本。

动物部，位于南楼二楼，原有动物标本221件，新制动物标本382件，共计603件。

第十一陈列室：甲骨部（大堂后面），陈列殷墟甲骨文字。

甲骨部，位于大礼堂西面。面阔五间15.83米，进深约15米，面积约237平方米。室内陈列殷墟甲骨文字。展厅有4个立柜、12个平柜，展示殷墟出土甲骨、兽骨、蚌壳等832件。展厅中间木架上用玻璃盒陈列甲骨文字拓片218张；另外还有发掘殷墟照片16幅（带镜框）。

最有特色的是展厅内悬挂的展标"商代文化遗迹殷墟甲骨文字"十二个大隶字，是由无字甲骨堆成字体形状，每三字粘贴在一块布上，四幅布标语连成的布幔形成展标。

第十二陈列室：古物部（大堂正面），陈列新郑及洛阳铜器。

古物部，位于大堂东面，陈列新郑及洛阳铜器。古物陈列室与甲骨部面积一样，是将大礼堂从中一分为二，面阔五间15.83米，进深约15米，面积237平方米。

新郑古器用12个立柜和1个中木台陈列特钟、编钟、鼎、圆壶等文物102件。

洛阳古器用8个立柜陈列鼎、觯、爵、戈等97件。此批古物为1928年何日章奉令前往洛阳查收，月余之间，搜获70余件，运存古物保存所，1931年移交河南博物馆。

新郑、洛阳两部分古器合计198件。

第十三、十四、十五、十六陈列室：石刻部（东偏院），陈列历代石刻。

石刻部位于东偏院，是第十三、十四、十五、十六陈列室所在地。东西长40米，南北宽20米，面积为800平方米，南北对应有房25间，东、西两头各有方亭1座。陈列有汉、魏、齐、隋、唐、后晋、宋、金、明、清等朝代的石刻共计810块。

第十七陈列室：经卷部（东偏院内），陈列白云寺历代藏经。

东偏院内还有第十七陈列室,是经卷部所在地,陈列白云寺历代藏经,共7100余卷。

第十八陈列室:仪器部(西偏院),陈列大地球仪。

馆长室向北前行西偏院内是第十八陈列室,为仪器部,建有专门的玻璃亭,陈列大地球仪。

第十九陈列室:特别陈列部(馆长室),陈列登封玉如意。

大门左边位于西南角的院落为馆长办公室所在地,是第十九陈列室,为特别陈列部,主要陈列登封碧玉如意二柄、白玉如意二柄、红白玛瑙如意二柄、翠如意一柄、黄玛瑙如意一柄、水晶如意一柄,共计9柄玉如意,皆设置在紫檀木座之上,配小黄穗,极为齐整,时人盛赞"其色斑斓,美丽夺目,洵珍品也"。此陈列室日常不对外开放,只有特别观众方能参观。

关百益馆长领导的河南博物馆阶段,是河南博物馆事业蓬勃发展期,作为社会教育机构,对于启发民智起到了极为重要的作用,在当时享有盛誉。河南博物馆每星期开放六日,每日开放七小时,供各界人士之参观。馆内参观路线精心设计,并以蓝色白字木牌标识。在展厅前设置木栏及铁线,要求观众不得任意逾越。在各陈列室均有典守员为观众解答疑问。为记录每日参观人数,特派定女典守员一人,在第一陈列室逐日记录人数,自1932年2月1日起,至6月30日止,参观人数达到215852人;7月1日至12月,参观人数为153975人,全年共计参观人数369827人。

河南博物馆旧址建筑在使用时充分考虑到了博物馆的展示功能和参观线路的安排,形成院落相通、展厅相连的参观线路,观众大为赞许:"博物馆各陈列室设计得相当科学,你如果进去从陈列室起循着一条既定的道路,盘旋迂回,边看边走,等你将各陈列参观完毕时,恰好又把你送到大门前,你便可满载而归了。"[15]

河南博物馆旧址建筑见证了中华民族波澜壮阔的近代历史,见证了20世纪中前期中国考古大发现的峥嵘岁月,见证了河南博物馆事业在战乱频仍的年代历经磨难发展前行的重要历史阶段,有着深厚的文化底蕴,具有珍贵的历史和艺术价值。

---

[1] 礼政. 已故广东巡抚前河东河道总督许中丞振祎[R], 北洋官报, 1903(131).

[2] 开封市教育志编写组. 开封市教育志[M]. 郑州:中州古籍出版社, 1991.

[3] 审计院咨河南巡按使请饬查公立法政专门学校民国三年七月至四年十一月支出计算疑义并饬将三年度余存之款缴回省库文[R], 政府公报. 1916(235).

[4] 视察河南公立法政专门学校报告[R]. 教育公报, 1917(10).

[5] 开封市教育志[M]. 1991.

[6] 社教调查:河南省立博物馆、河南省立图书馆[J]. 河南同志, 1942(4).

[7] 河南博物馆关于报送陈列品简章给河南省政府的呈. 河南省档案馆. M0019-001-00043-001, 1927-11-11.

[8] 河南博物馆十九年第一次报告书, 1931.

[9] 河南省民族博物院. 呈省政府请明令确定院址以便进行由. 河南省档案馆. M0019-001-00044-076, 1928-6-25.

[10] 河南省民族博物院会议记录稿本. 河南省档案馆. M0019-001-00044-076, 1928-6-25.

[11] 紫筠. 河南博物馆古物陈列室[J]. 保安半月刊, 1937(9).

[12][13] 河南博物馆. 民国二十年河南博物馆第一次报告书[R]. 开封, 1931.

[14][15] 日平. 河南博物馆巡礼[J]. 新生中国, 1947(1).

从早期博物馆宗旨看博物馆的力量

何晓濛

郑州大学

摘要：近年来，我国博物馆事业取得了令人欣喜的成绩，迈向高质量发展的新阶段。知过去，明将来。在如此背景下，了解博物馆早期历史对新时代博物馆事业发展具有重要意义。本文通过回顾我国早期博物馆的产生和发展，着重介绍国人自主所建博物馆的宗旨，通过阐释博物馆在增强文化自信、增强民族凝聚力、社会教育、激发创造力、促进文明交流、促进现代化文明城市建设六个方面发挥的作用，旨在对新时代博物馆产生的力量有更加深刻的理解。

关键词：早期博物馆；宗旨；新时代博物馆；力量

18世纪中期，博物馆理念传入我国。从1905年我国第一个公共博物馆——南通博物苑诞生，至今中国博物馆已经历一百多年的发展历史。自诞生伊始，博物馆的教育功能就得到充分的重视，博物馆作为社会教育的重要组成部分、学校教育的重要补充，凭借其实物性、直观性、广博性等特点，有效地使收藏品及其研究成果为社会公众服务。特别是党的十八大以来，博物馆事业在国家政策和社会力量的支持下迎来全新的发展机遇，博物馆所蕴含的巨大能量得到极大彰显，博物馆作为中国特色社会主义文化建设的一部分发挥着越来越重要的作用。

"执古之道，以御今之有。"[1] 回顾我国博物馆早期历史[2]，从中吸取有益养分，助力博物馆的发展；回顾重点博物馆的办馆宗旨，为博物馆在新时代背景之下全面释放积极力量、服务社会指明方向。

一、早期博物馆的产生与发展

中国早期的博物馆，不是从皇室或私人收藏室演变而来的，而是随着资本主义经济、文化的发展而产生。19世纪中期，中国传统思想与西方先进的资本主义思想发生碰撞，新兴资产阶级看到西方国家的强大，要求在中国发展民族资本主义，救民族于危机之中。博物馆便是这一时代文化变革的产物。

1840年，西方资本主义国家用炮火和鸦片强行打开中国大门，包括博物馆在内的西方近代文化传入中国。1848年，徐继畲在《瀛环志略》中首次将博物馆作为新事物介绍到中国。1866年，清政府首次派遣官员到欧洲参观访问，回国后，他们将在西方的见闻写成游记进行刊印，在社会上广泛传播，这其中也包括对西方博物馆的介绍。外国人士在中国创办报刊、设立博物馆也促进了西方博物馆思想在国内的传播。"1898年，维新运动期间，中国建立博物馆的条件已经成熟。"[3]以康有为和梁启超为代表的维新派对博物馆建设做出积极设想。1905年，张謇在江苏南通创建中国第一所公共博物馆——南通博物苑，奠定了中国博物馆事业的基础。1912年南京临时政府成立，到全民族抗日战争爆发前夕，在这一相对稳定的社会环境下，中国博物馆事业得到较大的发展。其中"新文化运动时期，博物馆被纳入社会教育的范畴之中，从而推动了博物馆社会化的进程"[4]。1937—1949年，在全民族抗日战争和解放战争的影响下，博物馆事业遭遇前所未有的打击，基本陷入停滞状态。

早期博物馆事业随着我国社会的变革不断演变，经历了不同寻常的光景，它为中华人民共和国博物馆事业的发展奠定了基础。这一时期建成的很多博物馆至今仍发挥着巨大的社会教育作用，它们的办馆宗旨对新时代的博物馆仍具有指导作用。

二、早期博物馆的宗旨

宗旨是一个博物馆所有业务工作的终极目标，不仅是研究博物馆藏品、陈列、观众以及各项工作及相互关系，博物馆事业建设各个方面以及各级各类博物馆之间的关系，还是研究博物馆与社会公众以及与社会经济、政治、文化教育、科学技术发展的关系[5]，都要以宗旨为基本导向。同时一个博物馆的宗旨也体现该馆自身的性质与定位。中国早期博物馆按照建馆人士国别可分为西方人士创建的博物馆和国人自主创建的博物馆两大类，它们在各自办馆宗旨的引领下，在早期中国产生了重要的影响。

（一）西方人士在华所建的博物馆

"近代中国的博物馆思想是从西方传入的，而中国最早的一批博物馆也是由西方来华人士创办的，这些来华西人在中国创办的博物馆对于中国近代博物馆的起源和发展曾产生了重要影响，这已经成为中国博物馆学界的共识。"[6] 1868年法国传教士韩伯禄在上海创建中国境内第一家博物馆——徐家汇博物院。[7] 1874年亚洲文会北中国支会创办上海博物院，1904年法国传教士创办华北博物院，英国传教士创办济南广智院，1914年法国传教士创办北疆博物院，美国在四川创办华西协和大学博物馆，至1949年中华人民共和国成立，外国人在中国的建馆活动虽有起伏但从未停止。

上海博物院的创办是北中国支会调查中国和附近国家基本情况的计划之一，早期主要目标是收藏中国动植物标本和地质标本。上海博物院开展的众多活动"使博物院真正具有储藏、展览、研究及教育功能,成为学术研究中心和公共文化中心"。[8]"观者每日早九时起至晚五时止,星期六则下午二时起至六时止,任人入览,不取游资。所置物品,均有玻璃罩,观者不得擅动。"[9]济南广智院以"广其智识"为宗旨,怀恩光曾表示他创建广智院的目的主要有三个:"表彰上帝创造万物之奥妙,一也;表彰上帝治理之世界,二也;表彰基督之圣训,以明世界如何进步,进步何所凭借,三也。"[10]博物院常年对观众开放,每周开放六天,周日休息,开放时间为每天上午九点至下午五点。后来,为了让白天工作的人们也能前来参观,开启每周二、四、六晚上开放模式。北疆博物院的创办者桑志华在我国黄河流域、东北地区、西藏等地收集了众多的化石和标本,提出"为保存收集之物,博物院之设立,实为急务"。[11]桑志华在博物院经营方面十分重视与教育和学术研究相结合,附近的天津工商大学获益颇多。但博物院的藏品大部分被运往国外,只有一部分用作交换国外标本资料。

综上,一方面,西方人士在我国建造的博物馆凭借精良的设备、先进的管理理念和技术对我国博物馆产生一定的影响,增加了国人的见识,向国人介绍了博物馆知识,客观上传播了西方文化。另一方面,博物馆创办者多是以"传教"为目的的传教士,博物馆的陈列展览大多体现西方人的种族偏见,带有一定程度的文化侵略性质。同时它们搜集大量的中国自然特产和古代文物,个别还参与甚至直接从事中华文物掠夺行为,对中国古物造成不可弥补的损失。

(二)国人自主所建的博物馆

中华民族危难之际,必须要进行深刻的变革,博物馆正是社会强烈变革的产物。创办者希望以博物馆"开民智",提高国民的文化知识和受教育水平。因此,中国的博物馆在创办之初就肩负着重要的社会使命。1895年,康梁等知识分子成立强学会,将"设博物仪器馆"作为学会"五大端"之一。1898年,维新运动期间,以康梁为代表的资产阶级分子将创建博物馆作为"新政"的一部分进行宣传,掀起博物馆社会舆论的高潮,此时中国建立博物馆的条件基本成熟。[12]这次舆论高潮,推动了以南通博物苑为代表的一批博物馆的出现,中国近代第一批博物馆由此产生。

1905年,爱国实业家、晚清状元张謇于濠河之畔建立南通博物苑,是中国人创建的最早、最有特色、具有近代意义的博物馆,同时也是中国博物馆事业的发祥地。(图1)张謇认为,教育关乎国家命运和民族前途,而博物馆是普及知识、培养人才的教育机构,是学校教育的后盾。因此他将南通博物苑视作辅助学校教育的存在,确定以"设为庠序学校以教,多识鸟兽草木之名"为办苑宗旨。其建筑按博物馆功能要求进行设计,适宜藏品的收藏、陈列,"初建时,藏品分天产(即自然)、历史、美术、教育四部,是一所合自然、历史与艺

图1 南通博物苑

术为一体的综合性博物馆"。[13] 张謇的博物馆主张虽然并不系统，也存在较多的局限性，但是他以中国国情为基础，吸收西方博物馆的有益经验，对我国早期博物馆的建设具有指导意义。[14]

故宫博物院的成立，是中国博物馆事业发展中的一件大事。1925年10月10日在乾清宫广场举行盛大的成立大会，故宫博物院正式成立。自此，昔日的皇家宫廷变成服务社会、人人可以参观的公共场所。故宫博物院成立之后，负责"掌理故宫及所属各处之建筑物、古物、档案之保管、开放及宣传事宜"。[15] 除设立古物馆、图书馆，各宫殿原有的陈列保持原状，部分开放供观众参观，还布置包括宋元画陈列室、明画陈列室、玉器陈列室在内的37个陈列室以供参观。宣传方面，出版影印字画、图书文献两百多种，固定刊物七八种，这些举措产生了很大的社会影响。故宫博物院的成立，"推动我国博物馆事业的发展进入了一个新的阶段"[16]。

1927年7月，河南省政府委派郭须静、徐金泉、何日章三人为河南博物馆筹备委员，隶属省教育厅。早在1922年，冯玉祥出任河南督军时，在颁布《督豫施政大纲》中就提出要"推行义务教育，以开民智"；1927年6月，冯玉祥任国民政府河南省主席，下车伊始，便布告《治豫大政方针》，提出了"教育为立国根本要政"的主张。1928年5月，河南博物馆改名为河南民族博物院，以"启发民众知识文明、激增革命思想、促进社会文明"为办院宗旨。1930年12月恢复"河南博物馆"名称。河南省教育厅还颁布了《河南博物馆组织条例》，提出以"一、发扬固有文化；二、提倡学术研究；三、增长民众知识；四、促进社会文明"为办馆宗旨。[17] 河南博物馆几经更名、由汴迁郑，最终与中原石刻艺术馆合并为如今的河南博物院。（图2）

1929年成立的浙江省西湖博物馆是西湖博览会的延续与新生，1931年改名为浙江省立西湖博物馆，隶属于浙江省政府。"以收集、保存并陈列研究本省及各地之文物天产及其他有关文化产业之品物为宗旨。"[18] 西湖博物馆秉承西湖博览会为社会及其发展服务的特性，向大众开放，并以研究、教育、欣赏为目的，征集、保护、研究、传播并展出人类及人类环境的物证。[19] 为此，西湖博物馆开展多种形式的宣传和教育活动向观众系统地介绍知识，主要包括筹备演讲会、播放幻灯片、购置电影机、放映教育影片和科学幻灯片等。此外，博物馆不仅十分重视博物教材陈列室的建设，还为中小学生制作多种类的标本，这一行为非常具有针对性，同时也具有很强的现实意义。"为了使民众接受更加系统、全面的知识，1934年还开办附设民校。"[20] 这些宣教措施作为西湖博物馆事业的重要组成部分发挥着重要的作用。

1933年4月，在中央研究院院长蔡元培的倡

图2 1927年河南博物馆

议下,"国立中央博物院筹备处"在南京成立,隶属于教育部。中央博物院的筹建"代表了当时中国博物馆的最高水平"。[21] 同年6月,拟定《国立中央博物院计划书草案》,明确建院宗旨为"提倡科学研究,辅助公众教育,以适当之陈列展览,图智识之增进"。强调了博物院的社会教育功能。后来又进一步提出博物院以"汇集数千年先民遗留之文物,及灌输现代知识之资料,为系统之陈览,永久之保存,藉以为提倡科学研究,辅助民众教育"[22]为宗旨。以原藏于清朝奉天、热河行宫的宫廷文物作为中央博物院筹备处基本藏品,另多方征集、收购、发掘文物充实馆藏。(图3)后于1950年遵照中央文化部通知改名为国立南京博物院。

1944年中国西部博物馆由近代著名实业家卢作孚推动成立,他和张謇一样,为了挽救国家命运、对民众进行知识普及,投身于社会公益事业,试图用教育开启民智。"博物馆以'从事科学教育之推广及专门学科之研究'为宗旨,厘定博物馆的工作目标为辅助教育、促进学术研究。"[23] 为了提高博物馆的利用率、惠及更多民众,博物馆的经营者延长开放时间,坚持周二至周六开放上半日,周日全天开放,而且在节假日会在此基础上延长开放时间,另外在妇女节、青年节、儿童节、教师节等节日期间会开展专题性的招待活动,进行博物馆宣传、科学教育普及、举办专题展览,同时组织普通民众特别是农民参观博物馆。这种经营理念"把中国西部博物馆真正意义上变成宣传科学知识的博物大学堂"[24],在战争时期产生了极大的社会影响。

综上,早期国人自主创办的博物馆以教育救国、普及科学文化知识、为社会服务为宗旨,积

图3 一期完工后的"国立中央博物院"

极探索博物馆的发展之道。以藏品为基础,开展研究、举办展览,通过多种类型的宣教活动致力于扩大观众的认知水平,提高全民的思想素质,把博物馆变成实施教育的大讲堂,让观众体会到科学的魅力,促进社会发展进步。

三、博物馆的力量所在

"近代中国博物馆在创建之初就明确提出向大众开放、服务于社会的公共文化服务宗旨,同时适应时代的特殊需要,还突出强调了博物馆的社会教育使命,成为近代中国公共教育体系的一部分。"[25] 今天我国众多知名博物馆都是由早期博物馆直接继承或重组后发展而来的,它们引领中国博物馆事业的发展。近些年来,在国家政策的大力支持和指导下,中国博物馆迈向高质量发展的道路,博物馆正在新时代释放出巨大的力量。

(一)博物馆能增强民族自信

中华大地上百万年的人类发展史,上万年的文化史,5000多年的文明史,持续的、丰富的文明成果彰显了先民们伟大的创造力。博物馆通过

多种形式的展览述说着不同文物的故事，将中华文明绵延不断的历史故事呈现在观众面前。"良渚遗址可实证中华文明的发展特征——多元一体，并真实、完整地保存，它是人类文明发展史上具有杰出代表性的东亚地区史前大型聚落遗址。"[26]良渚博物院的基本展览依托"水乡泽国""文明圣地""玉魂国魄"三个展厅，全面、立体、真实地展示了良渚遗址和良渚文化的考古成果、遗产价值，体现了良渚文明在中华文明"多元一体"历史发展进程中的重要地位和独特贡献。让观众在参观过程中通过多种形式的展览方式了解良渚文化、了解中华民族，增强文化自信、民族自信。

（二）博物馆能增强民族凝聚力

博物馆是展示多民族文物和文化的重要场所，完整并直观形象地保存着中华各民族的历史记忆。客家是汉族重要的一支民系，随着历史上中原汉人数次南迁逐渐形成，他们具有强烈的民族认同感和凝聚力。时至今日，客家人已是广东、福建、江西、台湾等地居民的重要组成部分，并且广泛分布于世界各地，客家文化、客家精神影响深远。寻根溯源，中原地区是客家人和客家文化的根源所在，这里的人们与客家人有着血脉亲情。郑州博物馆的专题展览"客家根亲"，通过场景复原、建筑模型、实物展示向观众介绍客家文化，进而以时间为线索展示中原人五次南迁的历史，最后放眼现代，介绍1971年至今举办的世界客属恳亲大会的举办时间地点。此展览不仅能让普通观众了解客家文化，也能够让海内外客家子孙感受到"同根同源"，无论身处何处，都能寻根中原。

（三）博物馆是学校教育的重要补充

习近平总书记说"一座博物馆就是一所大学校"。[27]博物馆的教育功能是从博物馆创办之初延续至今不可忽视的重要功能，在早期博物馆的办馆宗旨中体现得淋漓尽致，直到今天依旧发挥着重要作用。成年观众通过展览、知识讲座、文化沙龙在博物馆中汲取营养；青少年凭借形式多样的主题活动，多角度地感受传统文化的奇妙和魅力。河南博物院的"博物雅堂"是面向全年龄段观众，集学习和体验于一体的教育活动。每期活动参与人数约30人，保证每位观众有体验的机会。每期以河南博物院的一件文创产品为主题，邀请与之相关的专业人士进行知识讲解，讲解过程中观众可以进行自由提问。活动最后部分，每个观众都可以参与主办方预先设置的文创产品体验活动，或宋氏点茶，或唐代花钿绘制，或木板年画印刷。"博物雅堂"系列活动让观众在愉快的学习与体验中收获学校教育之外的知识。（图4）

（四）博物馆是激发灵感、促进创新的基地

习近平总书记强调，要"让收藏在博物馆里的文物、陈列在广阔大地上的遗产、书写在古籍里的文字都活起来，丰富全社会历史文化滋养"。[28]博物馆内的文物作为古代文化实体蕴含着十分丰

图4 观众体验"宋式点茶"

富的信息，通过深度研究之后的再创造，转换为多种艺术形式丰富现代人的精神世界，带来新的审美体验，让文物真正地活起来。郑州歌舞剧院的舞蹈《唐宫夜宴》首演以来获得了众多的关注和荣誉，它的创作灵感来自现藏于河南博物院的一组隋代乐舞俑，一组13件，包括8件乐俑和5件舞俑。它通过"从博物馆里三彩乐俑得来的灵感，汲取了唐俑服饰造型特点，传统文化元素在节目中运用得淋漓尽致。《唐宫夜宴》通过结合当代人的视觉审美来讲述唐朝的故事，一群穿着唐朝服饰嬉戏的少女成了观众眼里熟悉的陌生人，她们在一颦一笑中生动地展现了唐朝独有的美学风范"。[29] 此外，各博物馆具有创意、类型众多的文创产品和形式多样的教育活动都是从文物中汲取养分、让文物活起来的最好见证。

（五）博物馆是促进文明交流的重要媒介

2016年，习近平总书记在深圳国际博物馆高级别论坛贺信中提出："博物馆是保护和传承人类文明的重要殿堂，是连接过去、现在、未来的桥梁，在促进世界文明交流互鉴方面具有特殊作用。"[30] 历史的发展、社会的繁盛、人类的进步，都离不开文明的滋养和引领。解决人类共同面临的各种挑战，也需要从不同的文明中寻求智慧、汲取营养。世界各国博物馆之间的交流与合作恰是文明互鉴的有力佐证。不少外国博物馆都设置有"中国馆"和"中国厅"，里面陈列着精美的中国文物，是向国外观众展示中国优秀历史文化的一个重要窗口。近年来，国内的博物馆也通过在展厅内设置国际馆来展示外国文物。苏州博物馆新馆的国际合作厅以"罗马：城市与帝国"作为首展，为中国观众展示罗马文化（图5）；吴文化博物馆的"伊特鲁里亚人——古代意大利的贵族"展览，则全面展现了伊特鲁里亚人当时的生活状态。这些以文明交流为目的的展览让观众不出国门便能欣赏到缤纷的世界文物，了解到不同的文明形态。

（六）博物馆能促进现代化文明城市建设

博物馆作为文化基础设施，是营造良好的文化环境，提高社会文明程度的重要条件，也是建设现代文明城市的主要标志。[31] 第37届国际博协大会通过了新版博物馆定义，强调博物馆在社区的参与下，为教育、欣赏、深思和知识共享提供多种体验。将博物馆和城市紧密联系在一起，突出城市在发挥博物馆力量上的重要作用。文化是一座城市的精神底色，博物馆是城市的文化宝库，以丰富且形象的实物展示着城市的历史内涵，并通过多种形式的教育活动散发着自身的魅力，博物馆一直在影响着城市的发展。对一座城市来说，博物馆塑造着城市的品位、引领城市的发展，是市民修身养性、提高科学文化素养的重要场所，也推动着该城市的经济发展。近年来，我国许多城市陆续发布建设"博物馆之城"的政策，这将对城市未来的发展赋予巨大的能量，促进现代化文明城市的建设。

今天的中国比之前任何时代都更为重视博物

图5 "罗马：城市与帝国"海报

馆事业的发展，更加重视挖掘、发挥文物的现实价值及教化意义。站在博物馆发展的道路上回头看，早期博物馆以教育救国、普及科学文化知识为宗旨，为中国博物馆事业开辟出一条道路；往前看，今天的博物馆在这条道路上继续释放着在增强文化自信、增强民族凝聚力、社会教育、激发创造力、促进文明交流方面的强大力量。

四、结语

知过去，明未来。只有深刻地认识"昨天"，才能做好"今天"，才能勇于担起"明天"。"一切向前走，都不能忘记走过的路；走得再远、走到再光辉的未来，也不能忘记走过的过去，不能忘记为什么出发。"[32]如今，我国的博物馆事业取得了显著的成绩、迈向了高质量发展的新阶段，新时代的博物馆及其从业者要继续走好属于我们的"奋斗路"，深入了解我国早期博物馆的发展历史和主要建馆宗旨，以国家最新政策为指导，让博物馆更好地服务于社会主义现代化建设，为人们的美好生活贡献力量！

---

[1]李耳.道德经[M].中文在线数字出版集团股份有限公司，2020.

[2]本文中"早期博物馆"指1840年鸦片战争后至1949年中华人民共和国成立前在中国大陆建立的博物馆。

[3][5][28]王宏钧主编.中国博物馆学基础（修订本）[M].上海：上海古籍出版社，2001.

[4]梁吉生.论旧中国博物馆事业的历史意义[J].中国博物馆，1988（2）.

[6]梁吉生.论旧中国博物馆事业的历史意义[J].中国博物馆，1988（2）；项隆元.博物馆与维新运动[J].文博，1988（1）；徐玲.西方博物馆观念在中国的早期传播[J].中国博物馆，2011（Z1）.

[7]费畊雨，费鸿年.博物馆学概论[M].北京：中华书局，1948；曾昭燏，李济编著.博物馆[M].正中书局，1943；陈端志.博物馆学通论[M].上海：上海市博物馆，1936.

[8][21][22]徐玲.博物馆与近代中国公共文化（1840—1949）[M].北京：科学出版社，2015.

[9]侯孝坤.烟台基督教长老会与郭显德[J].烟台：烟台市芝罘区政协文史资料委员会编印.芝罘文史资料（第4辑），1989.

[10]王嘉川，王珊：天津北疆博物院补考[J].中国科技史料，2004（1）.

[11]南通博物苑——本苑简介[EB/OL]. http://www.ntmuseum.com/.

[12]梁吉生：旧中国博物馆历史述略[J].中国博物馆，1986（2）.

[13]王宏钧.中国博物馆事业的创始和民国时期的初步发展[J].中国文化遗产，2005（4）.

[14]本院概览——河南博物院[EB/OL]. http://www.chnmus.net/.

[15][16]蔡琴.浙江省博物馆史研究（1929—1966）[M].北京：中国书店，2014.

[17]黄莺.初创期的浙江省博物馆[J].东方博物，2007（2）.

[18]安来顺.二十世纪博物馆的回顾与展望[J].中国博物馆，2001（1）.

[19]南京博物院——院史列表[EB/OL]. https://www.njmuseum.com/zh.

[20]中国西部博物馆.中国西部博物馆概况[M].四川北碚，1947；项隆元.博物馆与维新运动[J].文博，1988（1）.

[23]良渚博物院[EB/OL]. https://www.lzmuseum.cn/BoWuYuanJianJie/index.html.

[24]黄慧敏.习近平春节前夕赴陕西看望慰问广大干部群众[N].人民日报，2015-02-17（1）.

[25]习近平在中央政治局第二十三次集体会议中强调 建设中国特色中国风格中国气派的考古学 更好认识源远流长博大精深的中华文明[N].光明日报，2020-09-30（1）.

[26].《唐宫夜宴》舞翩跹 从传统画卷中奏出来的文化强音[EB/OL]. http://baijiahao.baidu.com/s?id=1691816499418235036&wfr=spider&for=pc，2021-2-16.

[27]习近平向国际博物馆高级别论坛致贺信[N].中国青年报，2016-11-11（1）.

[29]霍小光，张晓松.庆祝中国共产党成立95周年大会在京隆重举行[N].中国青年报，2016-07-02（1）.

刍议新时代博物馆开放服务应注意的几个问题

——从国际博协最新博物馆定义谈起

丁 萌
中国国家博物馆

摘要：根据国际博物馆协会发布的最新博物馆定义、我国《公共文化服务保障法》《博物馆条例》等一系列法律法规、国家文物局新近颁布的《博物馆定级评估标准》《博物馆运行评估标准》权重导向，做好开放服务对博物馆履行新时代社会责任、促进自身发展均具有重要意义。但在实际工作中，还存在着对开放服务的"概念与边界""观众与理念""质量与品牌"等重要问题认识不够，因而影响开放服务效能发挥的情况。本文就此提供了对策建议。

关键词：博物馆；开放服务；问题；对策

国际博物馆协会于 2022 年 8 月发布的博物馆最新定义第一句便开宗明义作出定性："博物馆是为社会服务的非营利性常设机构。"统观整个内容，始终贯穿着以"开放服务"为前提和主线的运营要求，如"向公众开放，具有可及性和包容性""在社区的参与下，为教育、欣赏、深思和知识共享提供多种体验"等。[1] 其实，开放服务一直是近代以来博物馆之所以为博物馆的一个新的基本的特征。这里强调的是，做好开放服务，更是新时代中国博物馆履行《公共文化服务保障法》《博物馆条例》等一系列法律法规责任，担起服务人民美好生活、见证和参与中华民族伟大复兴事业崇高使命之必需；同时也是顺应国家主管部门近年来新颁《博物馆定级评估标准》《博物馆运行评估标准》重社会服务的导向，确保自身发展不偏航的需要。可见做好博物馆开放服务的意义非同一般。然而，当下业界一些同人对博物馆开放服务的几个基本问题还存在一定模糊认识，从而不同程度地影响、制约着博物馆开放服务的效能。在此，笔者略述浅见，向专家与同行请教。

一、概念与边界

毋庸讳言，大凡干好任何一项事业，首先应弄清它的概念与边界。笔者根据曾参与的一项对2008年以来博物馆开放服务工作的研究，认为"博物馆开放服务"的概念应定义为："博物馆开放服务，是指博物馆在对外开放期间，基于本馆的职能与定位，为满足公众有关需要而提供的咨询、票务、展览、参观、教育、推广、安全、卫生、经营等一系列有偿或无偿的活动。"[2]

笔者主张根据上述概念，明确当前"博物馆开放服务"的边界主要有以下九个方面：

（一）咨询服务

博物馆开放中的咨询服务，是指博物馆相关业务部门为满足公众对开放时间、展览信息、讲解导览情况、服务设施位置、文物鉴定修复、藏品保管捐赠等方面的知情需要，而提供问题解答或建议方案的活动。

（二）票务服务

博物馆开放中的票务服务，是指博物馆票/卡管理部门为满足公众对参观门票、活动入场券或会员卡的获得、使用需要，而提供票券预约、发放、销售、配送、验证、回收和会员卡申请、核准、指导、管理等帮助的活动。

（三）安全服务

博物馆开放中的安全服务，是指博物馆安全保卫部门为满足公众在馆停留期间人身、财产不受到损害、损失的需要，以及博物馆在运营期间展厅、展品、设备、设施不发生丢失、损坏的需要，而提供安全检查、秩序维护、展品保护、展厅巡查、实时监控、突发事件应急处理等预防方案和善后办法的活动。

（四）环境卫生服务

博物馆开放中的环境卫生服务，是指博物馆环境卫生管理部门为满足公众在停留期间享受舒适空间和便利设施的需要，而提供展厅打扫、服务设施清洁及维护、绿化、照明、温湿度控制、无障碍设施配备以及公共卫生危机预防处置等保障的活动。

（五）参观服务

博物馆开放中的参观服务，是指博物馆参观接待部门为满足公众方便前来和顺利参观的需要，而提供交通指南、标识指示、展览介绍、资料宣传、物品寄存、失物招领、观众疏导、休息场地等协助的活动。

（六）教育服务

博物馆开放中的教育服务，是指博物馆公共教育部门为满足公众在科研学习或休闲旅游中获取知识、陶冶情操、提升审美的需要，而依托博物馆资源开展的讲解讲座、导览导赏、教育课程、影视制作、实习实践、情景体验等项目的活动。

（七）推广服务

博物馆开放中的推广服务，是指博物馆宣传推广部门为满足公众对博物馆自身形象、展览展示、业务活动的了解和参与需要，而提供媒体发布、书籍编纂、报刊出版、网站建设、新媒体交互、志愿者（志工、义工）招募等信息的活动。

（八）展览服务

博物馆开放中的展览服务，是指博物馆展览

业务部门为满足公众对某一时期、某一主题历史、艺术、科学、文化等知识的了解和欣赏需要，在思想、内容、形式等方面组织展陈设计，在博物馆内、外提供文物、标本、模型、照片、数字等展品展示的活动。

（九）经营服务

博物馆开放中的经营服务，是指博物馆经营与财务部门为满足公众在馆停留期间对餐饮、服务、纪念品等的购买需要，而提供文创、采购、储存、销售、收银等营业服务的活动。

二、观众与理念

（一）关于观众

高度认识开放服务对象——观众工作的极端重要性，深刻理解、准确把握"观众"二字的内涵与外延，并有针对性地落实好服务措施，应为做好博物馆开放服务工作的核心要义、重中之重。

多年来，国内外博物馆学权威学者对观众工作极端重要性的论述可谓振聋发聩，而且是惊人的殊途同归。国外方面，日本的鹤田总一郎先生认为："观众既是博物馆的服务对象，又是博物馆的生命所系。"美国史密森学会的玛丽·格拉斯·波特尔女士认为：评价一个博物馆的价值，更重要的是要看其是否"尽最大努力扩大每个公众积极、有益的参观博物馆的机会。为此，从观众进馆的全过程中，我们必须从各个角度、各个方面去关心和照顾观众"[3]。国内方面，苏东海先生认为："当代博物馆正在进入一个外向化的发展进程。""这就把博物馆的观众工作推到前所未有的位置上来，观众工作的好坏将关系到博物馆的命运。在博物馆发展的外化过程中，能否重视外化前沿的观众工作，将是衡量博物馆领导是否具有现代意识的试金石。"[4]

实践证明，观众的重要性，不仅在于他们是博物馆开放全部服务的对象，也在于他们的要求和愿望是促进博物馆开放工作不断改进和提高的动力。当他们来到博物馆参观陈列展览或参加其他活动时，都会按照自己的思想水平和文化素质，自己的需要和兴趣，从亲身的体验、感受中去理解、评价博物馆提供的展览价值、环境情况和服务水平。尽管众多观众的意见和反映不尽相同，但总会代表和体现社会公众对博物馆开放服务某些方面的期待和要求，包含着改进博物馆工作的线索和启示。每一个博物馆工作者都应该重视观众，学会倾听和吸纳观众的意见，善于从中找出改进工作的方向和途径，以便使自己的工作更符合观众的需要。

观众是一个惊人广泛而多元的群体。这个群体由不同的年龄、性别、职业、民族、国籍、文化程度、兴趣爱好……的人们所组成，从老人到儿童，从专家学者到少年儿童，从国家元首到普通百姓，无所不包。博物馆的开放服务要想做到"雅俗共赏"，实属不易。因此，对观众进行分类研究就显得格外重要。"总体来说，博物馆的观众可以分为知识学习型、学术研究型、艺术鉴赏型、休闲娱乐型、观光旅游型、文化交流型、政治访问型……"[5]分析他们各自的特点，把握他们不同的需求，是博物馆成功组织接待观众、准确提供相应服务的精准依据和科学基础，在实践中具有十分重要的意义。

理解和把握博物馆服务对象——观众的需要，

最终是为了完善相关的具体开放服务措施。

今天的博物馆，不仅承担着为人们提供多样文化信息服务的任务，还承担着为人们提供优雅休闲环境和多样化精神需求的任务。

在满足人民群众日益增长的文化需求、实现人民群众的基本文化权益方面，博物馆服务公众的方式方法已经是丰富多彩了。目前看来，在场馆内，主要有布设展览、讲解陈列、文物咨询、教育互动、举办讲座、播放影视资料，编印指导参观的陈列说明书和导览手册，编印馆内收藏的各类文物目录索引，出版藏品研究书籍和学术期刊，出版文物图录和鉴赏图典，等等。延伸到场馆外，还可以通过举办流动展览、组织专题知识竞赛、走进校园社区进行主题宣讲等一系列方式实现。美国有专家认为："博物馆不在于它拥有什么，而在于它以其有用的资源做了什么。"[6] 时代的发展带动了博物馆文化信息服务观念的更新和方式的创新。博物馆传播给观众的知识信息量将越来越多，新兴科技的含量也将越来越大。在这个数字化、信息化的时代，怎样在博物馆开放中体现新时代和新科技的特征，也需要在公众服务体系建设中好好规划。信息传播已不再是单向传递，而是双向交流，互动影响。博物馆举办展览和开展活动的目的已经不再单纯是"教"，而是帮助观众"学"。也就是说，要通过为观众的自我学习提供条件而实现其作为公益性文化机构宣传教育的目的。当今的博物馆必须适应学习型社会的需要，为成为公众特别是青少年学习历史、科学及各种文化知识、接受文明熏陶、进行终身学习的文化阵地和课堂而努力。

当然，今天的博物馆也不仅仅是一个宣传教育机构。多年来，人们对博物馆的宣传教育功能主要关注于提供教育内容和文化信息的传播，而忽略了参观者对于环境的感受。博物馆不同于一般的展览馆，它应是一个使人们充分享受文化、陶冶情操的去处。在这里，应把尘世的喧嚣摒弃于外，进入一个亲切、舒适的自然生态和人文生态环境中，感受浓郁、和谐、高雅的气氛。想要让庞大的观众群体在博物馆中获得良好的环境享受，显然单靠工作人员的热情洋溢、笑脸相迎远远不够。必须通过周密的整体规划，提供良好的设备设施，最大限度地体会观众需要，为他们创造一个良好的参观休闲环境。具体来说，要合理划分展区，使基本陈列与各专题性陈列、临时性展览布局明晰、流线合理，便于观众进行有选择的参观；要分区设置休息区域供观众小憩，并合理配套商品销售、卫生间、信息屏等服务设施；在每个展区尽量以隐性或柔性措施进行安全管理，避免出现保安人员来回转、"人盯人"等不雅现象；在各开放区域控制卫生、绿化、光照、噪声等指标，按照人的生理需求保持洁净舒适、避免破坏干扰。同时，也要注意充分关注未成年人、年老体弱者、残疾人等特殊人群的需要，在设备设施上为他们提供一切便利的条件。只有考虑充分，通过对设施设备的精心配置、对观众流线的精心策划、对展区展陈的周密安排，才有可能把观众参观产生的疲劳降至最低，使观众全方位地享受到高质量的博物馆开放服务。

（二）关于理念

众所周知，任何事业的发展繁荣都离不开先进正确的核心理念引领。当下，人们都知道"以人为本"，概括和总结了社会总的服务理念，也包容了博物馆开放服务理论的基本指导原则。这个核心理念的确应当尊重，而且大家似乎都在践行。问题是，不少同人对博物馆开放服务中"以人为本"理念的理解还相对肤浅，从而不同程度地限制了理念引领的强大力量。

以笔者的理解，要做好新时代博物馆开放服务的各项工作，突出并贯穿"人"的本位显得尤为重要。从历史上看，中华优秀传统文化中的"民本"思想数千年来一脉相传，是滋润、凝聚华夏民族，推动中华文明生生不息、薪火相传的一种强大文化基因。博物馆作为以珍藏和传承文明、见证和参与伟大复兴为己任的公益文化机构，其施教于民、施德于民、施文化和娱乐于民应是天职所在，将"以人为本"作为其服务理念的根本宗旨是先天合理及必然的。从现实来看，大多数的博物馆属于全民公有的事业单位，其有形资产（文物、设备、场馆等）、无形资产（文物内涵、科技含量、工作人员技能、博物馆品牌等）、工作人员的薪酬福利均由政府财政解决，经费大都来源于社会纳税人。这就决定了博物馆为最广大的人群服务乃天经地义。其实，现实中还有不少各种类型的博物馆仅仅靠政府或者纳税人养活已经越来越不可能。这就使得这些博物馆不得不面对市场、面对全社会、面对所有的"人"，才有望寻找适合自己生存发展的路径。鉴于此，博物馆开放服务"以人为本"理念中的"人"，又该是全社会的所有人。

在博物馆开放服务工作中，还应当将"以人为本"理念中"人"的概念拓宽，将"人"延伸为历史的"人"、现代的"人"和未来的"人"，进一步强调"人"的本位观念，强调"人"的根本利益。

所谓历史的"人"，是指各个历史时期的人类。他们与博物馆息息相关，博物馆保存的历史遗迹和灿烂文化是他们的遗留，正是他们的行为活动产生了各种遗存物。这些东西是博物馆之所以能够存在的基础，是博物馆的生命线。保存好他们的遗存物，研究他们所处时代的社会情况，客观反映各个时期的综合状况，还历史于本来面目，是博物馆肩负的历史责任。

为现代的"人"服务，则是指博物馆开放服务过程中应当树立"以人为本"的理念。保存和研究历史遗存，是在让世人了解过去，借鉴历史。从这个角度来说，重视历史的"人"也就是在为现代的"人"服务。利用现代化设施满足现代人们的求知需求和消费观念，推出高品位有趣味的陈列展览，进行贴近历史原貌的古朴设计，提供亲切优质的讲解导览，出版益于学术研究的专著成果，营造便于娱乐放松的休闲氛围……都是在为实实在在的、当下的"人"服务。

为未来的"人"服务，主要是多征集、收藏一些重要文化遗存物，运用科学的方法保存和修复好历史文物，为今后的人们采用更加尖端的技术和更先进的方法解读历史、为我们的后世子孙能够感受甚至触摸灿烂的文化奠定实物基础。

三、质量与品牌

（一）关于高质量发展

不同的时代呼唤不同的博物馆开放服务。进入新时代的中国，呼唤高质量的博物馆开放服务。而高质量的标准又要求博物馆的开放服务多多打造品牌、奉献精品。

高质量发展是新时代对各项事业发展的根本要求以及党和国家的重大战略部署。

实际上，我国博物馆领域早已闻令而行，正蹄急步稳转入高质量发展的新阶段。如 2019 年 9 月 22 日，由国家文物局、中国博协指导的"全国博物馆高质量发展论坛"在山西太原召开，吹响了博物馆高质量发展的号角。2022 年 9 月 26 日，《中国博物馆协会助力博物馆高质量发展三年行动计划》正式发布。如今，"高质量发展"已成为我国博物馆最大的共识、最核心的发展理念与最根本的评价标准。

（二）关于打造品牌

新时代人民"美好生活"对博物馆开放服务的需求，自然不是一般化的服务需求。"不一般"就必须"高质量"，"高质量"自然呼唤"精品"，"精品"的持续与拓展则终将形成"品牌"。

其实，回顾我国博物馆近些年开放服务的历史，不难发现打造品牌是各类、各级博物馆开放服务高质量发展的最佳呈现。如在"教育服务"方面，有博物馆行业部门相继推介、对观众影响深刻的国家博物馆"中华优秀传统文化系列课程——博悟之旅"品牌、故宫博物院的"藏品有话说"百集红色音频节目品牌、河南博物院的"连锁化历史教室"品牌、首都博物馆的"读城"教育品牌、内蒙古博物院的"欢乐大课堂"品牌、浙江自然博物院"消失的海冰"儿童情景剧品牌、北京汽车博物馆的"雷锋——一个汽车兵的故事"沉浸式教育品牌、安徽界首市（县）博物馆的"界首之韵——笔笔生辉文物绘画大赛"品牌等。又如"展览服务"方面，有博物馆行业部门相继推介、对观众影响深刻的众多年度"全国博物馆陈列展览十大精品"等。再如全国一批博物馆在"推广服务"方面推出的巨大流量的"中原藏珍""云探国宝""指尖上的国宝"等新媒体、短视频服务品牌，在"经营服务"方面推出的"考古盲盒"等文创"出圈"或"爆款"品牌等。正因为品牌的力量，今天的"博物馆热"才如此地符合逻辑。历史昭示未来。新时代的博物馆开放服务，必须坚定走高质量发展之路，必须实施品牌战略。

四、结语

新时代的博物馆开放服务，意义更重，使命更光荣。做好新时代博物馆开放服务工作，亟待明晰博物馆开放服务的概念与边界、观众与理念、质量与品牌三个基本问题。虽然本文给出了一些建言，但还难尽其美，且事物永远在运动和变化中。鉴于此，愿携手博物馆同人始终保持清醒头脑，不断地与时俱进、守正创新，让博物馆开放服务永葆生机。

---

[1] 当博物馆被重新定义[EB/OL]. http://culture.gmu.cn/2022-12/23/content-36252590.htm.

[2][5] 丁福利，黄琛，张希玲. 中国博物馆开放服务指南[M]. 《中国学术期刊（光盘版）》电子杂志社有限公司，2019.

[3] 丁福利. 凸显教育功能——当代博物馆功能的一个新变化，当代中国博物馆教育寻真[M]. 中国学术期刊（光盘版），电子杂志社有限公司，2018.

[4] 苏东海. 博物馆演变史纲[C] // 博物馆的沉思——苏东海论文选. 北京：文物出版社，1998.

[6] 段勇. 当代美国博物馆[M]. 北京：科学出版社，2003.

融媒体环境下的博物馆传播
——以河南博物院新媒体运营为例

冯冬艳　豆晓宇
河南博物院

摘要：新媒体的应用在博物馆领域已经逐渐占据重要的地位。新媒体的蓬勃发展为受众提供了多种接触信息的方式。在这种环境下，单一原始的展览形式已经无法满足观众日渐多样的文化需求。不少博物馆积极行动，不断更新宣传理念，综合运用各种媒体手段，从而更好地发挥博物馆的宣传教育功能。本文根据河南博物院各新媒体平台的不同属性、不同运营理念而产生的良好的社会反响为例，论述了融媒体环境下博物馆宣传活动的主要价值及改革与创新策略，进一步推动博物馆的精神文化资源传播，为其树立良好的品牌形象。

关键词：新媒体；河南博物院；博物馆传播

博物馆是历史的保存者和记录者，也是保护和传承人类文明的重要殿堂。如今，传播成为新时代博物馆的重要职能。随着新媒体技术的发展，观众在参观博物馆时追求获得更好的体验，并在体验过程中感受历史文物带来的奇妙感受。融媒体时代对博物馆文化传播提出了更高的要求，运用新媒体技术可以增加受众的参与感和获得感。传统媒体+新媒体平台"两微一抖"的受众，成为博物馆的重要参与者。这种相互补充、相互结合的新型传播矩阵，使博物馆文化传播更便捷、完善、多元，让更多公众走进博物馆、了解博物馆、爱上博物馆。

一、融媒体传播下的"活"文物

融媒体时代，受众的媒介习惯被颠覆，河南博物院也跟随传播媒介的变革对其原有的传播方式进行转型。建设线上线下相融合的"数字展厅"，开放微信公众号线上门票预约、古乐预约购票通道，开发智慧导览小程序，使"语音导览扫码讲解"成为数字化参观的正确打开方式。此外，河南博物院还打造网络传播矩阵：注重微信公众号、微博、抖音的运营，开通淘宝店铺售卖文创产品等。

近年来，河南博物院在传播中原文化方面做了多方面探索，让观众通过线上了解博物馆、线下走进博物馆并爱上博物馆。创新成为中国文化元素"圈粉"世界的金玉良方。河南博物院的话题和热度从线上延伸到线下，彰显了融媒体时代博物馆传播的巨大影响力。

好的运营理念成就了新媒体平台，在疫情肆虐的这几年，河南博物院通过新媒体各平台，提升线上服务功能，在粉丝量、互动量等方面都有了质的飞跃。

（一）年轻化、人格化 IP 塑造

自党的十八大以来，"让文物活起来"成为国内博物馆的一大目标。河南博物院在新媒体宣传上，塑造人格化 IP，新媒体账号以幽默、亲民、互动性强等属性，打破了博物馆以往带给受众的刻板印象，在新媒体平台与粉丝互动热烈，受到了观众的热捧。

（二）创新表达，"让文物活起来"

当下多元文化蓬勃发展，文化竞争日趋激烈。为响应"让文物活起来"的国家战略，河南博物院围绕服务新时代人民美好生活与社会发展大局，不断探索和创新"让文物活起来"的有效方式，鼓励文创产品积极"走出去"，打造"立体文创"新布局，让历史文化的传播和交流从单一空间向外发展形成一个开放包容、交流互动的立体新天地。如河南博物院出圈的"考古盲盒"，观众足不出户就可以"考古"，充分激活了年轻人的好奇心、求知欲和兴奋点。"考古盲盒"的出圈使得河南博物院淘宝店铺粉丝数量激增。后续，河南博物院又相继推出"修复盲盒""传拓盲盒""鎏金盲盒"等盲盒系列文创产品，满足观众的不同需求。

河南春晚出圈的节目《唐宫夜宴》，也是从河南博物院院藏文物"绘彩陶坐姿伎乐女俑"中获得的灵感，以黑马之姿收获满屏喝彩的同时，也唤醒了人民的历史记忆和文化认同。网友盛赞："原来古老的传统文化也可以这么时尚！"此后，河南博物院在文创产品上也不断推陈出新，以"绘彩陶坐姿伎乐女俑"为原型的仕女乐队手办盲盒就是创意出新的产物，让最具传播能力的群体加入博物馆文化传播阵营，从而成为传统文化的话题传播者。

（三）多媒体平台联动

在微信平台，与腾讯合作，连续两年制作微信红包封面回馈观众，在微信"搜一搜"栏目下设计制作"河南博物院"搜一搜专属界面，增加多项板块，实现微信搜一搜在院微信公众平台的自主运营。微信搜一搜全新升级上线后，微信指数日环比 801.54%，较之以往增长了 1330%。

以 2021 年在河南春晚出圈的节目《唐宫夜宴》为例，在河南博物院官方微博上联合 @微博热点 @微博美学 @微博艺术共同发起的"唐宫夜宴手绘大赛"活动，邀请插画师、设计师以院藏文物"红陶女俑"和"绘彩坐姿陶伎乐女俑"为原型，对唐宫小姐姐们的形象进行二次创作。活动吸引了众多绘画爱好者的投稿，在微博发布的"唐宫夜宴手绘大赛"话题，一周内阅读量达到 5743 万次，1.4 万余人参与了讨论，带话题的原创微博千余篇,并登上微博热搜;此后,在河南博物院官方网站制作"唐宫夜宴手绘大赛线上展览",将网友的作品通过线上进行展出,将传统美学艺术与创造力连通,让盛唐之风穿越千年,在网络焕发出新的生命。

二、讲好融媒体时代的"豫博故事"

河南是华夏文明的开源和繁盛之地,作为首批中央地方共建的国家级博物馆,河南博物院拥有馆藏文物17万多件(套)。为了让更多民众能欣赏到这些难得一见的"国宝"风貌,河南博物院依托院藏文物,策划推出短视频文物纪录片《中原藏珍》,让人们足不出户零距离与文物"对话",感受珍贵文物的恒久魅力,感受中原文化的博大辉煌。

在信息化时代,展厅的面积是有限的,但是网络空间是无限的。《中原藏珍》短视频的推出,目的就是把文物以短视频形式,让观众随时随地都能用手机与文物"对话",更加便捷地了解中原历史文化。此后,相继推出10分钟以内的长视频《中原藏珍·讲述》,邀请专家深度讲述文物背后的故事,不断提升中原文化影响力。

目前,《中原藏珍》栏目已然成为河南博物院的一个品牌栏目。在融媒体时代,用短视频这种最有效的传播方式讲述"豫博故事",已经成为河南博物院一次成功的实践。

为了让文物和文化遗产活起来,营造传承中华文明的浓厚社会氛围,2022年,河南博物院又相继策划推出云展览"远古清音——贾湖骨笛""郑国祭祀遗址出土编钟""好看莫若孩儿面——宋代婴戏枕"等线上云展。展览聚合三维动画、图文、音视频等资源,通过PC、移动等多终端展示,并开发有沉浸式互动体验。希望通过线上云展,让观众了解更多中国故事,更加坚定文化自信。

三、疫情常态之下,新媒体成为博物馆服务公众的有效观展平台

(一)打造原创服务内容,搭建博物馆与观众的交流平台

在疫情常态化情况下,为丰富线上服务内容,河南博物院通过微信公众号推出原创专辑《数说国宝》,每期对一件国宝进行解读,发挥数字化解读优势,把馆藏文物"搬"到线上,用三维互动的方式,让观众随时随地与文物零距离"接触"。通过网上传播,使网友在浏览时,能够将每件文物随意放大、缩小、360°自由旋转观看,浏览文物局部的高清细节。使得平时在线下看展时隔着展柜无法看到的文物内部铭文、背部底部等无法呈现的部分,通过移动端达到无障碍观看,真正做到"让文物活起来"。

自2021年开始,推出的原创专辑《文物壁纸》《豫博二十四节气》,每期根据院藏文物元素设计制作壁纸、海报,并在推送中解读文物的历史背景,每月定时推出。趣味传播历史文化知识的同时,也成为观众每月的期待!

河南博物院微信公众号秉承打造原创内容为主原则,为观众提供优质的服务内容,提升政务微信的吸引力、亲和力和传播力。在疫情常态下,推出的《数说国宝》《豫行漫记》《文物壁纸》《豫

博二十四节气》《中原藏珍》《云端古乐厅》等20多部原创专辑，极大地丰富了线上服务内容，为观众了解河南博物院，更好地传播中原文化搭建平台和渠道。

（二）短视频在新媒体平台上的应用

说到短视频，就不得不提到抖音平台了。河南博物院抖音号于2019年开通运营，所发布的抖音作品多以文物普及、讲述类原创视频为主。观众通过平台观看河南博物院相关视频，进行点赞互动或转发，起到了很好的传播作用，从而提高了河南博物院在社会上的影响力。

伴随着互联网信息技术的不断发展，从文字、图片到视频，信息可视化越来越强。与传统新闻报道方式相比，用户对于轻量化、时长短、娱乐化的短视频需求更为迫切。微博中的短视频以内容丰富性、及时性吸引着公众的注意力，满足公众对于信息的最大化需求。[1]

四、新媒体技术的应用使博物馆观展模式更加多元化

新媒体与博物馆的融合极大地推动了博物馆的创新发展，为沉浸式体验提供了发展空间。

（一）数字导览技术

数字导览是一种结合多媒体、网络、高新科技等多项技术进行导览讲解的新技术，满足观众自选参观路线和展品的愿望。自2020年9月河南博物院智慧导览平台推出后，首次推出"展品＋微信二维码"的形式，将200余件文物用语音导览的方式呈现给观众，观众在观展过程中，通过微信扫描二维码，便可以获得文字讲解信息和文物高清图片，满足观众近距离欣赏藏品的需求。

（二）VR技术与AR技术在展览展示中的应用

现如今，数字化技术的发展让博物馆对文物的展示方式也逐渐丰富，并且使用媒介也呈现出多元化的趋势。随着新媒体技术的发展，虚拟场景所带来的感官体验以及观众亲身操作新媒体设备时所获得的乐趣，创造了以前静态欣赏文物无法比拟的精彩体验，满足了不同观众的多样化需求，也增强了观众对展览信息的更多理解。[2] 目前，河南博物院已在官网上线12个VR虚拟展览。

2020年，随着河南博物院全方位提升，AR技术也应用到河南博物院东配楼的社会教育体验厅中，体验厅入口处便是一块"5G＋全息莲鹤方壶"的雾幕。雾幕利用5G＋高精度工业投影，把莲鹤方壶投影在雾气之中，让莲鹤方壶在云雾中活起来、动起来，画面清晰灵动。游客则可以在雾幕中随意穿梭，经过雾幕的那一刹那，仿佛与文物来了一个"灵魂交流"。雾幕还可通过5G网络迅速调取，实时更新其他投影内容。此外，社会教育体验厅内还设有5G＋360°实时全景体验区和5G＋《千里江山图》体验区。5G＋360°实时全景体验区是由一面静止的洛阳龙门石窟景象墙面、简单的一张桌子和几幅VR眼镜组成。通过体验区的CPE设备呈现在VR眼镜之中，这静止的景象就能"动"起来。观众只需戴上VR眼镜，360°的龙门石窟实时景色，卢舍那大佛的巍峨庄严，就能瞬间映入眼底。仿佛身临其境，千年文化遗产，遇上新科技，让文物"活"起来，迸发出新的科技魅力。而5G＋《千里江山图》则是以5G技术结合高端工业投影和沉浸式动态视频，让

古老的画卷通过云端渲染和5G回传后，给观众带去了仿佛"人在画中游"的全新体验。游客置身其中，就如同穿越古代，配合优美的音乐，让人难分虚实。真正做到让观众体验不一样的博物馆之旅。

五、打造融媒体平台，为内容发布保驾护航

融媒体平台是内容生产平台，能将河南博物院对外发布的媒体资源聚合在一起。通过业务流程的整合，把音视频及稿件的采集、编辑、审核等流程进行整合，数据打通。通过融媒体平台，实现与门户网站、官方微博、微信公众号、抖音、今日头条等不同渠道的数据打通，能对媒体数据进行监控、抓取并进行集中展示，提高媒体资源利用率，提升融媒体业务工作效率；同时，融媒体平台又提供了全网舆情监控、热点监测的功能，通过采集监测"网站、微信、微博、抖音、头条"等全网信息，分析全网热点和舆论发展趋势，掌握地方重点事件，预测、发现热点走势，为内容生产提供指导，并提供可视化结果分析。[3]目前，河南博物院的融媒体平台在实施方面，很难做到对各平台内容和阅读量等相关信息的精准抓取，这也是今后需要探索的一个方向。

六、牢牢把握时代走向，加快观念转变，主动作为

在当前数字经济飞速发展的背景下，新媒体是利用科技开展文博文化国际传播的有效手段，能够推动中国特色文博文化发展，对国际社会充分展现"新时代、新文博、新形象、新内容、新成效"。

在疫情防控常态化下，越来越多的博物馆开始注重新媒体传播，加深展览形式、展出手段和多元化场景的创新，更好发挥博物馆的宣传教育功能。所以，我们要积极把握好新形势下的新媒体传播形式，利用好、发挥好新媒体在文化传播方面的作用，紧跟热点，不断提升新媒体环境下的博物馆传播矩阵。在工作中，应该多建立和其他新媒体平台的良性互动、合作共赢的关系。时刻保持清醒的政治头脑和坚定的政治立场，才能善用新媒体，营造好的舆论导向。

融媒体环境下，河南博物院进行了一系列从理念到实践的创新，关注度和美誉度不断提升，成为国内博物馆中的现象级传播。"博物馆热"的背后是受众对传统文化产生的文化认同和文化自豪感，以及在物质条件丰富的时代下对精神文化需求的不断提升。河南博物院通过对新媒体各平台的革新与创意策划，赋予自身具有时代气息的生命力，彰显了融媒体时代博物馆传播的多种可能。

---

[1] 吴珊珊. 融媒体时代的博物馆传播——以故宫博物院为例[J]. 新闻研究导刊，2019（3）.

[2] 娜木含，陈敏仪. 新媒体环境下博物馆如何更好地发挥文化传播的作用——以广东省博物馆为例[J]. 传播力研究，2019（27）.

[3] 杜盛楠. 论新媒体环境下博物馆的传播策略[J]. 视听，2019（7）.

博物馆文创语境下非物质文化遗产的保护与传承

张潇杨

河南博物院

摘要：在中华优秀传统文化中，非物质文化遗产是重要的组成部分，对非物质文化遗产进行有效的开发和利用，是保护和传承中华文明的重要举措，有助于实现社会效益和经济效益的统一。近年来，非物质文化遗产的保护和传承工作受到各方重视，博物馆作为非物质文化遗产的收藏机构，如何有效保护和传承非物质文化遗产成为文博界研究的重点课题之一。本文立足实际，分析文创产业和非物质文化遗产之间的关联，阐述博物馆非遗文创产品开发的可行性，进而提出博物馆文创语境下非物质文化遗产的保护策略，旨在推动非遗文创事业的可持续性发展。

关键词：博物馆；文化创意产业；非物质文化遗产；保护与传承

现代生活中，非遗文创产品能够挖掘非遗元素、传播非遗技艺，让公众在使用非遗文创产品的过程中，了解、认识、认同中华优秀传统文化，坚定文化自信。文化创意产业和非物质文化遗产的融合，不仅将厚重的文化资源转化为文化资本，还为文化创意的表达提供了更加丰富的素材。在产品和形式上，二者均有文化生产的地方性，并依附地方文化特色向文化消费的全球性战略发展。文创产业和非物质文化遗产有一定的共通性，同时二者也面临着相似的发展问题：它们的发展从始至终都需要对传统文化内涵和新兴文化现象进行二次归纳与解读、创造与再生产，并在此基础上获取大众认同感，建立与市场的紧密连接，进而融入、渗透到广大人民群众的日常生活中。[1]

一、文创产业和非物质文化遗产之间的关联度

（一）产生和应用的相似性

从概念上看，文化创意产业是源于个人技能

和才华创造的知识产权，该产权的生成和取用能够创造财富、增加就业潜力；非物质文化遗产是源于社区、群体或个人所认同的社会实践、观念表述、知识技能以及相关的实物场所等，是一种文化象征，也是人类生活方式的传承，技艺、经验、精神等载体的活态性展示。由此可见，二者均取材于生活、应用于生活，需要根据时代特色的文化现象进行符合大众接受的解读和再生产，且兼备实用性和创造性的特点。[2]创新是文创产品的核心，通过创意赋予文化内涵、表达艺术设计，进而丰富产品的观赏价值、情感价值、体验价值等附加值。非物质文化遗产有鲜明的地方特色，与民族个性、审美习惯、生活方式息息相关，在传承和利用过程中，了解地域性以及如何与时代发展相结合，是确保其更具生命力和社会价值的关键。如此，才能被社会广泛接受，从而促进公众认可无形的文化创造、文化价值并产生情感共鸣。

（二）文化传播和输出方式的共通性

首先，非物质文化遗产和文化创意产业的发展均是由人们看得见、摸得着的艺术形式来完成无形的文化和创意表达，从而达到向公众传播文化知识的目的。在此基础上，文化创意产业能够利用自身功能的实用性和表现形式的现代化，协助非物质文化遗产突破地域性和表达方式的局限性，为其提供传统文化和现代商品有机统一的解决方案，继而，非遗在活态化传承之外，还可以从文化生活到文化产品方位的转变。其次，在输出方式上，无论是非物质文化遗产的保护和传承，还是文化创意产业的长久发展，二者的活动均以"人"为主体，因此，及时接收受众的反馈和时代的主旋律也是两者的共通之处。[3]文化创意产业胜在渠道之多、形式之妙、内容之新，能够通过文化创意、艺术设计等有形或无形的方式将非遗文化与当下热点话题相结合，用现代的观念、工具、产品，依托数字媒体技术，打造全新的产品体验和营销空间，为非遗提供创新机制、发展机遇以及融入当代社会的平台，从而既为其注入新生活力，也提高了自身赛道的竞争力。

二、博物馆非遗文创产品开发的可行性

博物馆是保护与传承非物质文化遗产的重要载体，同样，开发非遗文创产品对于博物馆的运营亦尤为重要。博物馆在开拓创新、活化历史与文物的同时，应选择更契合社会信息化发展的方式，积极提供非遗文创产品及相关服务。[4]如此，不仅提高了博物馆的社会服务水平，也做好了非遗保护和开发工作，有助于弘扬非遗文化内在价值，拓宽非遗文化传播的新路径。推动非遗与文创产品的跨界发展融合，能够让非物质文化遗产走进人们日常生活，具备有形、可依托的载体，并赋予其实用价值，从而让更多的观众通过非遗文创产品关注、了解非遗，唤起对非遗的保护意识，并自主地融入非遗保护、活化、传承与发展的队列中去。

首先，非物质文化遗产能够丰富大众对文物背景和文化内涵的认知，这与博物馆传播历史文化知识的功能重合。此外，手工类非遗文创产品凭借其可操作性将精神享受和体验乐趣相结合，也在一定程度上增强了博物馆的休闲娱乐功能，

更新、丰富了博物馆活态展示的方式。[5] 国际博物馆协会对博物馆最新的定义为："为社会服务的非营利性常设机构，它研究、收藏、保护、阐释和展示物质与非物质遗产。"（ICOM，2022）[6] 随着当代博物馆定义与职能的不断更新与拓展，博物馆利用其在资源、技术、人才等层面的诸多先天优势，积极研发、创新非遗文创产品，能够将公众心中枯燥的非遗知识和专业的非遗技艺转化为兼具操作性和趣味性的系列产品，从而拉近与公众的距离，向公众传达博物馆对非遗的关注、保护和传承，完成博物馆和非遗文创产业的共同发展目标。[7]

其次，博物馆文化创意产品能够开发非物质文化遗产的创意价值，并通过自身优势将其包装为创意资本。同时，非遗也在不断丰富着文创产业的创意素材和内在文化价值，从而推动优秀的传统技艺以更具创新性的方式体现在文创产品设计中。博物馆的非遗文创产品以商品为载体，以创意为最大竞争力，以传递文物知识、文化内涵、传统技艺、审美趣味为目的，是非物质文化遗产保护与传承的重要途径之一；同时，也是拓宽博物馆文创产业发展道路、塑造博物馆品牌影响力、提高博物馆社会公众服务力、释放文化创造力和时代个性化追求的需要。通过借助博物馆这一平台，文化创意产品能够结合馆藏文物特色、利用数字化技术、运用融媒体语言，拓展非物质文化遗产与大众之间信息交流的渠道，消除信息壁垒，让观众用最直接的方式了解"活的文化遗产"，全方位呈现非遗产生的过程与互动的活态表达，开发博物馆文创语境下传递传统知识的新路径。[8]

三、博物馆文创语境下非物质文化遗产的保护策略

（一）加强对非遗元素的开发和运用

非遗文创产品是对历史文化信息、现代文化审美、馆藏文物特色、非遗技艺精髓的提炼、融合、再创作与交流，是具备现代时尚功能和时代特征的文博创意产品，能将更多非遗元素带到大众日常生活中，并最大化体现产品的文物、文化、工艺及审美价值，同时也是一门极为新颖的人文艺术学科，为非物质文化遗产增添独特的历史魅力和文化吸引力。[9] 因此，亟须从馆藏文物、当地文化中提取代表性的非遗元素，用时尚、现代的语言表达传统文化符号，这样既有人文关怀，又能满足受众心理层面对文化消费的需求，创造良好的感官体验；继而通过良好的市场传播效果和收益，反哺非物质文化遗产的保护事业。[10] 非物质文化遗产中有大量闻名的手工技艺，如各地的陶瓷烧制、木雕石雕玉雕、刺绣、剪纸、泥塑等，这些非遗元素代表了传统社会各具特色的生活习惯和审美偏好，具有极高的实用价值以及内在传承、延续其精湛技艺的必要。因此，传统手工技艺类文创产品，既要传承文化的原生性，也要开发、放大其背后所蕴含的亮点，在保留人与物、人与自然之间文化和谐的前提下，借助现代技术的支持和知识产权的开发对文化资源进行提升与革新，实现传承与开发的平衡。[11] 以河南博物院"雕刻的宝物·传拓盲盒"产品为例，将精选的院藏文物进行等比例缩放、复原，不同时期的画像砖均由手工翻模制作，同喷壶、刷子、拓

包、宣纸、墨水等拓印工具一起，以盲盒的形式套装在便携小巧的铁盒中，为受众还原"古代印刷术"的制作原理和过程。通过非遗文创产品为大众提供触摸历史记忆、传承拓写文化的途径；用最直观的手作方式体验与古人的互融互通，零距离感受非遗工艺的古老魅力，在休闲娱乐中传承千年技艺。此外，"永恒的匠心·雕版大师"产品以非物质文化遗产雕版印刷技术为核心，以甲骨文为灵感，融入当代用语习惯的同时呈现古人雕刻求知的探索精神。产品配备实木板、雕刻刀、毛刷、印台等工具，在不失其本的前提下守正创新，降低了传统雕刻的难度，并在随机的甲骨文图案上刻有符合当代人审美的祝福语，经过打磨、上蜡、雕刻、上墨、按印、装裱后即可制作出独一无二、专属自己的作品；再对应甲骨文字形介绍及现代寓意释意图，受众不仅可以亲手制作非遗佳作，还能在实践的过程中汲取背后所蕴含的遥远、古老的智慧。

（二）积极开展非遗文创活动

文化在交流和沟通的过程中绽放光芒，也因相互借鉴而不断丰富内涵。文创产业是一项需要与时俱进，不断创新、汲取时代素材的工作，因此，各地博物馆之间、各地各式非遗文化之间、博物馆与参观者之间，均要进行可持续的跨域交流与互鉴活动，如此才能在时代号角中将院藏文物、非物质文化遗产、文创产品间实现多维度融合，呈现符合现代审美的非遗文创产品。[12]其中，参与者的反馈、互动、沟通尤为重要，因此，博物馆应积极开展同行间的非遗文创研讨会、举办非遗集市、创建非遗工坊、筹办创新设计大赛、开发研学课程、开展非遗文创品鉴会等系列活动，从而优化产品体验感和附加值，显著提高非遗宣传效果。比如：2019年故宫博物院举办"吉服嘉礼 祥乐天工——宫囍·龙凤呈祥"非遗传承与发展论坛，专家学者和非遗传承人就空间表达、现代化语境与传统文化、艺术尝试与IP文创产品等命题对话古今，探讨非遗技艺。2020年广州市在永庆坊打造非遗街区，组织非遗传承人开展技艺体验活动，为当地居民提供深入了解本土非遗的平台。近两年，河南博物院推出"川上曰"非遗品鉴雅集活动，叶贴画、陶笛、汴绣、泥咕咕、木雕等领域数位非遗大师与文化学者为观众现场分享非遗情缘和创作心得，还有非遗传承人展演点茶、香道、拓印等技艺，参与者可亲身感悟非遗魅力、传承历史记忆。此外，河南博物院还成立了河南省博物馆学会文创专委会，并举办全国文创发展研讨会"聚焦2021——国潮出圈的N种可能"，各地博物院（馆）、高校、企业和文创爱好者在此次交流中学习借鉴、碰撞新思路。[13]

除了举办线下活动外，还要运用数字技术在网络空间打破壁垒，结合更注重渠道和架构的互联网技术，通过线上活动实现跨界的交流与合作。[14]例如，借助新媒体平台的推广和传播力度，与微博、微信、抖音、bilibili等官方平台合作，以制定专属玩法、开设话题词、抽奖互动、征集投稿等方式，与年轻群体直接对话，并在此过程中了解非遗文创产品消费者的用户体验及需求；开发App小程序等数字产品，利用可视化平台搭建3D模型，对非物质文化遗产进行趣味性、场景化的动态交互设计，为手机端用户还原非遗的原生环境并提供零距离体验非遗技艺的网络空间；在云计算、3D打印等数字技术的支持下，利用线上传播优势实现多领域跨界IP合作，渗入大众生活，满足消费者的个性化定制需求。如此，依托互联网及其终端提供的生产传播条件，针对特定消费者群体策划适用的线上活动，能够调动用户参加内容创作的积极性，融入更多的自我表达和创造力，从而鼓励更多文博爱好者参与到非遗文创产品的设计和制作中，形成良性的内容生产生态，促进非遗文创事业的可持续性发展。此外，建立非遗文创专区，运营非遗文创粉丝社群，邀请独立设计师、非遗传承人、广大高校师生、设计机构等入驻社区，定期发起讲座，与粉丝交流创作灵感等活动，均能为非遗文创事业注入生机，持续激发非遗绽放出新生活力。

（三）拓宽非遗文创产业传播、营销渠道

充分利用互联网等新兴技术的广泛普及，融合5G、大数据、物联网和区块链等技术，建立并展示多元、活化的非遗文创产业环境。搭建信息共享的数据资源平台，集合各地博物馆力量，围绕地方非遗特色，打造以非物质文化遗产及非遗元素文创产品为主题的陈列展览基地，推出生态、体验、互动、消费为一体的系列展区，从而推动非遗陈列展览和文创产品之间的有机融合。[15]在全国范围内横向、纵向联动，持续加强对当地非遗主题街区、文创产业园区以及民俗村落的开发，不仅能够作为非遗展示与传播的媒介，也能通过文化产业平台的搭建，实现历史文化赋能于经济发展，构建出非物质文化遗产的新兴业态集群，扶持振兴乡村经济，带动微小企业发展，促进劳动力就业，从而实现社会效益和经济效益的统一。[16]如此，不仅贯彻落实了文旅文创融合战略，还为非遗文创产业的传播提供了多维路径及推广思路，加深了非物质文化遗产与当地居民生产、生活之间的联系，让非遗最终回归到大众的日常生活，继而成功构建出极具本地特色的非遗保护与传承体系。比如，南京民俗博物馆整合当地非遗文化内涵，经过合理的编排后在馆内呈现出观众喜闻乐见的民俗活动，同时配套展出精心设计的文创产品，观众在特定生态空间参与非遗娱乐互动后，更容易在该环境下购买和收藏个性化非遗文创产品。此外，在非遗文创产品的开发上，应优先考虑数字化推广方案，加强市场、渠道、策划等各环节专业人员的参与度，把后期的线上传播手段与前期的产品设计相结合。例如，在文创产品包装上引入动态交互设计，附上可用来进入AR或VR交互体验的二维码，不仅增强了非遗文创产品的视觉展示效果，也强化了受众对非遗文创产品的消费兴趣，提升了产品本身的传播力度。除了线下馆内营销推广之外，还应积极利用新媒体应用与淘宝、京东等电商平台合作，以市场为导向进行针对不同受众层的网络营销，通过带货直播以及P2P运营等模式打造非遗文创"网红"爆款。尤其是面对年轻群体时，运营和研发团队应积极转变营销理念，从年轻消费群体的偏好找到非遗文创产品的推广方向。比如，将新产品的宣发重点放在线上，开设抖音直播间、淘宝天猫官方店铺、京东旗舰店、B站会员购、小红书店铺等，保证流量的同时落地丰富多彩的营销活动，并以观众熟悉的主播和客服形象与消费者建立良好的互动关系，为消费者讲解产品蕴含的非遗元素，延续非遗文化基因，最终实现以经济效益反哺非物质文化遗产保护事业，促进非遗文创事业的可持续性发展。

在原生环境发生变化的情况下，非遗需要快速适应新的环境载体并与其和谐共生，文化创意产品的开发和流通能够为非遗提供适宜生存的平台以及被大众接纳的机遇。因此，我们应当加强对非遗元素的开发和运用、积极开展线上线下非遗文创活动、拓宽非遗文创产业传播及营销渠道，继而有效地开发和利用非物质文化遗产，推动非遗文创事业的可持续性发展，保护和传承中华文明，从而实现社会效益和经济效益的统一。

---

[1] 杜韵红. 从语境到生境：博物馆的"非遗"保护实践探索[J]. 文博学刊，2020（1）.

[2] 刘雄. 试析"博物馆＋非遗"模式下的文博创意衍生品开发路径[J]. 理论观察，2018（4）.

[3] 吴志跃. 文创在博物馆邂逅非遗之后[J]. 中国博物馆文化产业研究，2015（1）.

[4] 李京花. 谈博物馆文创和非物质文化遗产的有效合作——兼谈博物馆文创面临的若干问题[J]. 文物鉴定与鉴赏，2021（15）.

[5] 张文珺. 传统手工艺类非物质文化遗产博物馆文创产品开发研究[J]. 轻纺工业与技术，2022（4）.

[6] International council of museums（2022）. Museum Definition. [online] ICOM. https://icom.museum/en/resources/standards-guidelines/museum-definition/.

[7] 费扬. 非物质文化遗产在博物馆中的阐释与表达[D]. 杭州：浙江大学，2019.

[8] 杨咏，王子朝. 浅析非遗博物馆文创产品的开发策略[J]. 艺术与设计（理论），2018（3）.

[9] 周振. 传统文化视域下的展示设计研究[D]. 武汉：华中师范大学，2021.

[10] 方云. 试析"博物馆＋非遗"模式下的文博创意衍生品开发路径[J]. 遗产与保护研究，2016（6）.

[11] 顾浩. 本真与嬗变——对作为非物质文化遗产的手工艺技术意义的再反思[J]. 扬州大学学报（人文社会科学版），2014（1）.

[12] 冯琳，赵经纬. 活态共构：社区博物馆的非物质文化遗产保护实践[J]. 西北民族研究，2022（4）.

[13] 宋华. 河南博物院文创发展路径探析[J]. 中国博物馆，2022（3）.

[14] 张曼，曾斯平. "互联网＋"背景下博物馆与非物质文化遗产深度融合研究[J]. 南宁师范大学学报（哲学社会科学版），2020（5）.

[15] 刘文良，邵煜涵. "非遗＋"文化创意产品创新开发策略研究[J]. 扬州大学学报（人文社会科学版），2020（5）.

[16] 朱莉莉. 非遗公众活动：强化博物馆非遗传播效应的思考——以南京博物院非物质文化遗产馆为个案分析[J]. 民族艺术研究，2018（5）.

提高图书资料管理人员素质的探讨
——以河南博物院为例

张鸣雨
河南博物院

摘要：图书资料部门的设立在单位中往往有着重要地位。以河南博物院为例，为了促进文博事业的蓬勃发展，就需要在硬件设施、软件设施和管理人员素质培训等方面进行大量投入，从而提高专业技术人员业务能力和科研水平。但受经济发展等多方面的影响，我国在图书资料的管理方面相对比较落后，所以，提升图书资料管理人员的素质成为急需解决的重要问题。本文结合自身工作经验以及当前图书资料信息化的发展现状，来论述单位图书资料管理人员如何更好地提高自身工作素养以及更好地为职工提供服务和帮助。

关键词：图书资料管理；信息化；素质；措施

图书资料管理的工作看似是个闲职，其实具有很强的创造性和学术性，尤其是随着信息化时代的到来，大众对文化生活的需求越来越强烈，图书资料部门已经成为构建学习型社会所不可或缺的重要组成部分。与此同时，图书资料部门管理人员的自身素质与图书管理的效率又有着直接的关系。单位图书管理人员是管理工作中最主要的因素，也是最基本的元素，提高图书资料管理人员的素养和水平，对提高管理质量有着十分重要的意义。

一、提高图书资料管理人员素质的必要性

（一）图书资料管理人员的素质现状

传统的封闭管理和内向型服务使得图书资料管理人员的知识结构较为单一，工作积极性不高，随着信息化的不断发展，这种传统的借阅模式与当下便捷的信息技术产生了一系列矛盾。自助借还、自助查询等数字化技术的出现，使得图书管理人员日常的工作变得轻松不少，但随之而来的

是有些图书管理人员因此产生懈怠和懒惰的情绪。在大众以往的认知当中,图书资料的管理工作是简单而清闲的,帮读者借书还书,或者按照索书号把不同类别的图书进行整理排列上架。也正因为大众对图书资料管理工作存在一定的误区,所以意识不到图书资料管理工作的重要性。做好图书资料的管理工作不仅仅是图书资料管理人员严格要求自己的体现,更是在信息化背景下图书资料管理人员为适应时代发展所必须做出的改变,只有不断提升自己的专业素养,才能在时代更迭下不被时代所淘汰。

(二)图书资料管理人员缺乏专业知识储备

在传统的图书资料管理中,图书资料管理人员不够重视,信息化建设不够完善,最重要的是图书资料的管理人员专业的知识储备相对比较薄弱,制约着电子图书资料管理的发展。与此同时,图书资料管理人员的职业素养存在参差不齐的现象,在日常工作当中,往往只能完成最基础的图书资料分类整理和摆放上架工作,但在信息化不断发展的今天,电子化图书资料管理变得迫在眉睫。图书资料管理人员的信息化建设能力不足,不利于图书资料信息化的发展。因此,信息化建设更应充分发掘和培养优秀的专业人才。[1]

二、信息化背景下图书资料管理人员提高素质的措施

(一)加强对图书资料管理人员的思想建设

以河南博物院为例,图书资料部为全院图书资料管理的职能部门,主要负责全院图书、资料的采编、管理、借阅和信息咨询等工作,下设三个专业图书库、资料库、期刊室、阅览室。公共图书馆与博物院图书资料部的区别在于职能不同,公共图书馆主要以开展社会教育、传递科学情报为主,而博物院的专业图书库以文物与博物馆学、历史学、考古学为主,为职工专业研究工作提供服务。所有图书分库管理,专人负责。所有院藏图书资料在完成登记、编目、计算机输入等程序后,须及时入库,按分类号、顺序号和复本数准确上架流通。图书资料室是单位文化建设的阵地,提高图书信息管理水平,在知识快速发展的时代,就要求图书资料的管理人员要坚持不懈地学习,紧跟时代的发展潮流,努力提高图书资料专业知识的储备能力,更加全面地为读者提供优质服务。[2]

想要做好图书资料的管理工作,首先,应具备较高的思想政治觉悟,定期为图书资料管理人员进行专业知识培训,对社会主义核心价值观以及当代的主流意识形态等内容进行学习,促进管理水平的不断提高,针对现如今的时代背景所提出的种种要求都要有深刻的把握。其次,还应为图书资料管理人员定期开展职业态度等方面的培训,更好地为读者提供服务。图书资料的管理人员应具备的最基本职业素养就是恪尽职守、爱岗敬业。在具备良好职业态度的前提下,还要对相关业务知识进行深入领会和学习。同时,图书资料管理人员也要将图书资料管理工作视为自己毕生的事业,以激发图书资料管理人员的事业心以及对工作的责任感,促使图书资料管理人员以主人翁的姿态看待并热爱本职工作。因此,在图书资料的信息管理工作中,应该加强对图书资料管理人员在思想层面上的建设,将管理人员的工作

热情与时代特点进行充分结合，帮助图书资料管理人员正确看待当前时代的发展，继而在图书资料管理工作中大胆尝试、勇于创新，完善图书资料在建设和管理中的各项工作。

（二）加强对信息技术的使用，打造一支高素质的图书资料管理队伍

一支高素质的图书资料管理队伍是确保图书资料在管理工作上能有较好表现的关键，因此，增强图书资料管理队伍的专业素养也是图书资料信息化管理工作的重点内容。在工作中要充分利用现代化手段，同时，互联网技术使得信息收集更为便利，使得管理工作更有针对性地开展，也能够使得图书资料管理信息化工作效率得到大幅度的提升。

以河南博物院为例，图书资料管理系统为院藏书籍的资料管理、借阅、编目、提借、盘点、注销、文献预订及采购等日常工作提供服务。[3]建立完善的图书、资料管理档案，能够提高图书资料信息的共享与利用。图书资料管理系统实现双屏界面编目、总分馆书目数据清理等功能，通过编目的工作建立完善的馆藏纪录，提供多种有效的手段辅助编目，可以准确定位文献的典藏位置，进行书目、期刊、非书资料的检索查询，职工可以通过办公OA系统的快捷入口登录图书管理系统进行书目检索。2021年河南博物院对图书资料系统功能进行了升级改造，新增流通点、中央书目库检索点等功能，进行馆藏的登记、分配、剔除、调拨、清点、注销与恢复或彻底删除、统计等工作。因此，单位想要培养专业的图书资料管理人员，就需要招聘专业的高素质人才，开展专业知识培训，从而打造一支高素质的电子图书资料管理专业服务团队。与此同时，图书资料的管理人员也需紧跟时代发展的脚步，在日常工作中不断提高自身的专业能力，多借鉴和汲取优秀图书资料管理人员的经验。[4]

（三）增强图书资料管理人员的服务意识

增强图书资料管理人员在日常工作当中的服务意识，不仅能提高其自身素养，还能优化服务水平。图书资料的管理人员应具备良好的服务意识和责任感。因为读者的需求各不相同，这就要求图书资料的管理人员要做好有针对性的服务，即根据不同群体的需求为其提供个性化的服务。另外，图书资料室作为具有较强人文性的场所，其管理人员在工作中也需要具备一定的"以人为本"的理念。图书资料管理人员不仅要为读者提供简单的借阅服务，还要为特殊群体或自身查阅不方便的读者提供代查代找的服务。想要体现"以人为本"，就要求图书资料的管理人员将读者的需求作为出发点，了解每一位读者的需求，在借书还书的过程中尽可能地为读者提供帮助，并定期搜集整理读者提出的意见与建议。把读者的需求放在第一位，同时，把读者的满意度当作衡量工作考核的标准，才能达到增强图书资料管理人员服务意识的目的。

（四）单位应重视对图书资料管理人员的培养

单位图书资料部门一般服务的群体是内部职工，由于存在轮岗的现象，所以图书资料部门的管理人员流动过快，难以长期致力于图书资料管理工作，导致对管理人员素质、业务能力培养重视不够。所以为了改变这一现状，就要求单位应更加重视对图书资料管理人员素质的培养。

首先，需要定期组织开展培训工作，可以通

过参加讲座、高校进修等方式，不断强化图书资料管理人员的信息化意识，这样不仅使图书资料管理人员对自身工作重要性有全面的认识，还能不断地提高自身的综合素养，为后续工作的展开打下良好基础。其次，要在技术培养上投入更多的精力。图书管理工作需要有专业的授课老师进行指导和教学，把相关的理论知识结合实践耐心地传授给图书资料管理人员，使其快速掌握图书管理工作中的重点及技巧，明确图书资料管理目标，从而提高图书资料管理工作的效率。最后，应当合理地安排图书管理人员岗位。以河南博物院为例，单位内部的图书资料部门虽然不大，但仍然需要多名图书资料管理人员进行分工协作，根据每个人所擅长管理内容的不同，将工作进行合理的分配，把专业的事交给专业的人来做，在提高效率的前提下做到事半功倍。所以，单位内部更应重视对图书资料管理人员的培养。

总的来说，在经济飞速发展的今天，知识在日常生活中越来越被人们重视和关注，因此，对图书资料的信息管理工作提出了更高的要求。图书资料管理人员作为信息的整理者和传递者，不仅要增强自己的思想建设和专业知识储备，还需要不断完善专业技能和提高个人的综合素养，要对当前工作中暴露出来的问题进行深入分析，吸收并借鉴先进的管理经验。[5] 单位的图书资料部门更应加快资源信息化的建设，为提高专业人员的科研学术水平发挥促进作用。

---

[1] 屈希阳. 浅析信息时代下管理工作的创新[J]. 劳动保障世界（理论版），2012（10）.

[2] 徐国栋，赵晓敏. 浅析信息化时代管理工作的创新[J]. 办公室业务，2019（9）.

[3] 粟盛民. 提升图书资料管理信息化建设的方法策略[J]. 东方图书资料文化，2013（8）.

[4] 丛迪阳. 提升图书资料管理信息化建设的方法策略[J]. 办公室业务，2019（2）.

[5] 喻艳君. 提升事业单位档案管理信息化建设的方法策略[J]. 办公室业务，2020（1）.

对英美两国公众文物保护活动的思考

戴维康　卜卫民
上海博物馆

摘要：近几十年，英美博物馆的公众文保活动吸引了许多观众，获得了许多成功案例。本文通过梳理英美博物馆的具体案例，总结公众文保的形式主要有文保参观团，常设／临时文保主题展，在展厅修复，常设／临时可视化工作室和线上／线下文保教育。归纳公众文保的动因主要有三点，分别是吸引人才、筹划经费和体现国家民主。最后，本文提出三点建议，即我国文物保护行业的多元化、培养公众文保人才和促进我国公众文物保护的研究。

关键词：博物馆；公众教育；文物保护与修复；公众文物保护

一、公众文物保护

"公众文物保护"定义的范围较广，泛指公众在博物馆背景下进行文物保护相关的互动活动，也包括文化遗产组织、文化媒体、高校学术团体及慈善组织举办的线上及线下的文保活动。文物保护概念与博物馆是同步出现的，可追溯至1675年英国在牛津大学设立的第一个博物馆阿什莫林博物馆。[1] 而"公众文物保护"在近几十年才逐渐被人所知，其概念在英美国家也未见明确定义，类似的概念有文保拓展（Conservation outreach）、文保参与（Conservation engagement）和文保教育（Conservation education）。在英国，文保专家Caple强调公众文物保护主题研究很有价值，但他发现近百年来相关研究稀少。[2] 尹鑫琳[3]认为，我国相关的研究将其定义为博物馆的观众互动研究。事实上，在英国博物馆及文化遗产组织的工作中，常设有面向公众进行保护与修复工作的活动，这类工作称为"Conservation in action"，或者统称"Behind the scenes"。除此之外，影视节目也有关于文物保护主题的节目，例如英国BBC真人秀节目The Repair Shop和Time watch, Meet the Ancestors and Restoration，英国观众的关注度逐季提升。但是在Google检索中关于"Public conservation"的内容多是公众如何保护动物及自然环境，与文化遗产保护有偏差。

公众文保是博物馆活动的一种形式，博物馆学的研究方法可参考借鉴。Falk and Dierking 强调，博物馆观众在以下三种情况下将很乐意支持博物馆：1.当他们感到很融入；2.当他们的需求被满足；3.当他们认为博物馆在贡献价值。[4] 从研究观众的角度看，公众文保主题有巨大的吸引力，能满足公众在博物馆里的求知需求。除此之外，文物保护或许也能借鉴公众考古的经验。我们知道，文物保护作为多学科交叉学科，与考古有密切的联系与合作。早至在1930年埃及法老图坦卡蒙的考古发掘中，文物保护科学家Alfred Lucas已经参与保护工作。"公众考古"在1972年由美国考古学家Charles McGimsey出版的《公共考古学》一书中明确了定义。[5] 刘君杰[6]等人发现近10年来，国内外公众考古学研究虽仍为考古学研究中的冷门，但作为一个独立的研究领域，并且研究热度逐年升温，呈现出多领域交叉研究的态势。虽然未见公众文保（Public Conservation）的明确定义，但其内容和公众考古（Public Archaeology）较接近。例如，英国文化遗产组织National Trust向公众开放遗址参观，即包括了历史、考古和文物保护的内容。尤其是针对公众开展的保护和文物修复工作，引导观众参与文化遗产保护以及保护修复工作。[7] 另一点，英国文保专家Williams的专著 *The Public Face of Conservation* [8]，其意与公众文物保护基本一致。所以直译"Public Conservation"为公众文物保护似乎顺理成章。

二、英美博物馆公众文物保护

近30年来，英美博物馆为了促进公众接触、理解及参与文物保护，做了多项活动和研究。2006年，ICOM-CC的主题是关于公众文保活动（Task force on public engagement），强调与观众交流是基本核心，促使专业人员和非专业观众形成交际网络，共同分享经验和知识。[9] 另外，ICOM-CC在1994年设立了一项名为Keck Award的奖励基金，每两年颁布一次，用于奖励和鼓励那些帮助公众理解文物保护的项目和团队，至今已有15个项目获得此基金。除博物馆外的研究机构，例如，英国伦敦大学和约克大学，分别在2009年举行"Conservation' Catch-22"会议，深入探讨了公众文物保护的发展与愿景；2014年的"Engaging Conservation"会议，拓展如何促进公众与文物保护的关系。

Crutcher[10]统计自1988年至2019年，关于19家英美文化机构和博物馆的公众文物保护活动，归纳为7种：1.常设文保展示；2.数字化技术；3.可视化文物保护修复实验室／在展厅修复；4.与公众合作；5.与文物保护修复师互动；6.STEM教育；7.可视化库房。Crutcher的调查研究发现（图1），各文化机构分别采取了几种不同的活动，其中Musical instrument Museum和Walters Art Museum采取7种形式并举的方法，因此公众的反馈较好。

英美博物馆的公众文物保护活动基于探索、分享、教育和融入几大主题开展，公众文保可能是博物馆与公众的坚实桥梁，通过吸引忠实观众，营建良好社会效应与社群。本文归纳的公众文保形式与 Crutcher 总结的略有不同，分别为文保工作室参观团、常设／临时文保主题展览、在展厅修复（Conservation in Action）、可视化文保修复空间和线上／线下文保教育。

1. 文保工作室参观团

文物保护修复工作室的参观活动，以免费与收费两种形式并存。常以一支小型参观团的规模进行讲解与浏览，根据工作室开放日时间进行预约，有人数限定，以保证整个流程安全与可控。早在 1980 年，英国的温特图尔博物馆（Winterthur estate in Delaware）已开展文保工作室的参观活动，并且该预约流程保留至今。

参观团的设定与博物馆定制参观团接近，获得博物馆内部参观的特权。相比展厅参观时和讲解员的沟通交流，参观团能获得与文保工作人员面对面交流的机会。除此之外，真实的工作场景及处于实际工作中的文物修复师，能给观众更真实的感受，避免舞台式表演的遗憾与不解。

2. 常设／临时文保主题展览

博物馆展览通常有核心主题，过去认为文物保护是搭建科学与艺术的桥梁，如今文保也是构建博物馆社区的有效工具。例如，2006 年剑桥菲茨威廉姆博物馆主题是修复伦理，展陈与展品是服务于展览语言，从而激励观众思维的碰撞。值得关注的是，2008 年大英博物馆的展览，直接冠以"关注文物保护"的主题，并且以在展厅修复的形式吸引观众，为期 6 周。Drago 认为该临展为大英博物馆进行的有效尝试，产生了许多与公众交流的想法和技巧，同时强调了文物保护工作的重要性和价值，为博物馆公众文物保护项目的开展提供了有力的数据。[11]（图 2）

常设文保主题展览更富有挑战性。例如牛津阿什莫林博物馆设立了名为"修复过去"的展厅，基于强大的藏品资源，展出许多古代文物修复保护的案例，融入与观众互动的体验装置，从而起到激发公众好奇心和探索精神，略带有哲学意味的展陈语言，为文物保护与修复带来更深刻的理解与思考。

3. 在展厅修复（Conservation in Action）

与主题展览的设定略有不同，在展厅修复既有空间受限原因也有特意设置的情况。受限于博物馆空间，部分文物体积庞大，不易搬动，只能进行原位保护及修复。例如，美国波士顿艺术博物馆，Conservation in Action 的项目根据实际工作需求，大型器物无法在工作室操作，比如

图 1　文化机构的公众文保活动分析表（制作 by Megan Crutcher）

图 2　2008 年大英博物馆举办的"关注文物保护"的主题展览（图片来源：Amy Drago（2011）."I feel included"：the Conservation in Focus exhibition at the British Museum, 34:1, 28–38, DOI:10.1080/19455224. 2011. 566473）

2002年马赛克地板的修复和2018年日本巨幅卷轴画的修复。现场修复产生很强的观众吸引力及解释问题的能力，通常文字、图片和多媒体无法阐释清楚的保护问题便迎刃而解，这些项目成功提升了观众的参观体验。除此之外，小型藏品若需进行临时修复或加固，展品会短暂离开，以一件展品照片或者一张说明牌替代，表示文物正在被保护处理或修复中。观众可能会产生对此件展品的好奇，例如这件展品为什么要被保护处理，它又是如何被保护的。所以，有些Conservation in Action是有意而为之的（图3），意大利图灵博物馆的一个展厅修复案例，其巧妙地平衡了保护文物的任务，并且在不影响观众理解展陈和文物的前提下，设定了向公众展示一件文物为什么要保护，如何进行保护。不显刻意与说教式，将文物保护的概念巧妙地推向观众。

事实上，在博物馆展厅开展工作的并非只有文物保护。西方国家相信科学是最接近真理的。2009年，公众科学（Public Science）的研究在博物馆内开展，德国博物馆引入一所大学的科学实验工作站，作为博物馆展陈空间的一部分，科学家在此空间工作、学习及交流。（图4）真实运作的科学工作站迁入博物馆的公共空间，起到普及科学、吸引观众、传播知识和形成博物馆社群的功能。

4. 可视化文保修复空间

可视化的文保空间突出了文物保护的价值与必要性，为博物馆争取建设文物保护部门和招聘文物保护修复师提供背景。与此同时，项目产生的社会互动有利于博物馆社区建设。虽然英美两国博物馆开展公众文保活动已有几十年，但常设可视化文保空间的例子并不多。例如，2006年美国史密森艺术博物馆Lunder文物保护中心的公众文保，包括架上绘画、雕塑、木质品和金属等多种材质文物的保护；2013美国达拉斯艺术博物馆绘画保护工作室的公众文保。事实上，英美两国的常设文保修复空间数量并不多，但可视化的文物保护空间及丰富的公众互动为公众文物保护的研究奠定了扎实基础。

5. 线上/线下文保教育

英美两国提供文物保护修复学位的学校数量很多，尤其是英国的文保专业，种类众多，例如

图3 进行中的文物保护研究活动，意大利Turin博物馆（图片来源：Turin博物馆的官方Twitter）

图4 德国博物馆的科学实验站空间（图片来源：德国博物馆网站）

West Dean College 不仅提供学位学科教育，同时提供暑期短期的文物保护修复课程，材质包括家具、陶瓷、金属、纺织品、钟表等，受到公众的喜爱。除此之外，各大博物馆也提供了线上的文物保护培训工作坊，结合 STEM 教育体系，设计开发以博物馆藏品为主体、围绕文物保护的科学知识，是为学术群体设置相应的课程和互动体验，实现寓教于乐的设计初衷。

三、英美博物馆公众文物保护的目的

（一）人力资源引入

引入公众的力量，开展合作与团队建设。公众文物保护活动吸引公众的参与，希望充实博物馆志愿者的团队，同时使志愿者结构多元化，引入博物馆领域之外的专家。普通志愿者的支持可以缓解文保工作人员的工作压力。未经过专业培训的志愿者虽无法上手保护工作，但可安排协助资料整理、沟通协调和看管的工作。从公众的视角看，既满足了公众对文物保护的好奇心，也培养了相关的专业技能，通过积累和激发公众的热情和灵感，可以将这些带到日常生活中去。文物保护是交叉学科，包括物理、化学、材料、生物和环境等学科。博物馆公众群体中有许多在各领域获得杰出成就的人，专业观众的资源和能力将提升博物馆的文物保护工作。

（二）筹划经费支持

博物馆作为保存人类文化遗产的空间，需要多方面的支持。即使拥有高知名度的文化遗产，也面临维护、保护和修复资金的短缺，例如世界文化遗产巴黎圣母院在火灾前筹集资金遇到极大困难，但火灾后迅速获得超额的资金支持。正因如此，伦勃朗的知名画作《夜巡》的保护工作开展在公众面前，2019 年在荷兰国立博物馆展厅搭建科技保护修复的空间，博物馆观众作为利益相关者（stakeholders）有权利知晓文物保护的过程，以及他们所关心的藏品经过保护后的效果，因此该手段可能能为捉襟见肘的博物馆和文物保护项目经费提供有效帮助。

但事实上，经费的引入困难重重，利物浦国家文物保护中心，作为英国第一家开设可视化文物保护修复工作室的机构，自 1996 年开展公众服务，基于可视化工作室的空间举办公众文物保护的工作。可惜的是，2014 年，因地方政府财政预算削减 15%，对公众开放的功能和服务被迫暂停。

（三）国家民主

Simon 提出"参与式"博物馆的概念，并且总结了公众的贡献是参与博物馆的一种形式。[12] Coghlan 支持该观点，并且认为民主化的博物馆应该向公众分享权利。[13] 在英美国家强化个人主义的社会环境下，公众文保可能是弱化国家形象的措施。博物馆通过与公众合作从而赋予公众参与权，分享原本仅属于文保专业人员的权利。例如，英国皇家宫殿博物馆在 2008 年举办文保主题性展览，组建文化遗产观察团，由普通观众形成一支经过培训的公众观察团，执行遗产保护检查和监督文物保护结果与成果的职责。

四、结语

（一）文物保护修复师面临多维度的挑战

文保工作人员擅长处理文物，但多不善于与

公众交流，如何构建文物保护与公众的参与、合作和融入存在挑战。博物馆应提供相应培训及合作项目，促使文物保护修复师适应与公众相处，可能是改善公众文物保护工作开展的基础。但与此同时，使原本工作繁忙的工作人员背上更多负担，可能会影响正常的文物保护修复工作。

（二）文物保护的社会关怀

文物保护行业的发展始终围绕着自然科学展开，近年来博物馆学研究的快速发展，使处于博物馆背景下的文物保护多元化，呈现人文关怀的倾向。因此跨学科的研究值得关注，涉及包容性、平等性和民主性的主题。因此文物保护不仅是硬科技，也是一项兼具社会关怀的活动。

值得注意的是，虽然英美国家的公众文物保护工作开展至今已有几十年，但该方向始终没有成为核心工作，或许是因为没有足够的证据和研究去支持。公众文保究竟有没有作用，对公众带来多少益处呢？有待今后的深入研究。

英美国家的民主政治手段是双刃剑，在博物馆中的社会关怀与权利平等固然重要，我们知道参与权是西方国家的关注点，但事实上参与不同于权利赋予，这点在我国可能更为明显，在谋取博物馆公众利益的同时，需要警惕避免走入所谓民主和权利的理解误区。

（三）公众文物保护研究的必要性

随着英美政府提供的公共服务资金的减少，博物馆转为自负盈亏模式，以博物馆藏品为核心转向以观众为核心的变化逐渐成熟，被市场化的博物馆，须努力寻求生存与发展的途径和动力。文物保护作为博物馆的重要部门，需合理承担市场化需求，面向公众和吸引公众，因此相关的研究工作值得关注。纵观我国博物馆与文物保护行业，因体制的不同和经费来源途径差异，我们所做的公众服务仍处于探索阶段。公众文物保护工作在我国虽刚起步，但多地文化遗产单位及博物馆早已有许多尝试。希望英美博物馆的工作案例、思考角度和发展方向为我国的文保事业带来帮助。

---

[1] Peter Winsor (1999). Conservation in the United Kingdom, *Cultural Trends*, 9:33, 1–34, DOI: 10. 1080/09548969909365067.

[2] Chris Caple (2019). Engaging Conservation, Collaboration across Disciplines, *Journal of the Institute of Conservation*, 42:2, 168–170, DOI: 10. 1080/19455224. 2019.1619340.

[3] 尹鑫琳. 对英国 National Trust 面向公众的修复工作的思考[J]. 首都博物馆论丛，2020.

[4] Falk and Dierking. *The Museum Experience*. 2013.

[5] Charles R.McGimsey. *Public Archaeology*. London: Seminar Press, 1972.

[6] 刘君杰，刘迪，张发亮. 近十年国内外公众考古研究对比分析[J]. 文博，2018（1）.

[7] Zimmer R.B.J.T. Conservation in Action [J]. Auk, 1943, 60（3）.

[8] Emily Williams, ed., *The Public Face of Conservation*, London: Archetype, 2013.

[9] http://www. icom-cc. org/10/documents?catId=13&subId=94#. YBpVEDlxfZs.

[10] https://www. megancrutcher. com/

[11] Amy Drago (2011). "I feel included": the Conservation in Focus exhibition at the British Museum, *Journal of the Institute of Conservation*, 34:1, 28–38, DOI: 10. 1080/19455224. 2011. 566473.

[12] Simon N. (2010). The Participatory Museum. *Santa Cruz, CA: Museum 2.0*.

[13] Coghlan, R. (2018). "My voice counts because I'm handsome." Democratising the museum: the power of museum participation, *International Journal of Heritage Studies*, 24:7, 795–809, DOI:10. 1080/13527258. 2017. 1320772.

博物馆智慧化文物保护体系建设基础研究

杜 安　王 璐

河南博物院

摘要：博物馆智慧化文物保护是构成智慧化博物馆的重要部分，也是落实新时代文物工作方针、提高文物保护实效的重要内容。博物馆智慧化文物保护基于智能感知技术、无损检测技术和信息数据库，通过智能手段替代人工，在藏品可能发生损坏之前提前预知，并为进一步展开的文物保护修复研究工作提供辅助。智慧化文物保护的实现，将为保护和活化人类文化遗产提供重要的途径。

关键词：博物馆；智慧化文物保护；建设

习近平在党的二十大报告中提出，推进文化自信自强，铸就社会主义文化新辉煌。习近平指出，要加大文化遗产保护力度。党的十八大以来，以习近平同志为核心的党中央高度重视文物工作，习近平总书记发表了保护文物的系列重要论述。全国文物工作会议确立"保护第一、加强管理、挖掘价值、有效利用、让文物活起来"的新时代文物工作方针，集中体现了习近平总书记关于文物工作的重要论述精神。

智慧化博物馆建设是全面建设社会主义现代化国家要求下的重要组成部分，博物馆智慧化文物保护是构成智慧化博物馆的重要部分，也是落实新时代文物工作方针、提高文物保护实效的重要内容。博物馆智慧化文物保护应当基于智能感知技术、无损检测技术和信息数据库，通过智能手段替代人工，在藏品可能发生损坏之前提前预知，同时在能够干预的范围内主动做出反应，降低损坏风险，并为进一步展开的文物保护修复研究工作提供辅助。智慧化文物保护需要依托当前先进的智能控制技术和检测方法，进一步优化传统博物馆的文物保护管理工作机制和管理模式，使博物馆的文物保护管理更为高效、科学和智能。

《中国智慧博物馆蓝皮书》(2016)指出，"智慧博物馆是运用云计算、物联网、移动通信等新一代信息技术"，涉及"感知、计算、分析博物馆运行相关的人、物、活动等的数据信息"，以实现博物馆在文物保护与展示及优秀传统文化传播等方面的智能化。针对馆藏文物保护而言，智慧文物保护主要包括文物保护专业技术人员、文物、文物保护修复行为以及文化遗产保护传播之间的动态多向多元信息传递模式为核心的搭建立体化的动态智能感应系统。

一、探索与现状

随着信息技术的快速发展，智慧博物馆是一种在智慧化发展理念驱动下诞生的运营新模式，它利用物联网、云计算、移动通信等信息化技术，实现了智慧化服务、文物保护及管理的几种模式。作为未来智慧博物馆的重要组成部分，智慧文保的探索与实践，也一直在继续着。

（一）"互联网+"理念

"互联网+"的理念首先涉及文物的数字化保存与信息挖掘。数字化保存是通过数字化的分析、采集、记录，将文化遗产相关资料，以声像、文字、图表等形式进行记录并保存起来，在保存形式上实现实体与虚拟的双重档案式保护。数字化挖掘是利用文献资源及合作组织网络，建立数字化有声档案及相关网站平台，并进行组织出版各类相关的文献书籍、唱片专辑、研究成果、纪录片等材料，形成资源开放共享的文化遗产"素材库"。[1]

另外，"互联网+"还应满足研究文物的需要，尤其对馆藏文物的保护与利用，不能只满足参观者参观博物馆的便利，停留在展示文物的层面。如浙江大学教授鲁东明设计了一种基于万维网的文物保护的探究协同讨论系统[2]，在敦煌的数字化文物保护中进行实际运用。通过两种模式，一是二维的壁画，以评论、邮件交流进行异步讨论；二是三维的彩塑，则以多用户的聊天室进行同步讨论。

（二）数字化技术与应用

5G技术现已在多家博物馆实现案例运用展示。如俄罗斯艾尔米塔什博物馆是全球首个运用5G的博物馆，在博物馆部署的5G试验区内，将触觉技术、虚拟现实技术和机器人技术相结合，包括遥控机器手臂进行艺术品修复，通过高比特率及低延迟的特性，技术精湛的修复师在远程可实现复杂及高精度的修复工作。另外，5G技术解放了学习空间限制，可实现世界各地远程学习的突破性改革，在面向学生使用遥控机器人手臂展示艺术品修复的精密技巧的同时，还可利用VR眼镜及演示4K视频，使学生与修复师身临其境。[3]

在国内也已有多家博物馆联手互联网公司进行技术合作。如湖北省博物馆将5G技术运用于文物展示馆区管理，协同中国移动湖北公司共同打造全国首家5G智慧博物馆。与其类似，湖南省博物馆也通过中国移动公司打造5G覆盖的博物馆。河南博物院与河南联通、华为合作，运用5G网络实现4K超高清视频直播联动，在央视播出镇馆之宝"象牙白菜"的实时高清画面。"5G智慧故宫"的打造由故宫博物院与华为合作完成，在文物保护与展示、科技研究等方面均实现全方位数字化，更好地为游客及网络观众提供数字化连接服务。另外，还有山东博物馆、中国（海南）南海博物馆、首都博物馆等与中国联通等互联网通信企业，共同打造"5G+智慧博物馆"相关技术运用，如5G+AR在文物修复工作中的创新尝试、创建5G+智慧博物馆实验室，在文物藏品修复、展陈、教育等相关领域实现5G技术的应用，全面推动国内博物馆智慧化的建设进程。VR技术为文化遗产保护体系的改革和开拓创新提供技术支持，改善了传统文化遗产保护工作中工作量大、管理监督烦琐、进程缓慢、容易忽视细节等问题，在引入VR技术之后，文物保护、藏品管理等部门可以联合建立VR技术保护模式，更加立体化、自动化、全方位地实现监管，并确保文化遗产相关工作的推动。[4]

山西省文物局早在2020年就已出台数字化保护的相关政策——《山西省不可移动文物数字化保护指导意见》，推动国保、省保及濒危彩塑壁画的数字化采集工作，推动省内数字化文物保护全覆盖。[5]

还有一类重要的数字化保护技术，现已有较成熟的应用，即三维虚拟技术，观众及研究者由于时间、场地、环境等限制，在前往博物馆参观文物实物时往往有局限性，不利于文化遗产相关研究开展及优秀传统文化的传播。文物数字化也是文物保护技术提升的表现，利用三维模型信息的采集、整理及记录，全方位保存展示文物信息，在移动互联网技术的支持下实现信息平台上的交互展示，以实现打造一个共享、开放、互联的虚拟文物资源展示平台，从而形成更便捷、更全面的文物信息资源库。[6]

文物数字化保护技术在运用到文物修复时，还可进行技术延伸，尤其是对于珍贵濒危文物的虚拟修复及损毁严重的文化遗址重建意义重大。文物数字化信息采集不仅要采集修复前的文物及遗址的基本信息，还能通过数字模型的建立与尝试虚拟拼接、修补、完型技术，实现在不影响文物或遗址本身的前提下，在计算机上提前进行文物修复及技术选择。如青州市博物馆在龙兴寺遗址出土造像的保护修复方面，尝试通过彩绘复原、虚拟复原、数字化信息采集、科技分析等手段，与多家科研院所进行合作，实现这项工作的实际运用和思考，从而发现问题并解决问题。[7]

三维激光扫描技术通过获取文物的空间点云数据，形成完善的文物数据采集信息，并可建立资源数据库。这种技术不仅适用于文物修复的研究工作，尤其是针对复杂珍贵濒危文物的拼接修复，表面锈蚀情况复杂、碎片数量大，数字化技术可为破损文物修复及复原提供快速有效的参考依据，解决了传统人工修复面对复杂文物工作量大、判定不准确及不可逆损伤等问题。[8]如山西博物院在积累一定的二维、三维、多媒体视频等数字信息后，开展多项文物数字化采集和保护工作，文物数字化采集数据主要应用于历年来文物保护与研究工作。[9]

文物保护数字化技术是多学科交叉的综合性应用，包含三维建模、计算机图形处理、计算机数据库建设、计算机辅助修复等技术，山西博物院利用高光谱技术进行高精度的数字化采集，对几百件（套）的晋国文物、300平方米大面积壁画等进行信息采集及保存现状、病害状况的评估。[10]

（三）博物馆建设案例

成都市智慧博物馆的建设自2011年起，以两年为周期开展启动阶段及探索阶段的工作。第一阶段在考古工地、大遗址、文保单位的管理与保护等领域开展了数字化探索，运用三维激光航空测量、三维扫描等方式采集其全景、视频、正射影像等数据。第二阶段在市内博物馆全方位开展文化遗产科技保护监测的实践探索工作，包括馆藏文物保存环境监测平台的建设、文物保存环境无线监控技术应用等预防性保护手段，可实现文物微环境调控及干预。[11]

浙江天一阁博物馆打造智慧文化景区，首先搭建智慧文化导览平台，初步呈现博物馆"智慧游"。其次，利用AR、VR、MR技术助力博物馆的"智慧展"。再次，建立运维监测体系，探索博物馆"智慧管"。建成数字监控系统、安防综合管控系统、基于GIS定位的智能化巡更管理系统以及智能配电系统、智能化设备运维系统等，将人脸识别技术等安防新技术应用于核心区域的安防管控。最后，依托云桌面系统，探索建设藏品数据"智慧库"。[12]

文物数字化保护中利用三维扫描实现从点云数据形成图像数据，再到三维模型数据的收集，该项技术可以高清记录文物表面的结构形态数据信息，通过这种方式辅助文物复仿制，运用3D打印技术高度还原、等比例复制文物，为人工操作节省人力、物力和时间成本。[13]

（四）非物质文化遗产保护

非物质文化遗产保护在进行文化传播、展示及传承过程中，同样面临时间、空间、地域、观众等限制因素，展示及宣传形式单一、效果不明显。数字化技术的运用，包括三维动漫、AR、全息投影、VR等技术，可以更简单、参与性更强、更轻松的方式，推广传播优秀传统文化，提升非物质文化遗产的保护力度和文化影响力。[14]

另外，非物质文化遗产展示离不开数字化成果，发展非物质文化创意产业，打造数字动漫等具有中国风格的非物质文化遗产保护衍生产品，建立非物质文化遗产公众平台并共享资源，面向社会公众通过多种形式传播我国的非物质文化的相关知识，是实现非物质文化遗产有效保护与传承的重要手段。[15]

非物质文化遗产保护也同样离不开现代信息技术，除数字化技术外，还有资源的存储、检索、管理与可视化技术等，数字化技术涉及的内容形式也更加全面，包含图片、音频、视频及语言文本等，对于非物质文化遗产的信息化建设至关重要。[16]新媒体技术对非物质文化遗产保护具有促进作用，有利于推动非物质文化遗产的传承。[17]

（五）涉及智慧化文保的研究现状

综合前面的研究成果来看，涉及智慧化文保的研究主要集中在"互联网＋"理念、数字化技术与应用、博物馆建设、非物质文化遗产保护四个方面。其中涉及的技术包括：数字化的分析、记录与信息采集，这些数据通常以各种声像、文本、图表等形式保存；数据库建设、预防性保护手段的文物保存环境温湿度监控、馆藏文物保存环境无线监控技术、有害气体监测等；数据库、5G技术、VR、AR、MR、GIS定位、3D扫描、三维信息等数据采集与深化分析；数字模拟修复，包括数字化信息采集、科技分析、文物破损部位虚拟复原、文物的展示利用及线上信息平台建设等方面开展数字化保护和利用工作，涉及技术包含三维激光航测、三维扫描、高光谱拍摄、3D打印技术、全景分析数据、视频影像采集数据等数字化采集。

二、智慧文物保护的探讨

按照我们对文物保护的任务与智慧化的理解，博物馆智慧化文物保护应当基于智能感知技术、无损检测技术和信息数据库，通过智能手段替代人工，在藏品可能发生损坏之前提前预知，同时在能够干预的范围内主动做出反应，降低损坏风险，并为进一步展开的文物保护修复研究工作提供辅助。现有研究成果远没有包含智慧文保所需要的内容。燕煦、张美子谈到博物馆的智慧保护时提出，"智慧博物馆体系下的智慧保护主要指的是藏品保存环境下的预防性保护"。[18]这种理解将文物保护局限于一个相对小的范围内，无法涵盖文物保护的智慧化。

三、智慧化文保的构架

依据文物藏品保护的范围，我们认为应当按照模块化组合方式构建智慧化文保系统，完整的智慧化文保应当具备以下五大模块。

模块一：文物保存环境智能感知与调控

能够感知并控制文物保存环境，消除劣化因素。

模块二：文物变化感知

按照目前的智慧化科学分析手段，能够将人工智能、射频技术、激光技术、红外光谱技术等有机结合，实时感知文物变化，提示应对措施。

模块三：文物修复保护数据

将保护修复方案、过程、分析方法、分析条件、分析数据、适用技术、使用材料、材料变化等数据综合收集并进行大数据分析，与其他模块有效兼容，相互印证。

模块四：文物保存过程交互

可视化技术更多地在智慧文保中使用，包括语音传输技术、三维建模技术、触觉／力觉反馈技术、广角立体显示技术、跟踪技术等多种方式，记录文物保存过程中的文物变化、保护修复过程、技法、病变等信息，将展示与研学互动。

模块五：综合研究

分析文物保存过程中文物变化、劣化与环境的关系，量化病害分析数据。

2022年8月24日，在布拉格举行的第26届ICOM大会通过了新的博物馆定义。"博物馆是为社会服务的非营利性常设机构，它研究、收藏、保护、阐释和展示物质与非物质遗产。向公众开放，具有可及性和包容性，博物馆促进多样性和可持续性。博物馆以符合道德且专业的方式进行运营和交流，并在社区的参与下，为教育、欣赏、深思和知识共享提供多种体验。"博物馆作为文物保护及文化传播的重要机构，智慧化文物保护的实现，必将为保护和活化人类文化遗产提供重要的途径。

---

[1] 周娟娟. "互联网+"文化遗产保护传承路径[J]. 福建农林大学学报（哲学社会科学版），2019（6）.
[2] 艾雪松，王志强，孙婧，等. "互联网+文物"协同研究的探索与创新——关于伪满皇宫博物院"格物客部落"建设实践的思考[J]. 中国博物馆，2022（1）.
[3] 朱磊. 5G技术在博物馆领域的应用初探——以中国（海南）南海博物馆为例[J]. 中国博物馆，2020（4）.
[4] 庄子文. VR技术在文化遗产保护领域的应用研究[J]. 文化产业，2022（22）.
[5] 董龄岳. 浅谈数字化技术在不可移动文物中的应用——以山西为例[J]. 文化产业，2022（24）.
[6] 杜文娟. 浅谈文物数字化保护[J]. 文物鉴定与鉴赏，2019（23）.
[7] 周麟麟，王瑞霞，马清林，等. 青州龙兴寺遗址出土佛像的数字化保护利用[J]. 中国博物馆，2021（1）.
[8] 耿国华，何雪磊，王美丽，等. 文化遗产活化关键技术研究进展[J]. 中国图象图形学报，2022（6）.
[9] 张元成，杨敬. 山西博物院数字化技术与可及性创新的实践[J]. 中国博物馆，2022（2）.
[10] 王传昌，李铭，蔡友振. 文物保护与博物馆展示利用研究——基于刘家庄遗址出土青铜器保护修复成果的思考[J]. 中国博物馆，2021（1）.
[11] 朱树喜. 成都市智慧博物馆十年建设的回顾与思考[J]. 中国博物馆，2021（1）.
[12] 赵智慧，周群芳. 浙江省智慧文遗的演进路径与交互体验策略研究[J]. 中国名城，2019（6）.
[13] 高震，朱仲华，李思，等. 珍贵文物数字化保护和创意应用新技术探析——以山东博物馆馆藏珍贵文物数字化保护和创意应用为例[C]//数字技术拓展博物馆服务——2021年北京数字博物馆研讨会论文集、北京数字科普协会会议论文集，2021.
[14] 吴佳丽. 非物质文化遗产数字化保护对策分析——以雅安市非物质文化遗产保护为例[J]. 延安职业技术学院学报，2021（1）.
[15] 魏东. 关于数字动漫在非物质文化遗产保护中的应用研究[J]. 艺术评鉴，2020（9）.
[16] 陈永光. 现代信息技术在非物质文化遗产保护中的应用研究[J]. 轻工科技，2019（5）.
[17] 申绍云. 新媒体技术在非物质文化遗产保护中的应用思考——以江西省为例[J]. 科技传播，2021（12）.
[18] 燕煦，张美子. 博物馆的智慧保护和智慧管理述略[J]. 文物鉴定与鉴赏，2016（7）.

陶器吸附有机残留物的研究

褚涵宇 马 颖 陈坤龙
北京科技大学科技史与文化遗产研究院

摘要：考古环境中残留的有机物质一直是十分重要的研究材料。随着多年的发展，陶器残留物分析方法日趋成熟，已经应用在判定陶器功能、重建古代食谱、探索古人资源利用等领域。本文总结了陶器残留物研究方法的原理以及各研究领域的发展现状，期望为未来国内陶器残留物分析工作的开展提供借鉴。

关键词：陶器；有机残留物；脂类物质

在众多考古材料中，陶器是出土数量最多、最具研究意义的种类。陶器不断地发展与演变，最终成了古人的日常生活用具，拥有多种多样的种类以及齐全的功能，蕴含了丰富的信息，是研究古代人类行为不可或缺的资料。陶器较为坚硬的质地使其保存至今的数量非常之多，不仅出土陶器的遗址点多，单个遗址的出土量也多。这意味着陶器样品的文化来源广泛、时空跨度大，因此在陶器研究中，研究人员能够从个人、家庭到某一区域以不同的研究层面解释古人的行为。在传统考古学中不同考古学文化的认定、辨认及划分，文化间的交流与融合等研究便是通过对比陶器形制、纹饰等因素的异同来完成的。[1]

残留物是指先民在利用自然资源的实践过程中，残留或沉积在相关器物、土壤或遗迹上的有机物质，主要来自与人类活动密切相关的动植物资源。20世纪分析化学快速发展，特别是大型分析仪器的出现，使人们对微量和痕量物质的检测水平得到了极大的提高，也促进了考古学家应用分析化学的方法检测考古材料中残留的物质。考古有机残留物通常区分为可见残留物和不可见残留物。其中，可见残留物的发现具有偶然性，而不可见残留物，特别是陶器残留物，能够附着在器物上并保存下来，是现在残留物分析工作的重点之一，可以在驯化物种起源、古食谱分析等领域发挥重要的作用。[2]

一、陶器残留物分析原理

由于早期陶器为无釉陶器，且为多孔结构，在使用过程中（如食物储存和加工），器壁上的孔隙能够从接触的动植物中吸附相当数量的有机物分子[3]，而在埋藏过程中，这些孔隙能够有效保护这些有机物分子免受外界的污染。此外，由于化合物结构的不同，不同物质在环境中的保存程度也不同。脂类具有疏水性，这种性质使它不容易被水冲淋带走，或是在被水淹没时浸出，有利于脂类更好地保存在陶器孔隙中。[4] 在地层沉积物中，各类生物分子的保存程度最高的是木质素和其他植物聚合物，其次是脂类物质（包括脂多糖、糖脂和树脂），余下从高到低依次为碳水化合物、蛋白质和核苷酸（DNA 和 RNA）。Evershed R.P 认为，此顺序同样适用考古环境中生物分子的保存，因此相对来说脂质可以得到较好的保存。[5] Heron C. 等的研究表明，土壤中存在的脂质不会干扰脂类残留物分析的实验结果，而陶器原材料中含有的脂类也已经被证明会在陶器烧制的过程中除去。[6] 但是在以松木为燃料烧制陶器时，其中的二萜化合物会渗入陶器的黏土中，所以在分析实验数据时需要谨慎解释二萜类化合物的存在。脂类物质广泛存在于动植物中，因此对残留在陶器中的脂类的来源进行分辨，能够有效帮助研究人员认清先民对陶器的使用方式和资源的利用方式。

脂类是由碳、氢和氧组成的一组有机分子，主要包括脂肪酸、蜡、甾醇、磷脂、单、二和三酰基甘油等。其中生物体和人类饮食中发现的主要脂质形式是三酰基甘油，它由三个脂肪酸连接的甘油分子组成，是脂肪酸和油脂的主要成分。动物产品（包括乳制品）、棕榈油和椰子油中主要含有棕榈酸、硬脂酸等饱和脂肪酸；植物产品包括植物油（如橄榄油、芝麻油和葵花籽油）和各式坚果（包括杏仁、花生、核桃），以及鱼类（三文鱼、鲱鱼、鳟鱼）中大量存在的是不饱和脂肪酸，因此可根据脂肪酸的组成大致识别其所属生物体的类别。[7]

在陶器上提取的脂类残留物中最为常见的是饱和脂肪酸，不少酰基甘油也能完整地保存下来，而不饱和脂肪酸由于双键的不稳定性，极易在加工或埋藏的过程中与氧反应生成新的化合物，如醛、酮、二羧酸、羟基化合物、羰基化合物等。[8] 在脂类提取物中发现的其他脂类物质主要有蜡、树脂、焦油和沥青等。蜡主要有植物表面的叶蜡或表皮蜡，和昆虫产生的天然蜡（如蜜蜂产生的蜂蜡），它们的组成包括脂肪酸、正构烷烃和蜡酯等脂质，这些化合物及其组合已经被用来鉴别蜂蜡和植物的加工。[9] 树脂为植物分泌所得的天然高分子聚合物，如松香、琥珀，一般根据其典型特征化合物（如萜类化合物）可以识别其来源，而焦油和沥青是陶器制造或使用过程中所产生的一些化合物，如甲基脱氢松香酸，也能作为指标物来识别残留物来源。陶器脂类残留物的工作就是以这些化合物为基础，解析它们隐藏的生物信息，最后与陶器的考古背景结合起来进行解释。

二、常用检测手段与分析方法

近年来随着大型分析仪器引进残留物研究，

诸如色谱法、质谱法、光谱法和多种技术联用等方法极大地提高了残留物中化合物识别的灵敏度和精确度，减少了样品的需求量，使得研究有了很大的进展。[10] 其中最为常用的分析仪器为气相色谱（Gas Chromatography, GC）、气相色谱质谱（Gas Chromatographic-Mass Spectrometry, GC-MS）和气相色谱碳同位素燃烧质谱（Gas Chromatography-Combustion-Isotope Ratio Mass Spectrometry, GC-C-IRMS）。

经过多年理论研究和实践，针对实验数据的解读发展出了几种分析思路。第一种是比较残留脂肪和当代生物脂肪中脂肪酸的比值：不同来源的油脂中所含的脂肪酸种类不同，所占比例也不同。此种方法只能初步判断脂肪所属的生物大类（如动物、植物），难以定位到某一具体的物种，因为（1）大多数陶器使用时可能接触过不止一种食物，脂肪酸的组成情况复杂；（2）在掩埋过程中，不饱和脂肪酸和短链脂肪酸比饱和长链脂肪酸降解得更快，随着时间变化脂肪酸的组成也会发生变化。[11]

第二种方法是直接检测脂类提取物中的组成成分，与当代动植物（或模拟实验）中的特征化合物及其老化产物进行对比，或是对其中具备高诊断潜力的化合物进行初步筛选，为后续分析提供参考。[12] 可以认为，残留脂类的组分分析是陶器脂类残留物研究的基础，如饶慧芸等人[13]在青海长宁遗址出土的双耳陶罐上发现了桦木醇和羽扇豆醇等桦树皮的萜类标记物，确定了该陶器的用途可能是加工或储存桦树皮产品。

第三种方法是直接测定单个特征化合物的化合物特异性稳定同位素值。自然界的CO_2是所有生物进行生化反应的碳来源。CO_2中的稳定碳同位素（如13C、12C）会随着植物的光合作用进入植物体内，根据光合路径的不同可以将植物分为三类：C3、C4和CAM。它们最终吸收的13C和12C含量有高有低，导致碳同位素比值（13C/12C）显著不同，这种同位素分布的差异被称为分馏效应。[14] C3类植物的范围最广，包括木本植物及大多数草本植物，其中可能被早期人类利用的主要有豆科、十字花科、水稻、小麦、大麦、块茎类作物等，其δ13C平均值为-26.5‰；与人类活动相关的C4类植物主要为玉米、高粱、粟、黍及部分藜科（如藜、猪毛菜）等，其δ13C平均值为-12.5‰。Reber E.A.等据此从北美地区（C3植物占主导地位）出土的陶器中检测出玉米（C4植物）的存在，从而研究了玉米的加工、玉米在当地人食谱中的地位等问题。[15] CAM类植物主要有凤梨科等，因其对古代先民食谱贡献不大，一般不予讨论。

在植物被动物食用后，分馏效应通过动物的进食行为进一步影响了动物体内δ13C值分布，导致不同饮食模式的动物δ13C值不同。而且这些同位素被摄入后一并参与动物体内的生理反应，经过一系列消化历程后充当合成底物产生动物体内的化合物，13C和12C的含量在这一过程中再次出现分化。即使是同一生物体，不同组织器官中合成物的底物来源和生成途径也不相同，据此能够区分脂肪酸的生成器官。反刍动物（如牛、羊、马）与非反刍动物（如猪）最大的区别在于瘤胃，它体脂内的硬脂酸（C18:0）部分来源于瘤胃生化加氢反应的产物，部分直接来自摄入的食物。而反刍动物的乳汁生成时所利用的瘤胃产物占比要比体脂更低，利用的食物脂肪酸比例高达40%，造成最终产物中稳定碳同位素比值存在区别，并且以此可以区分反刍动物的体脂、乳脂和非反刍动物的体脂。[16]（图1）

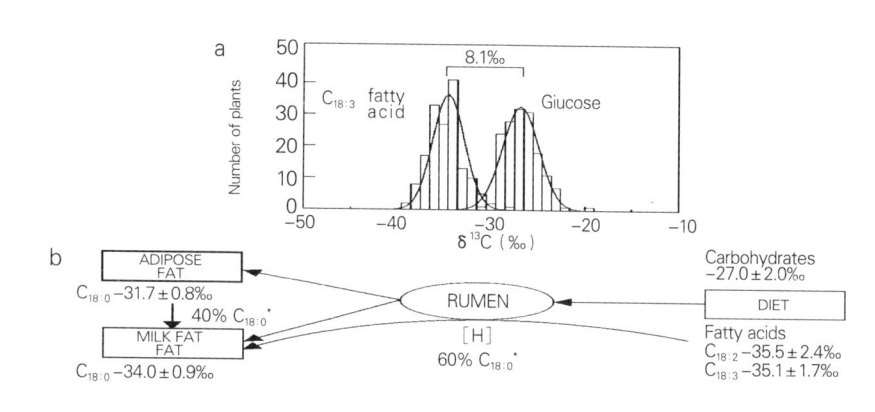

图1 反刍动物瘤胃、脂肪组织和乳腺中膳食脂肪酸和碳水化合物的路径

三、陶器残留物分析方法应用领域

早期由于技术限制，实验所检测的陶器样本数量较少；随着科技的发展，样品的消耗量逐渐减少，实验流程大大缩短，使得研究范围开始扩大。研究中样品的检测数量从单个增加到上百个，大大增加了陶器残留物分析（Organic Residue Analysis, ORA）获得的信息量，使学者研究的层面得到了提升。目前在欧洲、非洲、美洲以及东亚、东南亚、西亚等地区均已经进行了陶器脂类残留物分析。研究范围从单个陶器扩大到某一遗址再到某一地区，而研究人员能够在明确陶器残留脂类来源的基础上，分析陶器的功能以及与当地文化的关系，讨论人类的行为习惯，构建区域性经济的产生与传播，或是根据内容物的生物来源信息，直接推测当时的气候和环境，直接利用残留物进行测年等。

（一）陶器的使用

传统类型学已经对陶器的形制、功能和工艺做出了一定程度的分类，但是陶器脂类残留物的分析能够获得陶器所加工内容物的信息，为陶器的使用方式、加工工艺等提供直接证据，目前已经有许多这方面的研究。陶器脂类残留物分析最基本的作用就是通过残留的化学信号确定一件陶器曾经接触过的生物资源。例如，Dunne J等对来自利比亚撒哈拉地区的陶器进行残留物分析，其结果将残留物的来源明确地指向了植物，这说明在公元前8200—前6400年，该地区人们已经使用陶器对多种类植物进行加工。[17]同样，研究人员确认了在公元前3300—前2400年波罗的海的东南部，大量陶器被用来加工水产品，这说明当时人们对水生资源的依赖程度很高。[18]另一方面，因残留物分析的出现，先民使用陶器对动物及相关制品进行处理也有了确切的证据：研究人员成功证明了乳业是考古经济的组成部分。[19]

在确认了残留物来源的基础上，结合陶器形制相关资料，可以进一步探索陶器具体的使用方式，建立陶器形制与功能的联系。动物脂肪和植物表皮蜡在300℃以上的温度进行加热时会发生化学反应，产生C31-C35的奇数碳酮[20]，Oliver P.N等在叙利亚新石器时代晚期遗址出土的一类功能未知的陶器的残留物中均检测到了大量奇数碳酮，说明该种类陶器曾用于持续加热，应该为烹饪器具；通过对比此类陶器与其他陶器的表面纹路发现这类器物均为抛光表面，研究人员认为这表示该地区已经逐步发展出专门化的陶器。[21] 一般认为在比利时梅洛文尼亚文化（Merovingian）的丧葬中，作为陪葬品的陶器更具有象征意义，并不会被实际使用。但埃尔韦塞（Elversele）墓葬中出土陪葬陶器残留物结果，却显示了加工或储存动物脂肪的迹象，因此研究人员推测这可能是因为当地存在某种特殊的丧葬仪式，其目的是将食物馈赠死者，而陶器就是食物的承载者。这一结论反驳了陶器仅作为象征品的假设，进一步明确了陶器在丧葬文化中的作用。[22]

有时在遗址中会出土一些与众不同、形状特别的陶器，它们很可能拥有特殊的功能。在德国巴伐利亚（Bavaria）青铜时代和铁器时代的婴儿墓葬中发现三个特形陶器，Dunne J.利用气相色谱碳同位素燃烧质谱仪（GC-C-IRMS），测定残留棕榈酸和硬脂酸的δ13C值，结果表明残留脂类的δ13C值落在反刍动物乳脂的范围内，同时辅以高温气相色谱（HTGC）和高温气相色谱质谱联用（HTGC-MS）技术，检测到乳脂中C40-C46酰基甘油的存在。[23] 上述结果均说明了这三个容器被用来加工或盛放乳制品。结合现代模拟实验，研究者认为该陶器为婴儿喂养器，古人会利用反刍动物的乳制品满足婴儿结束母乳哺乳后的营养需求。（图2）此外，利用陶器残留物分析判断陶器使用功能的成功案例，还有古希腊时期用作蜂箱的陶器[24]、地中海东部沿岸可能用于羊毛加工的浴盆形陶器等。[25]

陶器残留物分析不仅可以拓展人们对陶器使用情景的认知，还能验证陶器形制与功能之间的对应关系。不同形制的陶器意味着可能拥有不同的功能，一般情况下，器高口窄的容器用来加工或储存液体物品，而器矮口阔的用来处理固体，但更详细的信息就需要借助残留物分析来获取。考古学家先用类型学的方法对出土于土耳其南部萨加拉索斯五种陶器进行分类："Cooking"为蒸煮器，"Amphora""Dolium""Jar"和"Unguentarium"均为储存器。Kimpe K.等对陶器残留物进行残留物分析，结果与考古学家判断基本相符，进一步得知"Cooking"主要用来处理动物，"Amphora"和"Dolium"上残留的脂类包括动物、植物，来源更为多样，而"Jar"和"Unguentarium"主要用来处理植物，且后者只检出了植物脂肪，研究人员推测它或是某种植物油的容器。[26]

然而即便是形制相似的陶器也不一定拥有相同的功能。在波罗的海西南部和东部中石器时代晚期分别分布着Narval文化和Ertebølle文化，两种文化拥有着相似陶器类型，即尖底锅和椭圆形状的碗。为研究两种文化之间的联系，

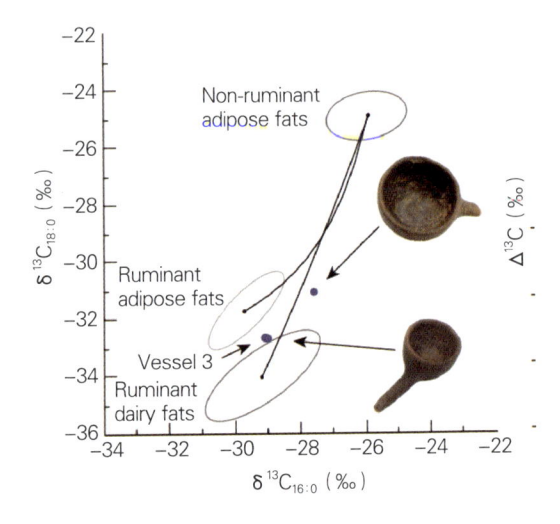

图2　婴儿喂养器δ13C值分布图

Vasiliki Papakosta等人对来自瑞典南部和丹麦东部一些Ertebølle文化遗址陶器开展残留物分析，并与Narval文化的数据进行比较，得出以下结论：Narval陶器很有可能专门用于处理水产品，Ertebølle陶器除水产品外，也用于处理陆地动物和植物，为多用途陶器。虽然两种文化陶器器型相似，但使用的方式却存在差异。[27]

此外，对于加工或储存过食品的陶器，残留物分析还可以揭示食品的开发和利用。刚被人们挤出来的鲜奶含糖量很高，容易酸腐，因此需要对牛奶进行处理以延长保质期。公元前6000年在欧洲温带地区发现的多孔筛状容器，因与现代奶酪过滤器相似被认为是古代的"奶酪过滤器"，研究人员在"过滤器"中提取出大量脂肪，经稳定碳同位素测定后发现残留物中含有丰富的乳脂肪，证明了此类容器直接参与了乳制品的加工。而将牛奶加工成乳糖含量更低的奶酪，也满足了人们长久保存牛奶以及解决乳糖不耐受问题的期望。[28]

以上研究证明了陶器残留物分析可以在陶器类型学的基础上，更精确地辨识陶器的功能，帮助建立更加具体的陶器使用模式。此外，残留物提供的信息也会透露一些陶器制作工艺的信息。如研究发现，在北美、欧洲等地人们会使用如达玛树脂[29]、针叶树树脂[30]等作为填缝材料，涂在陶器的表面做密封防水处理。

（二）资源的利用

除了将目光放在作为容器的陶器本身，考古学家也十分看重陶器残留物本身所透露的信息。陶器作为日常生活中最为常见的工具，参与了先民各项生计活动。因此借由残留物分析，研究人员同样能够推测先民的生活方式、生存策略乃至区域经济活动。

由于脂类的生物来源多种多样，所以其种属来源信息能够表征先民对自然资源的利用情况。其中最为直观的就是通过炊煮器内容物的种类获得古人饮食资源的构成。早期英国盎格鲁-撒克逊社区陶器的残留物分析结果提供了当地人们进行炖肉的明确证据，研究人员发现其主要食物为反刍动物和十字花科植物，加上少量的水生产品。[31] Whelton H.L等采用HT-GC、GC-MS和GC-C-IRMS等方法检测了希腊北部新石器时代早期至晚期11个遗址出土的陶器碎片，结果表明所有陶片中的动物脂肪均以反刍动物和非反刍动物的体脂肪为主，植物脂肪主要来自谷类和豆类，发现的正构烷烃（C22至C34）是新石器时代希腊北部植物加工的第一个证据；乳脂最早出现在新石器时代中期遗址，但残留乳脂的陶器数量很少，这些结果显示当地百姓主要以肉类、谷类和豆类为食，对奶制品利用很少。[32]另外，从德国西北部一新石器时代墓葬出土陶器残留物分析结果可知，牛肉曾被充当陪葬品盛装在陶器中，这表明当地文化中的牛崇拜，除了因其农业上的作用受到尊重，还有可能因为牛在丧葬仪式上的重要地位。[33]所以残留物分析不仅能够揭露先民的物质生活，还可以一窥他们的精神世界。

动植物自驯化后就逐渐成为先民最主要的生存资源，综合残留脂类的来源信息可深化对史前时期生业的产生、发展和分布等问题的认识。根据动物考古资料，考古学家对乳业经济的产生以及在欧洲大陆的传播已经构建了基本框架，为开展残留物分析奠定了基础。研究表明，公元前

6000年初，地中海地区驯化的绵羊、山羊、猪和牛等动物开始向外传播。在离开了适宜的环境到了更为寒冷的巴尔干温带地区时，古代人群和家畜必须改变生存策略：结合同位素、动物群以及陶器残留脂类分析的结果发现，在适应过程中先民选择了调整动物产品的使用和食品的加工方式，其中最为典型的是乳业的兴起。人们发现直接将动物宰杀食用不如留着不断产乳，长期供给生活所需的营养和能量，从此乳制品成了该地区先民主要的脂肪来源。[34] 在接下来的数千年中，这种转变从地中海向西北逐渐扩散直到覆盖整个欧洲大陆。爱尔兰岛在时间和空间上位于这条传播轨迹的末端，岛上新石器时期一系列陶器残留物分析结果也显示乳脂所占比例逐渐增加，证明了爱尔兰岛的牛羊传播事件，明确了奶制品也是其早期生业经济的组成。[35] 尽管如此，在巴尔干地区仍有一小部分族群的陶器使用与周边地区不同[36]，并未出现过多的乳脂，而是主要用于加工水生资源。这说明自然地理环境的不同产生了不同的生态和文化，最终导致不同人群对外来新兴事物接受程度的不同。

对于蜜蜂的驯化、相关产品的利用以及新石器时代人类开发蜜蜂产业的地区分布情况，研究人员也已经有了一定的认识。在近东、欧洲和北非地区都发现了蜂蜡残留物证据，年代最早的可以追溯到9000年前。[37] Evershed等对来自希腊伊斯特米亚的陶器进行GC-MS和GC-C-IRMS检测，并对比了19世纪蜂箱中的蜂蜡，结果发现两者的特征化合物（正构烷烃、蜡酯、脂肪酸和长链醇）相同，且正构烷烃与长链醇的δ13C值也十分接近，结合陶器器型历史溯源信息——与古希腊人的陶器蜂箱类似，确立了该地区人们使用此种陶器进行养蜂的科学依据。[38]

除此之外，因为陶器也常被用作运输储存工具，所以对此种功能的陶器进行残留物分析，可以得知贸易交流的情况。在土耳其西南部乌鲁伯伦（Uluburun）海岸发现的青铜时代晚期沉船中的双耳瓶内，发现了来源于黄连木的树脂残留，通过使用一系列分析技术，排除了树脂用于密封陶器内表面以及调味/保存葡萄酒的可能性，最终确认黄连木树脂是作为商品被储存在双耳瓶中运输的。[39]

四、结语

有关陶器脂类残留物的研究已经发展出一套行之有效的办法，并且已经应用在各项考古研究中。在明确残留化合物种类的基础上，追溯残留化合物的种属来源，再结合陶器类型学，能够从制作工艺和功能等角度进行分析，同时获取食物加工的信息；此外，从遗址、考古学文化的层面上，结合动植物考古学，能够探究某一时期某一区域的人类行为，全面解读脂类残留物的信息。

目前，国内已经开展了不少陶器残留物研究，其主要研究对象为沉积在器内的可见残留物，或是某种特殊用途陶器，如酒器、妆盒等，而对一个遗址出土陶器进行整体检测，用以分析该遗址文化生活的研究开展很少。中国幅员辽阔，囊括了多种多样的地理环境，而生活在不同自然条件下，先民所能利用的资源具有一定的地方特色。在未来可以通过陶器残留物获取资源利用的相关信息，对不同地区先民的生产生活方式有进一步的认识。

[1] 龚德才，杨玉璋. 探索未解之谜的宝库——残留物分析在考古学研究中的应用[J]. 中国文物科学研究，2011（1）.
[2] 苏秉琦，殷玮璋. 地层学与器物形态学[J]. 文物，1982（4）.
[3] Evershed R.P., Dudd S.N., Charters S., et al.Lipids as carriers of anthropogenic signals from prehistory[J]. *Philosophical Transactions of The Royal Society B Biological Sciences*, 1999, 354（1379）.
[4] Evershed R.P., Heron C., Charters S., et al. The survival of food residues: New methods of analysis, interpretation and application[J]. *Proceedings of the British Academy.* 1991,77（2）.
[5] Evershed R.P., Biomolecular archaeology and lipids[J]. *World Archaeology*, 1993, 24（1）.
[6] Heron C., Evershed R.P., Goad L.J. Effects of migration of soil lipids on organic residues associated with buried potsherd[J]. *Journal of Archaeological Science*, 1991（6）.
[7] Reber E.A, Kerr M.T, Whelton H.L, et al. Lipid residues from low-fired pottery[J]. *Archaeometry*, 2019（1）.
[8] Dunne J., Evershed R.P, Heron C., et al. *Organic Residue Analysis and Archaeology supporting information*[M]. Swindon: Historic Englan, 2017.
[9] Regert M.Analytical strategies for discriminating archaeological fatty substances from animal origin[J]. *Mass Spectrometry Reviews*, 2011（2）.
[10] Tulloch A.P. Beeswax – composition and analysis[J]. *Bee World*, 1980（2）.
[11] Heron C,Stacey R. Archaeology uses of chromatography in[J]. *Encyclopedia of Separation Science*, 2000, 2083-2089.
[12] Reber E.A, Evershed R.P. Identification of maize in absorbed organic residues: A cautionary tale[J]. *Journal of Archaeological Science*, 2004（4）.
[13] Evershed R.P, Heron C, Goad L.J. Analysis of organic residues of archaeological origin by high-temperature gas chromatography and gas chromatography-mass spectrometry[J]. *The Analyst*, 1990（10）.
[14] Rao H, Wang Q, Ren X, et al. Earliest use of birch bark tar in Northwest China: evidence from organic residues in prehistoric pottery at the Changning site[J]. *Vegetation History & Archaeobotany*, 2019, 28（2）.
[15] 易现峰，张晓爱. 稳定性同位素技术在生态学上的应用[J]. 生态学杂志，2005（3）.
[16] Reber E.A, Dudd S.N, Merwe N.J.V.D, et al. Direct detection of maize in pottery residues via compound specific stable carbon isotope analysis[J]. *Antiquity*, 2004, 78（301）.
[17] Copley M.S, Berstan R, Dudd S.N, et al. Direct chemical evidence for widespread dairying in prehistoric Britain[J]. *Proceedings of the National Academy of Sciences of the United States of America*, 2003, 100（4）.
[18] Dunne J, Mercuri A.M, Evershed R.P, et al. Earliest direct evidence of plant processing in prehistoric Saharan pottery[J]. *Nature Plants*, 2017, 3（1）.
[19] Heron C, Craig O.E, Luquin A. Cooking fish and drinking milk? Patterns in pottery use in the southeastern Baltic, 3300-2400 cal BC[J]. *Journal of Archaeological Science*, 2015,（63）.
[20] Dudd S.N, Evershed R.P. Direct demonstration of milk as an element of archaeological economies[J]. *Science*, 1998, 282（5393）.
[21] Evershed R.P, Stott A.W, Raven A, et al. Formation of long-chain ketones in ancient pottery vessels by pyrolysis of acyl lipids[J]. *Tetrahedron Letters*, 1995, 36（48）.
[22] Olivier P.N, Roffet Salque M, Evershed R.P, et al. Tracing pottery use and the emergence of secondary product exploitation through lipid residue analysis at Late Neolithic Tell Sabi Abyad（Syria）[J]. *Journal of Archaeological Science*, 2015.
[23] Thomas V.D.V, Deschepper E, Mestdagh B, et al. Lipids, funerals, gifts and feasts. Organic residue analysis on Merovingian ceramics from the Elversele burial field（Belgium）[J]. *Journal of Archaeological Science: Reports*, 2019.
[24] Dunne J, Rebay-Salisbury K, Salisbury R.B, et al. Milk of ruminants in ceramic baby bottles from prehistoric child graves[J]. *Nature*, 2019, 574（7777）.
[25] Evershed R.P, Dudd S.N, Anderson-Stojanovic V.R, et al. New Chemical Evidence for the Use of Combed Ware Pottery Vessels as Beehives in Ancient Greece[J]. *Journal of*

Archaeological Science, 2003, 30（1）.

[26] Mazow L.B, Mitra S, Kimmel D.G, et al. Extraction and analysis of total lipids in late Iron Age Bath-shaped basins from the Levant as a means of assessing vessel function [J]. *Journal of Archaeological Science: Reports*, 2018（22）.

[27] Kimpe K, Drybooms C, Schrevens E, et al. Assessing the relationship between form and use of different kinds of pottery from the archaeological site Sagalassos（southwest Turkey）with lipid analysis [J]. *Journal of Archaeological ence*, 2004, 31（11）.

[28] Vasiliki Papakosta, Oras Ester, Isaksson Sven. Early pottery use across the Baltic – A comparative lipid residue study on Ertebølle and Narva ceramics from coastal hunter-gatherer sites in southern Scandinavia, northern Germany and Estonia [J]. *Journal of Archaeological Science: Reports*, 2019.

[29] M.Salque, Bogucki P.I, Pyzel J, et al. Earliest evidence for cheese making in the sixth millennium BC in northern Europe [J]. *Nature*, 2013, 493（7433）.

[30] Burger P, Armelle Charrié-Duhaut, Connan J, et al. Archaeological resinous samples from Asian wrecks: Taxonomic characterization by GC-MS[J]. *Anal Chim Acta*, 2009, 648(1).

[31] Reber E, Baumann T.E, Monaghan G.W, et al. Absorbed Residue Analysis of a Mississippi Plain Jar from Angel Mounds（12Vg1）Lipid Distribution Revisited [J]. *Advances in Archaeological Practice*, 2015, 3（1）.

[32] Baeten J, Jervis B, Vos D.D, et al. Molecular evidence for the mixing of Meat, Fish and Vegetables in Anglo-Saxon coarseware from Hamwic, UK[J]. *Archaeometry*, 2013, 55(6).

[33] Whelton H.L, Roffet Salque M, Kotsakis K, et al. Strong bias towards carcass product processing at Neolithic settlements in northern Greece revealed through absorbed lipid residues of archaeological pottery [J]. *Quaternary International*, 2018.

[34] Weber J, Brozio J.P, Müller J, et al. Grave gifts manifest the ritual status of cattle in Neolithic societies of northern Germany[J]. *Journal of Archaeological Science*, 2020（117）.

[35] Ethier J, Bánffy E, Vuković J, et al. Earliest expansion of animal husbandry beyond the Mediterranean zone in the sixth millennium BC [J]. *Scientific reports*, 2017, 7（1）.

[36] Smyth J, Evershed R.P. Milking the megafauna: Using organic residue analysis to understand early farming practice [J]. *Environmental Archaeology*, 2016, 21（3）.

[37] L.J.E.Cramp, Ethier J, Urem Kotsou D, et al. Regional diversity in subsistence among early farmers in Southeast Europe revealed by archaeological organic residues [J]. *Proc Biol Sci*, 2019, 286（1894）.

[38] Roffet-Salque M, Regert M, Evershed R.P, et al. Widespread exploitation of the honeybee by early Neolithic farmers [J]. *Nature*, 2015, 527（7577）.

[39] Stern B, Heron C, Tellefsen T. New investigations into the Uluburun resin cargo [J]. *Journal of Archaeological science*, 2008, 35（8）.

浅谈"三普"后优秀建筑的保护与利用

张 静 彭爱杰
驻马店市博物馆

摘要：在第三次文物普查中，驻马店市发现了一大批优秀建筑，保护工作亟需展开。本文梳理了这些建筑保存现状、保护环境、分布特点等，剖析了当前这些优秀建筑存在的问题，概述了主要保护措施，明确了下一步合理利用的工作建议。

关键词：三普；优秀建筑；驻马店；保护；利用

2007年到2012年国家文物局在全国范围内组织开展了第三次文物普查，其中一项重要内容是调查登记乡土建筑，这是继2005年《国务院关于加强文化遗产保护的通知》第一次提出了"文化遗产"的概念，在关注古遗址、古墓葬、古建筑等传统类型的基础上，把工业遗产、老字号、乡土建筑及文化景观、20世纪遗产等列入文化遗产的重要组成部分之后，对优秀建筑进行的一次全面普查和登记，使一大批优秀建筑得以被发现和登记，为保护我国优秀建筑文物奠定了良好的数据和资料基础。本文所说的优秀建筑既包括古建筑，也包括近现代重要史迹及代表性建筑。驻马店市在第三次全国文物普查中共登录不可移动文物点3150处，优秀建筑就有1042处，占总数的三分之一。其中，古建筑329处，包括城垣城楼1处，宅第民居122处，坛庙祠堂25处，衙署官邸1处，学堂书院4处，驿站会馆2处，店铺作坊2处，牌坊影壁2处，亭台楼阙2处，寺观塔幢13处，桥涵码头113处，堤坝渠堰1处，池塘井泉24处，其他建筑17处。近现代重要史迹及代表性建筑713处，包括重要历史事件和重要机构旧址114处，名人故、旧居14处，传统民居31处，宗教建筑4处，工业建筑及附属物24处，金融商贸建筑35处，中华老字号2处，水利设施及附属物259处，文化教育建筑及附属物32处，医疗卫生建筑2处，军事建筑及设备7处，交通道路设施155处，典型风格建筑或构筑物1处，其他近现代重要史迹及代表性建筑33处。通过文物普查，全面掌握了驻马店市不可移动文物的数量、分布、特征、保存状况等基本情况，为准确判断驻马店市文物保护形势、科学制定文物保护政策和规划提供了可靠的依据。古遗址、古墓葬埋于地下，相对容易保护，而建筑在地上的建筑，多砖木结构，更容易受到自然灾害侵袭和人为破坏。因此，笔者认为，第三次全国文物普查结束之后，当务之急是对优秀建筑的保护与利用。优秀建筑作为记录历史的物化载体，述说着当时社会的建筑样式、规格、工艺、手法、社会发展程度、风俗习惯等，是祖先给我们留下的宝贵遗产。保护好这笔遗产，弘扬民族文化，延续历史文脉是我们这一代文物人的职责和义务。本文结合驻马店市实际，就今后如何对优秀建筑进行保护和开发利用谈一些粗浅认识。

一、保护形势异常严峻

驻马店市地处中原，曾遭受过"75·8"特大洪水灾害。据后来统计，当时，整个驻马店地区96%的面积受灾，主要河流全部溃堤漫溢，许多地方一片汪洋，平均水深3—7米。因此，保留下来的古建筑较周边地区少得多，大多数为近现代优秀建筑。近年来，驻马店市的文物保护工作随着国家、省级经费投入的增加取得了一定的成效，陆续公布了一批国保、省保单位。优秀建筑方面，国保单位4处，省保单位10处。其中，确山竹沟革命纪念馆、焦竹园革命旧址、嵖岈山卫星人民公社旧址博物馆、杨靖宇革命烈士故居、临时治安委员会革命旧址博物馆已实现了免费开放。这次文物普查登记的优秀建筑以老宅和近现代重要史迹及代表性建筑居多，随着城镇化的不断深入和人们生活水平的提高，普查登记后的优秀建筑损毁、拆毁现象非常严重，保护形势不容乐观，存在不少亟待解决的问题。

一是自然残损严重，大量优秀建筑已超过其正常使用年限，亟需抢修维护。驻马店市地处平原地区，主要建筑材料是人造砖瓦和木材，木结构的建筑本身要求几十年一修，在遇到雷击、水灾、虫蚁等自然灾害时，自身的抵抗力较差，毁损严重。特别是农村的老宅，有的常年无人居住，门窗紧闭，湿霉度大，容易造成墙体开裂、楼板变形、屋顶漏雨，致使许多房屋成了危房，甚至坍塌。国保单位竹沟革命纪念馆系清代咸丰年间民居式建筑，青砖小瓦，为四合院式庭院，其砖墙风化厉害；嵖岈山卫星人民公社的二楼木楼板变形上翘，大礼堂损坏程度严重。省保单位汝南县的提准楼和文庙大成殿、上蔡县的苏氏节孝坊等因年久失修，现渐已残破，亟需进行抢救性维修。

二是人为破坏严重，保护工作与村镇建设之间的矛盾较为突出。随着新农村建设的加快推进，零星散落在乡村的老宅，因是私人财产，拆改建控制难度大，保护困难，"三普"人员前脚登记，后脚就拆。现行的农村宅基地政策，即村民建房必须"拆老建新"，也极不利于优秀民宅的保护。随着农民负担减轻，经济条件的好转，居民改善居住条件的行为和要求日益迫切，构成对优秀老宅的极大威胁。确山县竹沟镇"三普"登记的几处清代老宅，因房主要建新房准备拆掉，县所正在积极做工作，争取能保住这几处为数不多的清代建筑。

三是观念滞后，城市市区及周边优秀近现代建筑保护工作被动。这次普查登记的优秀近现代建筑数量众多，大多分布在集镇和市县区的街道两边，近现代建筑列入文化遗产范畴的时间较短，还没有引起各级领导的关注和重视，在当前城市大拆大建依然迅猛、土地经济效益优先的开发模式盛行的情况下，个别地方的领导为追求"业绩"，只顾眼前利益，破坏性开发屡禁不止，越来越多的优秀建筑遭到拆除的命运。遂平县的省保单位河南省塑料机械股份有限公司旧址被规划成了一处聋哑学校和幼儿园，幸亏文物部门得到消息后及时出面制止，否则，后果不堪设想。

二、优秀建筑的保护措施

千百年来，人类赖以栖居的建筑，具有十分重要的价值，一方面它是激发民族自信心和爱国热情的重要载体，另一方面它又是研究建筑发展历史、建筑技术和艺术等方面的实物例证，从一个侧面反映了当时的政治、经济、文化、习俗等情况，具有不可再生性，一旦遭到破坏拆毁，就不复存在。在"三普"调查中，我们注意到，优秀建筑被毁的主要原因是基建拆迁和房主自拆，现根据驻马店市优秀建筑的实际情况，提出如下保护措施：

（一）制定保护优秀建筑的法规和政策

尽管我国已颁布有《中华人民共和国文物保护法》，但由于它是宏观性的，不可能对优秀建筑的保护作详细规定。此次普查，驻马店市新发现的优秀建筑数量庞大、种类众多，因此制定驻马店市优秀建筑保护法规和政策就显得十分重要和迫切，这也是长远保护优秀建筑的需要，使保护有法可依。针对保护与农民建房之间矛盾突出的问题，也要尽快出台涉及优秀建筑保护的相关政策，妥善解决老宅的保护工作。农村在实行"拆老建新"政策时要具体分析、区别对待，对已登录"三普"名录的优秀建筑，房主准备拆掉盖新房的，可由村集体统一收回，就地保护，给其另划宅基地。

（二）及时公布一批文物保护单位

将"三普"发现的优秀建筑及时公布为各级文物保护单位是以法律形式保护优秀建筑的必要手段，普查是优秀建筑得到保护的前提，法律才是优秀建筑得以延续的保障。文物部门根据优秀建筑的三大价值，逐级上报各级政府，由政府审核公布一批国家级、省级、市级、县区级文物保护单位，对这些优秀建筑依法进行保护管理，制定相关的保护措施。对每一处优秀建筑都要依法划定保护范围和建设控制地带，统一竖立保护标志牌，建立档案资料和保护组织，切实做到有的放矢地保护优秀建筑，为子孙后代留下珍贵的文化遗产。

（三）加大政府经费投入力度，落实好优秀建筑保护资金

当前，驻马店市还处在经济欠发达阶段，大部分资金都投入到经济建设中去了，但是优秀建筑的保护是需要强大的经济基础作为后盾的。"三普"中新发现的优秀建筑大多数环境堪忧、损坏

严重，亟待维修保护。市政府2012年首次拨出100万元文物保护专项经费，这是一个良好的开端，虽然也要求各县每年拨付一定的资金用于文物抢救性保护工作，并列入该辖区的财政预算，但实际上能做到的很少。从中不难看出市政府财政方面投入文物保护经费之不足，而其中投入到优秀建筑保护的经费更是不多。根据国内外先进城市的经验，文物保护应以政府投入为主，因此，驻马店市应把优秀建筑的保护经费纳入各级财政年度预算，保证保护维修费用及时到位。特别是对于重点建筑的维修经费，应予以保证。做到对优秀建筑有计划分期分批进行修缮、保养。此外，还要千方百计动员社会力量，广泛筹集资金，优先鼓励建筑的产权人或者使用单位出资进行保护维修，对于做得好的，政府要及时进行宣传奖励。另外，值得借鉴的是有些地方实行了认领制度，例如安徽省实施的《皖南古民居认领保护办法》，就起到了很不错的效果，既有利于吸纳社会资金参与文物保护，又能唤起全社会的文物保护意识。

（四）要注重专业技术人员的培养

优秀建筑的保护和维修离不开专业技术人员，熟悉保护措施和维修的基本原则、技术和方法的人才奇缺，严重制约了驻马店市优秀建筑的保护、管理和维修。制作优秀建筑维修方案，是让各县都头痛的事情，动辄到省里，或者到周边地市去请人制作，既麻烦，又耗资巨大。因此培养这方面的专业技术人员刻不容缓，市里有必要组织一批文物部门的专业人员进行集中培训，请名师来讲课，到做得好的地区去学习，培养一批能熟练掌握维修方案制作，运用维修技术娴熟的优秀人才，为驻马店市优秀建筑保护维修保驾护航。

三、优秀建筑的合理利用

"近现代优秀建筑，属于稀缺性资源。它的不可再生性决定了对它的保护和合理利用，在于不断提高资源的配置效率。"[1]因此，保护优秀建筑就是保护文物，但保护仅仅只是手段，利用才是真正目的。保护优秀建筑是为了展示民族悠久的历史和辉煌的文化，合理利用优秀建筑既是对历史、文化的发展和延伸，也是对后代负责，对历史负责。近年来，旅游业作为新兴的产业，成为经济增长的驱动力，驻马店市也提出了"旅游强市"的发展战略，而优秀建筑正是旅游业发展的重要资源，同名山大川一样，不仅为游客提供了休闲教育场所，也给当地带来了可观的经济效益，妥善处理好优秀建筑开发利用和保护之间的关系，关系到当地旅游业开发利用的成败，也决定着驻马店地区旅游业能否健康持续发展。因此，在对优秀建筑开发利用的时候，应遵循以下几个原则：

（一）统一规划，重点开发

驻马店市"三普"新发现的优秀建筑数量庞杂、类型众多、价值不等、分布面广，尤其是有些优秀建筑坐落在偏僻的山村，开发利用的难度不小。因此，政府应根据驻马店市优秀建筑资源的分布特点和保存现状，组织资深专家进行实地调研、多方论证和综合评估，对开发什么资源制定总体规划，确定对该处优秀建筑的开发利用和保护途径，坚决杜绝旅游开发中出现低档次、重复建设的盲目行为，特别要摒弃急功近利的短期行为和随意滥建的破坏做法，必须保障优秀建筑旅游开发能长期处于健康持续发展的态势。驻马店市对红色旅游资源的开发值得推广，市政府基于驻马店市红色文化资源丰富的特点，开辟了竹沟革命纪念馆红色旅游基地，2005年被中共中央办公厅公布为全国百家"红色旅游"经典景区之一，每年来此参观学习的人络绎不绝。随着"三普"新发现近现代重要史迹及机构旧址的增多，红色旅游资源又增添了新鲜血液。可以考虑把驿城区的杨靖宇故居、确山县的临时治安委员会旧址、烈士陵园和泌阳县的焦竹园鄂豫边省委旧址等都加入红色文化旅游线路。此次文物普查新发现的其他优秀建筑也可以作为旅游资源进行合理开发，例如上蔡县新发现的1968年建的黄尼庄地下粮仓旧址，占地规模大，设计独特，也有很大的开发价值和利用空间。

（二）突出特色，充分挖掘天中文化内涵

驻马店市优秀建筑蕴含着天中文化的形成和发展历史，凝聚着驻马店人民独特的人文思想和审美情怀，早已成为天中文化的灵魂载体之一，可是，政府投入到旅游开发的资金是有限的，不能做到面面俱到。要突出特色，重点开发能体现优秀建筑的完整性和具有丰富内涵的特点，必须因地制宜，充分考虑驻马店市优秀建筑作为旅游资源的价值和特点，结合广大人民群众的精神需求，进行创新型开发利用，张扬当地文化的个性，展现自己的特色旅游。为此，驻马店市提出了打造以周、沈、吕、蔡等姓氏为主的根亲文化，以"小延安"竹沟、杨靖宇故居、雷刚战役旧址、嵖岈山卫星人民公社为核心的红色文化，以盘古文化、女娲文化、重阳文化、梁祝爱情文化等为代表的民俗文化，以嫘祖文化、车舆文化、冶铁铸剑文化等为代表的创造文化，增强天中文化的吸引力和影响力，助推华夏历史文明传承创新区建设。

（三）妥善处理好商业发展与优秀建筑风貌保护之间的矛盾

针对优秀建筑的有益保护，在开发利用时要对整个旅游景区的功能进行合理划分，根据人们的旅游习惯进行分区管理，禁止在景区内建造商业性建筑。购物、餐饮、住宿等区域要设置在游览区域之外，减少对景区环境和旅游氛围的人为破坏，切实做到"区内景、区外商，区内游、区外住，区内名、区外利"。同时做好景区的配套建设，发展旅游附加产业，为周边居民提供更多的就业岗位。

（四）坚持保护和开发利用并重的原则

保护和开发利用永远是把双刃剑，纵然是经过专家论证合理的开发利用，有时也难免会给优秀建筑造成不可预料的损坏，这就要求地方政府在开发利用时要遵循"有效保护、合理利用、加强管理"的原则和"保护为主，抢救第一"的文物工作方针，在此基础上对优秀建筑进行合理、适度、科学的开发利用，就是对优秀建筑最好的保护。在实际工作中，只有把保护和开发利用有机地结合起来，才能真正实现优秀建筑的可持续发展和有效利用，发挥优秀建筑的旅游功效。

---

[1] 宋秀兰. 优秀近现代民族建筑保护和利用研究[C] // 中国民族建筑研究会学术年会暨第二届民族建筑（文物）保护与发展高峰论坛，2012.

《博物馆探索》征稿启事

　　为适应文博事业发展的新内容、新趋势和新要求，提升文博学术研究水平，搭建学习交流的平台，推动河南文博事业的创新发展，河南博物院集结出版《博物馆探索》，每年两辑。刊物栏目如下：

　　1. 考古探索（考古资料及相关理论方法研究）

　　2. 博物馆实践（博物馆学理论方法与实践探索研究）

　　3. 展览评议（以国内外原创性展览为主要研究对象）

　　4. 文物研究（馆藏及考古出土文物研究）

　　5. 史学发微（历史文化研究）

　　6. 院史专题（河南博物院早期历史研究）

　　7. 文化遗产与保护（物质、非物质文化遗产的保护研究）

　　8. 艺文园地（艺术史、艺术作品等方面研究）

　　9. 书刊评价（考古文博类图书推介）

　　现将投稿要求和具体格式启事如下：

　　1. 投稿文章，敬请提供电子文本，提供文章的关键词、中文摘要及作者简介（工作单位、职称、主要研究方向、邮政编码、联系方式等）。投稿时请标明"投稿《博物馆探索》"。

　　2. 来稿要求文字精炼、标题准确、层次清晰、观点鲜明，图文并茂。引文核对准确，注释一律放在文末并注明出处，注释的格式参照国际标准；图片请提供600dpi以上的清晰大图，图表请注明名称、来源。

　　3. 自收稿之日起，编辑部将在3个月内给作者答复来稿处理意见，如在此期限内未收到采用通知，作者可另行处理稿件并告知我刊。稿件恕不退还，请自留底稿。

　　4. 凡向本刊投稿，稿件录用后即视为授权本刊，并包括本刊关联的出版物、网站及其他合作出版物和网站。

　　5. 在不改变原意的前提下，本刊有权对来稿进行必要的文字处理。

　　6. 所有稿件应为作者独创，不得侵犯他人著作权或其他权利，如有侵权，由稿件署名人负责。

　　7. 本刊已许可中国知网以数字化方式复制、汇编、发行、信息网络传播本刊全文。本刊支付的稿酬已包含中国知网著作权使用费，所有署名作者向本刊提交文章发表之行为视为同意上述声明。如有异议，请在投稿时说明，本刊将按作者说明处理。

　　通讯地址：河南省郑州市农业路8号河南博物院研究部　　邮编：450002

　　电话：0371-63511064　　　　　　　　　　　　　　　电子信箱：hnbwyyk@163.com

《博物馆探索》编辑部